21世纪高等学校
经济管理类规划教材 高校系列

工业和信息化普通高等教育
“十三五”规划教材立项项目

管理学
原理与实践

◎ 王晓欣 邵帅 主编
◎ 张志敏 任洁 张玮 张媛 郭斌 副主编

PRINCIPLES
AND PRACTICE OF
MANAGEMENT

人 民 邮 电 出 版 社
北 京

图书在版编目（CIP）数据

管理学原理与实践 / 王晓欣，邵帅主编. -- 北京 ：
人民邮电出版社，2017.8（2019.7重印）
21世纪高等学校经济管理类规划教材. 高校系列
ISBN 978-7-115-45941-1

Ⅰ. ①管… Ⅱ. ①王… ②邵… Ⅲ. ①管理学－高等
学校－教材 Ⅳ. ①C93

中国版本图书馆CIP数据核字(2017)第183190号

内容提要

本书全面、系统地介绍了管理学的相关理论、方法和实务。全书六篇共十四章，依次是管理概述、管理思想的发展、决策、计划、组织、人员配备、组织力量的整合、领导、激励、沟通、控制概述、控制方法、创新和管理发展。每章基本都设置有引导案例、案例讨论、练习题等内容，实践性较强。

本书既可以作为高等院校经济管理类专业管理学课程的教材，也可以作为管理培训或企业管理人员自学的参考书。

◆ 主　　编　王晓欣　邵　帅
副 主 编　张志敏　任　洁　张　玮　张　媛　郭　斌
责任编辑　孙燕燕
责任印制　周昇亮

◆ 人民邮电出版社出版发行　　北京市丰台区成寿寺路 11 号
邮编　100164　　电子邮件　315@ptpress.com.cn
网址　http://www.ptpress.com.cn
涿州市京南印刷厂印刷

◆ 开本：787×1092　1/16
印张：14　　　　2017 年 8 月第 1 版
字数：332 千字　　　　2019 年 7 月河北第 2 次印刷

定价：39.80 元

读者服务热线：(010)81055256　印装质量热线：(010)81055316
反盗版热线：(010)81055315
广告经营许可证：京东工商广登字 20170147 号

前　言

管理学是一门不断发展的学科，也是一门实践性较强的学科。学习管理，无论是对社会个体还是管理者来说，都具有重要的意义。

“管理学”是高等院校经济管理类专业的基础课程，为了满足培养管理人才的需要，大多数高校都开设了管理学课程。然而，管理是科学和艺术的有机统一，其实战性特点要求读者不仅要掌握基本理论，还需要在实践中去应用。因此，编写一本既注重管理理论又注重管理实践的教材就成为时代的需要。

编者在认真总结管理学课程教学实践、充分吸收国内外学者理论精华的基础上，组织力量编写了这本《管理学原理与实践》，其主要特点如下。

（1）理论体系完整合理。本书从管理的五大职能入手，系统地介绍了管理学的基本原理、基础知识和基本方法，内容丰富实用，重点突出。

（2）案例新颖详尽。本书每一章都设置了引导案例及案例讨论，两者结合便于教师授课和学生思考总结。

（3）语言简洁生动。本书结合所讲内容，穿插了小链接等内容，实用性强，适用面广。

（4）本书充分考虑了当前管理环境的发展变化，在最后一篇阐述了管理创新及发展，使读者能够了解相关的管理前沿知识，与时俱进。

本书是在北京科技大学天津学院管理系的大力支持下完成的。本书由王晓欣、邵帅任主编，张志敏、任洁、张玮、张媛、郭斌任副主编。王晓欣、邵帅对全书的理论框架进行了整体把握并完成了大部分章节的编写工作，同时完成了全书案例、小链接及整体内容的整理修改工作。

在此，我们要特别感谢王宾容教授的指导和支持。另外，我们还参考了许多作者的文献，在此向各位专家学者表示诚挚的谢意。最后，恳请各位读者多多批评指正。

编者

2017 年 4 月

目　录

第五篇 控制

第六篇 创新与发展

第一篇

总论

第一章 管理概述

【引导案例】

天鹅、狗鱼和虾

有一次，天鹅、狗鱼和虾，一起想拉动一辆装着东西的货车，三个家伙套上车索，拼命地用力拉，可还是拉不动车子。车上装的东西不算重，只是天鹅拼命向云里冲，虾是向后倒拖，狗和鱼直向水里拉动。

究竟哪个错？哪个对？用不着我们多讲，只是车子还停留在老地方。因为没有统一的指挥，天鹅、虾和狗鱼都按自己的方向使劲，结果只能是这辆货车原地不动。

在一个组织里，员工之间不协调，工作就开展不好，只会把事情弄糟，引起痛苦烦恼，更无效率可言。让员工有序工作，让组织高效率运转，这就需要有效的管理。

第一节 管理的概念、职能及性质

在人类社会中，管理是无处不在、无时不在的。任何事情成也管理，败也管理。当人类社会开始工业化时，管理学才应运而生。与数学、物理学、化学、哲学、史学等学科相比，管理学确实是一门年轻的科学，但其发展特别迅速，对人类社会的影响也空前巨大。可以毫不夸张地说，人类社会的任何伟大进步都包含着管理学所做出的重要贡献。那么，到底什么是管理？它的职能和性质有哪些？本节将进行详细的描述。

一、管理的起源与发展

管理作为一门学科的出现可以追溯到近一二百年前的工业革命时期，管理学与古典哲学、经济学、历史学等学科相比还是一门年轻的学科。但人类的管理活动则历史悠久，管理活动是伴随着人类和人类社会的产生、发展而出现并逐步完善的。从人类早期的群居生活和原始社会的分工劳作，到国家的出现和阶级的产生，随着生产力的不断发展和经济的繁荣，管理也从无意识进入有意识的阶段。可以说，管理是人类最重要的活动之一。

纵观人类历史，管理活动可谓无处不在。在生产力水平低下的原始社会，依靠单个人的力量难以在狩猎、采集活动中获得稳定的食物，人类为了生存，开始了长期的群居生活与共同劳动，于是出现了早期的生产与生活协作。长期的共同劳动和群居生活逐渐形成了氏族、部落等组织的雏形，也随之出现了一系列公共事务和协作协调，这为早期管理活动的出现创造了可能。

管理活动无论是在西方还是在东方都有着悠久的历史，并在文明社会中得以迅速发展。早在公元前 5 000 年，生活在幼发拉底河流域的闪米尔人就开始了最原始的记录活动，这是人类历史上有据可查的最早的管理活动。古印度、古巴比伦、古罗马在几千年前就对自己的国家进行了有效的管理，并兴建了诸如空中花园、罗马水道等举世闻名的伟大建筑或工程。有着 5 000 多年历史的中国，从夏商文明开始，君王的治国、治军、治民也无一不包含着管理行为，举世闻名的万里长城、浩大的兵马俑，甚至历朝历代皇宫的修建也都融入了管理的智慧。

从原始社会到 19 世纪末 20 世纪初的这段时间，管理都属于被动型的，是为生存和发展而进行管理、不是为管理而管理的。因此，人类从未对管理活动本身的重要性和必要性加以认识和研究，也没有形成一个比较完整的管理理论体系。

现代意义上的管理产生于 18 世纪下半叶的工业革命之后。随着工业革命和工厂制度的发展，工厂、公司管理的必要性凸显，管理的实践活动越来越多。许多理论家，尤其是经济学家越来越多地在其著作中涉及管理方面的问题，很多实践者也开始探索管理，这进一步推动了作为科学的管理及管理学的产生和发展。

管理的发展，改变了人们的观念，也为管理学的形成和发展奠定了基础。随着经济的发展和科技的进步，随着组织规模的扩大和组织活动的复杂，管理的重要性得以彰显。为了完成使命和目标，组织必须运用管理实现人、财、物等各种资源的协调。可以说，今天凡是需要集体完成的活动或通过集体实现的目标，都离不开管理。正如马克思在《资本论》中指出的“一切规模较大的直接的社会劳动或共同劳动，都或多或少地需要指挥，以协调个人的活动，并执行生产总体的活动（不同于这一总体的独立器官的运动）所产生的各种一般职能。一个单独的提琴手是自己指挥自己，一个乐队就需要一个乐队指挥”。管理从早期的实践活动到管理思想的提出，再到管理理论的形成，将随着经济和科技的不断深入发展而持续发展下去。

二、管理的概念

了解管理首先应当明确什么是管理。在管理的发展过程中，特别是 19 世纪末 20 世纪初管理学形成以来，不同学派的管理学者从不同角度对管理的含义进行了解释。

被誉为“管理理论之母”的早期学者玛丽·帕克·福莱特（Mary Parker Follett）阐述了对管理的经典认识：管理就是“通过其他人完成工作的艺术”。

科学管理理论的创始人弗雷德里克·泰勒（Frederic Taylor）认为，管理就是“确切地知道你要别人干些什么，并注意用最好、最经济的方法去干”。

亨利·法约尔（Henry Fayol）在其著作《工业管理与一般管理》中提出：“管理是所有的人类组织（不论是家庭、企业或政府）都有的一种活动，这种活动由 5 项要素组成——计划、组织、指挥、协调和控制。管理就是实行计划、组织、指挥、协调和控制。”

哈罗德·孔茨（Harold Koontz）认为：“管理就是设计和保持一种良好环境，使人在群体里高效率地完成既定的目标。”

现代管理学之父彼得·德鲁克（Peter F.Drucke）认为：“管理是一种工作，它有自己的技巧、工具和方法；管理是一种器官，是赋予组织以生命的、能动的、动态的器官；管理是一门学科，一种系统化的并到处适用的知识；同时管理也是一种文化。”

以上是几位具有代表性的学者对管理的理解。尽管学者们对管理概念的理解各不相同，但互相之间并不矛盾，只是认识的角度存在差异。综合前人的研究和界定，本书将管理界定为：管理就是在特定的环境下，对组织所拥有的各种资源进行计划、组织、领导、控制和创新，保证以有效的方式实现组织既定目标的过程，如图 1.1 所示。

理解管理的概念，应当把握以下 5 个要点。

第一，管理活动是在特定的环境下进行的，任何组织的管理活动都要受到各种环境因素的制约。企业的生产经营是在宏观的政治、经济、文化、法律等背景下进行的，因此要受到国家政策、法律法规等因素的影响。此外，管理活动还受到微观的企业环境的影响，如当企业的经营战略发生转变、技术更新、人力资源或物力资源发生变化时，企业的管理活动也会受到影响并做出调整。组织的宏观和微观环境有时会对管理活动起到引导、维持、促进的作用，有时也会提出挑战甚至约束、限制管理活动。因此，管理活动必须在瞬息万变且日益复杂的特定环境下进行。

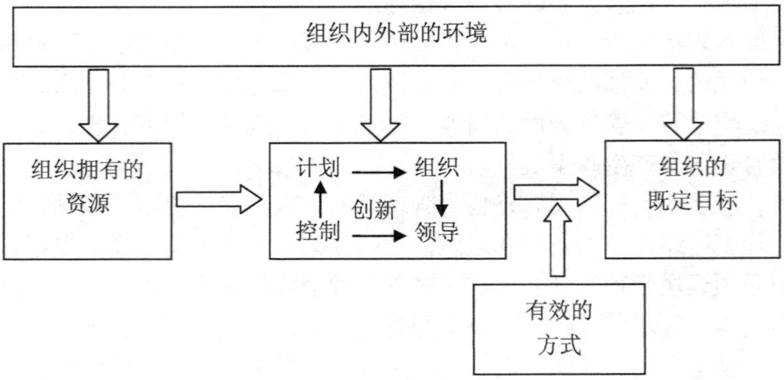

图 1.1　管理活动示意图

第二，管理的对象是组织所拥有的各种资源，包括有形资源和无形资源。资源既是管理的对象也是管理活动的基础。管理的有形资源包括人力资源、资金资源、物力资源，即传统管理重视的人、财、物。现代管理越来越强调无形资源的重要性，包括信息资源、技术资源、文化资源等。管理就是通过有效的方式完成资源的配置和使用，以实现组织目标。

第三，管理过程是由一系列相关职能组成的，包括计划、组织、领导、控制和创新。管理的这些职能就是管理者进行管理的方法和手段，同时也是管理活动与一般作业活动的重要区别。管理职能的发挥关系到组织资源的有效利用，关系到管理活动的成败，也关系到组织目标的达成。

第四，管理是一个有目的、有意识的活动过程。管理活动的目的就是实现组织的既定目标。如果没有目标作为指导，一切管理行为都是杂乱无序、目的不一的，管理也就变得毫无意义。因此，管理必须在组织目标的指导下进行。但需要注意的是，一个组织在同一时期或不同时期目标可能是多元化的、动态发展的，所以管理活动也需要具有灵活性，以适应组织目标的合理调整和变动。

第五，管理要以最有效的方式实现目标。组织的资源是有限的，因此管理必须考虑用正确的方法以最少的投入获得最大的产出，即管理需要有效。这里的有效包括两层含义：一是有效率，二是有效果。效率反映的是投入与产出的关系，如投入少量资金获得高额利润，因此效率只有高低之分而无对错之别。效果反映的是目标达成度的问题，当目标得以实现，我们就会评价管理是有效果的；反之就是没有效果的管理。可见，效率和效果所关注的侧重点不同，效率指的是正确地做事，效果指的是做正确的事。管理活动只有选对方法“正确地做事”，才能确保“做正确的事”。只有把效率和效果有机地结合起来，才能真正地实现管理的有效性。

三、管理的职能

管理活动包含哪些职能，一直是管理学界一百年多来的研究热点。法约尔曾提出管理的五职能论，此后学者们更是众说纷纭，做了不同的归纳。总之，学者以不同的角度提及了 14 项管理职能，各种不同的提法都是这 14 项职能的不同组合，如表 1.1 所示。其中，最常见的提法是管理的四职能论，即计划、组织、领导和控制。根据管理环境和管理理论的发展，对管理职能的认识也有所发展。新的管理实践表明，管理职能除经典的 4 项基本职能外，还应包括创新职能。也就是说，管理职能包括计划、组织、领导、控制和创新。

表 1.1 管理职能表

<table>
<tr><th>管理职能</th><th>古典职能论</th><th>常见职能论</th><th>本书观点</th></tr>
<tr><td>计划 planning</td><td>○</td><td>○</td><td>计划</td></tr>
<tr><td>组织 organizing</td><td>○</td><td>○</td><td rowspan="2">组织</td></tr>
<tr><td>用人 staffing</td><td></td><td></td></tr>
<tr><td>指导 directing</td><td></td><td></td><td rowspan="7">领导</td></tr>
<tr><td>指挥 commanding</td><td>○</td><td></td></tr>
<tr><td>领导 leading</td><td></td><td>○</td></tr>
<tr><td>协调 coordinating</td><td>○</td><td></td></tr>
<tr><td>沟通 communicating</td><td></td><td></td></tr>
<tr><td>激励 motivating</td><td></td><td></td></tr>
<tr><td>代表 representing</td><td></td><td></td></tr>
<tr><td>监督 supervising</td><td></td><td></td><td rowspan="3">控制</td></tr>
<tr><td>检查 checking</td><td></td><td></td></tr>
<tr><td>控制 controlling</td><td>○</td><td>○</td></tr>
<tr><td>创新 innovating</td><td></td><td></td><td>创新</td></tr>
</table>

（一）计划

组织中的一切活动都应当以计划为始端。所谓计划，就是目标并确定为达成这些目标所必须的行动。具体而言，计划工作包括：第一，描述组织未来的发展目标，如利润增长目标、市场份额目标、品牌地位目标等；第二，有效利用组织的资源实现组织的发展目标，在实现目标的同时兼顾效率和效果；第三，为实现目标采取必要的行动。

（二）组织

在管理中，组织的含义包括静态与动态两个方面。静态方面是指组织结构，即反映人、职位、任务以及它们之间的特定关系的网络。这一网络可以把分工的范围、程度、相互之间的协调配合关系、各自的任务和职责等用部门和层次的方式确定下来，成为组织的框架体系。动态方面是指维持与变革组织结构，以完成组织目标的过程。

管理者要执行计划，需要依靠组织工作。首先，计划的执行需要有静态的组织作为保障，如工作分工、构建部门、确定层级等。其次，计划的执行需要从动态的角度通过人与人的合作进行资源整合。具体而言，组织工作要完成的任务包括：第一，设计组织，包括设计组织的结构、明确部门划分和岗位设计；第二，进行人员配备，根据岗位活动的要求选择适当的员工完成岗位任务；第三，启动与运行组织，向各岗位员工发布工作指令并整合组织内部的各种权利、资源，并根据环境和目标的变化调整组织结构。

（三）领导

计划与组织工作的完成并不一定保证组织目标能够实现。目标的实现需要组织成员贡献自己的时间、知识、技术、能力等。因此，要实现组织成员的共同努力就需要发挥领导职能的作用。领导是激励和引导组织成员以使他们为实现组织目标而做出贡献。管理者履行领导职能，在了解个人和组织行为的动态特征的基础上，综合运用协调、沟通、指导和激励手段，对组织成员施加影响，引导他们在同一目标的指导下发挥各自的优秀素质，为达成组织目标共同努力。

领导职能对于管理者而言十分重要，它是一门科学同时也是一种艺术。当前，越来越多的管理者和领导人员开始关注领导职能并学习领导科学，发挥领导艺术和领导者的魅力。

（四）控制

人们在执行计划的过程中，由于所处环境的变化或各种因素的干扰，计划的执行经常偏离原意。控制工作就是为了保证目标和计划得以实现而开展的一系列活动。其包括根据计划标准，检查和监督各部门、各环节的工作，判断工作结果是否偏离原计划；如果发生偏离产生偏差，要分析偏差的产生原因，针对原因采取纠偏措施，以保证计划活动的顺利开展和计划目标的有效实现。

控制不仅是针对某时点以前的组织活动进行检查和总结，而且可能对某时点以后的组织活动进行调整，导致计划的重新修正。可见，控制是管理活动中不可缺少的环节，它在管理过程中承上启下，使得管理活动周而复始地不断循环。

（五）创新

管理的计划、组织、领导和控制职能是维持管理活动的基本职能，其任务是保证系统按预定的方向和规则运行。但是，随着科学技术的迅猛发展、市场需求瞬息万变、社会关系也日趋复杂，管理者面对的问题不断更新，管理活动也越发复杂，因此管理过程只有计划、组织、领导和控制是不够的。现在的管理需要不断创新，以适应环境变化的要求，这就是管理的“创新职能”。管理创新的本质就是激发和引导组织从旧的稳态跃迁到新的稳态。日常管理的目标是维持稳态效率，而创新管理目标是创造变化效率。

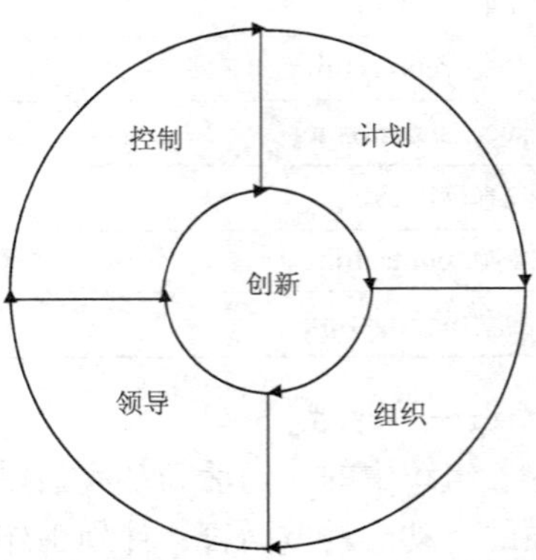

图 1.2　管理职能图

管理的各项职能之间的关系如图 1.2 所示，任何管理活动都始于计划，经过组织、领导、控制达成目标。控制会导致计划的更改或重新计划，而创新职能则成为推动计划、组织、领导、控制循环前进的内在动力，因此创新职能是管理职能的核心。

四、管理的性质

（一）管理的自然属性与社会属性

管理的自然属性和社会属性通常被称为管理的二重性。这是马克思关于管理问题的基本观点。马克思在《资本论》中指出：“凡是直接生产过程具有社会结合过程的形态，而不是发现为独立生产者独立劳动的地方，都必然会产生监督劳动和指挥劳动，不过它具有二重性。”

任何社会生产都是在一定的生产关系下进行的。管理，从最基本的意义来看，一是指挥劳动；二是监督劳动。由于生产过程具有二重性——既是物质资料的再生产，又是生产关系的再生产。因此，对生产过程进行的管理也就存在着二重性：一种是与生产力、社会化大生产相联系的管理自然属性；另一种是与生产关系、社会制度相联系的管理社会属性。

管理的自然属性是指管理是由许多人进行协作劳动而产生的，是有效组织共同劳动所必须的，具有同生产力和社会化大生产相联系的自然属性；它与具体的生产方式和特定的社会制度无关。管理要处理人与自然的关系，要合理地组织社会生产力，因而也称作管理的生产力属性。

管理的社会属性是指管理体现着生产资料所有者指挥劳动、监督劳动的意志，因此，它是同生产关系和社会制度相联系的社会属性。它与生产关系和社会制度相联系，管理是为统治阶级服务的，受一定生产关系、政治制度和意识形态的影响和制约。也就是说，任何管理活动都是在特定的社会生产关系条件下进行的，都必然地要体现一定社会生产关系的特定要求，为特定的社会生产关系服务，从而实现其调节和维护社会生产关系的职能。所以，管理的社会属性也叫作管理的生产关系属性。管理的社会属性既是生产关系的体现，又反映和维护一定的社会生产关系，其性质取决于不同的社会经济关系和社会制度的性质。在不同的社会制度条件下，谁来监督、监督的目的和方式都会不同，因而也必然使管理活动具有不同的性质。

（二）管理的科学性与艺术性

所谓科学，是指正确反映客观事物本质和规律的知识体系，是建立在实践基础上并经过验证的理性认识。管理的普遍性告诉我们管理存在于所有的组织之中，那么，所有组织的管理是否存在着共性？答案是肯定的。这也就是说，无论是工商管理还是公共管理，无论是西方管理还是东方管理，都有一定的相同之处，都有一定的规律可循。事实上，从泰勒《科学管理原理》发表一百多年以来，人们对管理规律的认识越来越深刻，不仅在总结管理经验的基础上提炼出了不少卓有成效的原理、原则、制度和方法，而且一个反映现阶段人们认识水平的管理理论体系即管理学已经形成。

管理学应该是一门科学。但是，管理学并不能为我们提供解决一切管理问题的现存的或标准的答案。彼得·德鲁克（Peter F. Drucker）在《管理：任务、责任与实践》（1974 年）中指出：迄今，我们对管理这门学问的所知仍然是有限的，所以根本没有资格将管理学置于科学的“紧身衣”里，也不能把管理的实践限制为一种垄断性的专业。管理的研究尚处于起步阶段，但在有关管理原则上，有许多事情在理论上似乎言之成理，但实际上在管理实践中却是行不通的。同时，管理学与数学、物理学等精确科学相比，只是一门不精确的科学。人们通常把在给定条件下能够得到确定结果的学科称为精确科学，换句话说，只要给出函数关系和足够的条件，按一定的法则进行演算就能得到确定的结果。管理则不然，在管理学中几乎不存在纯粹的关系或法则。管理的对象是社会组织中的人，社会现象复杂多变，许多因素难以定量，因而管理者对未来的预测以及在预测基础上的决策和计划很难做到精确。虽然在第二次世界大战之后，数学和计算机科学在管理学中得到广泛应用，管理问题的定量分析已经取得巨大的进步，但无论如何，现在还没有使管理学成为精确的科学。

管理艺术是指管理者具有创造性的才能和技巧，管理者能够熟练地、灵活地、富有创造性地运用管理原理、原则、制度和方法来达到管理目的的才能和技巧。实践证明，管理中的确存在着达到管理目的的某种技巧，管理理论在管理实践中的应用要因时因地、因人因事而异，不能“一刀切”。

管理的艺术性和科学性是相互依赖、相互补充的。管理的科学性揭示了管理活动的规律，反映了管理的共性；管理的艺术性则揭示了管理的个性。管理的科学性和艺术性从不同方面体现出管理的要求。管理者靠背诵管理原则进行管理，如同医生靠背医书诊断疾病，建筑师靠公式设计大楼一样，必然是脱离实际情况的无效劳动。相反，没有掌握管理理论的人，进行管理活动时，靠经验、凭直觉、碰运气，必然也难以取得有效的成果。最富有成效的管理艺术是以对它所依据的管理理论的理解为基础的。

管理是一门科学，也是一门艺术，这是管理学界长期争论的一个问题。哈罗德·孔茨曾经做过这样的回答:“管理工作，如同医学、作曲、工程设计、会计工作甚至棒球运动等实践活动，是一门艺术。管理是‘技巧’，即依据实际情况而行事。运用条理有序的管理学知识，管理人员会把管理工作完成得更好，而也正是这种知识构成了科学。因此，管理实践是一门艺术，而指导这种实践活动的有条理的知识，可以被称为一门科学。”这个回答其实非常清楚地告诉我们，管理是一门艺术，而指导管理实践的理论即管理学可以被称为一门科学。管理科学性和艺术性的关系，其实也就是管理理论和管理实践的关系。

第二节 管理者的技能与角色

管理者是指在组织中直接监督和指导他人工作的人，管理者通过其职位和知识，对组织负有贡献的责任，因而是能够实质性地影响该组织经营及达成成果的能力者。现代观点强调管理者必须对组织负责，而不仅仅是拥有权力。与管理者相对应的是非管理者。管理者可分为基层管理者、中层管理者和高层管理者。

基层管理者是指那些在组织中直接负责非管理类员工日常活动的人。基层管理者的主要职责是直接指挥和监督现场作业人员，保证完成上级下达的各项计划和指令。他们主要关心的是具体任务的完成。基层管理者的称谓主要有督导、团队主管、教练、轮值班长、系主任、部门协调人、部门组长等。

中层管理者是指位于组织中的基层管理者和高层管理者之间的人。其主要职责是正确领会高层的指示精神，创造性地结合本部门的工作实际，有效指挥各基层管理者开展工作，注重的是日常管理事务。中层管理者的称谓主要有：部门主管、机构主管、项目经理、业务主管、地区经理、部门经理、门店经理等。

高层管理者是指组织中居于顶层或接近于顶层的人。高层管理者对组织负全责，主要侧重于沟通组织与外部的联系和决定组织的大政方针，注重良好环境的创造和重大决策的正确性。高层管理者的称谓主要有总裁、副总裁、行政长官、总经理、首席运营官、首席执行官、董事会主席等。

一、管理者的技能

不管什么类型的组织中的管理者，也不管他处于哪一管理层次，所有的管理者都需要有一定的管理技能。管理者必须具备的 3 种技能，即技术技能、人际技能和概念技能。

技术技能是管理者掌握和运用某一专业领域内的技术、知识、方法和程序，完成组织任务的能力。它包括专门知识在专业范围内的分析能力以及灵活地运用该专业的工具和技巧的能力。技术技能主要是涉及“物”（过程或有形的物体）的工作。

人际技能或称人事技能，是指成功地与别人打交道并与别人沟通的能力，即处理人与人之间关系的能力。其主要包括理解、激励和与他人相处的能力等。作为一名管理者，必须具备良好的人际技能，这样才能树立组织良好的团队精神。

概念技能或称构想技能，是管理者观察、理解和处理各种全局性的复杂关系的抽象能力。具有概念技能的管理者往往把组织视作一个整体，并且了解组织各个部分的相互关系。具备概念技能的管理者能够准确把握工作单位之间、个人之间和工作单位以及个人之间的相互关系，深刻了解组织中任何行动的后果，以及正确行使管理职能。较强的概念技能为管理者识别问题的存在、拟定可供选择的解决方案、挑选最好的方案并付诸实施提供便利。

上述 3 种技能是各个层次管理者都需要具备的，只是不同层次的管理者对这 3 个技能的要求程度会有所区别。

一般来说，越是处于高层的管理人员，越需要全局性的决策，所做的决策影响范围越广、影响期限越长。因此，他们需要更多地掌握概念技能，进而把全局意识、系统思想和创新精神渗透到决策过程中。由于他们并不经常性地从事具体的作业活动，因此并不需要全面掌握完成各种作业活动必须具备的技术技能。但是，他们也需要对技术技能有基本的了解，否则就无法与他们所主管的专业技术人员进行有效的沟通，从而也就无法对他所管辖的业务范围内的各项管理工作进行具体的指导。在现实工作中，对技术技能一窍不通的人不能成为高层管理者，但那些在某一专业领域是专家而对其他相关领域专业技术知识一无所知的人也绝对不会成为一名称职的高级管理人员。

作为基层管理人员，他们每天大量的工作是与从事具体作业活动的工作人员打交道。他们有责任检查工作人员的工作，及时解答并同工作人员一起解决实际工作中出现的各种具体问题。因此，他们必须全面系统地掌握与本单位工作内容相关的各种技术技能。当然，基层管理人员也可能面临一些例外的、复杂的问题，也要协调好所管辖工作人员的工作、本部门的整体计划。为了做好这些工作，他们也需要掌握一定的概念技能。

人际关系技能是组织中各层管理者都应具备的技能。因为不管是哪一层次的管理者，都必须在与上、下、左、右进行有效沟通的基础上，相互合作、共同完成组织目标。因此，人际技能对高、中、基层管理者是同等重要的。图 1.3 直观概括了 3 个层次的管理者掌握 3 种技能的比例关系。

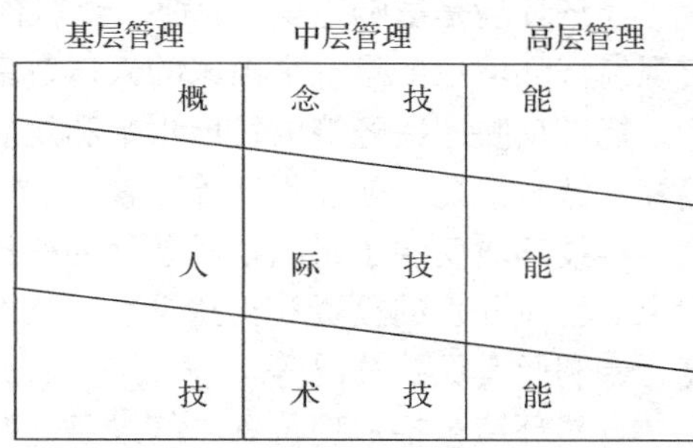

图 1.3　管理层次与管理技能要求

二、管理者的角色

经理角色学派的代表人物，加拿大管理学家亨利·明茨伯格研究发现管理者扮演着 10 种不同的但高度相关的角色，这 10 种角色可被归为 3 大类：人际角色、信息角色和决策角色。在人际关系方面，有挂名首脑、领导者、联络者 3 种；在信息方面，有信息收受者、传播者、发言人 3 种；在决策方面，有企业家、故障排除者、资源分配者、谈判者 4 种。

这些角色是一个相互联结的整体，虽然各种类型的管理者由于行业、等级和职能的不同，担任每一角色的分量也不完全相同，但总的来说，都或多或少地担任着这些角色。

经理角色学派对管理职能的归纳存在着一定的局限性。首先，经理角色学派得出的管理 10 种角色是靠归纳得出的，对管理者的调查由于数量较少而受到怀疑；其次，明茨伯格所得出的管理行为是否包含了所有的管理行为很值得怀疑。孔茨对此做了如下评说：“但是，明茨伯格所归纳的那些作用是不完整的。在那里，人们找不到无疑是重要的管理活动，如建立组织、选拔和奖励管理者，以及决定主要的策略等。删去了这些内容会使人怀疑在他的实例中的管理者是否是真正有效的经理。”

第三节　管理环境

任何管理都要在一定的环境中进行，这个环境就是管理环境。管理环境的特点制约和影响着管理活动的内容。管理环境的变化要求管理的内容、手段方式、方法等随之调整，以利用机会，趋利避害，更好地实施管理。

管理环境分为外部环境和内部环境：外部环境一般有政治环境、社会文化环境、经济环境、科技环境和自然环境；内部环境有人力资源环境、物力资源环境、财力资源环境以及内部文化环境。

一、外部环境

外部环境是组织之外的客观存在的各种影响因素的总和。它是不以组织的意志为转移的，是组织的管理必须面对的重要影响因素。

政治环境一般包括一个国家的政治制度，社会制度，执政党的性质，政府的方针、政策、法规法令等。

社会文化环境包括一个国家或地区的居民文化水平、宗教信仰、风俗习惯、道德观念、价值观念等。

经济环境是影响组织、特别是影响企业发展的重要环境因素，它包括宏观和微观两个方面：宏观经济环境主要指一个国家的人口数量及其增长趋势，国民收入、国民生产总值等，这些指标，能够反映国民经济的发展水平和发展速度；微观经济环境主要指消费者的收入水平、消费偏好、储蓄情况、就业程度等因素。

科技环境反映了组织物质条件的科技水平。科技环境除了直接相关的技术手段外，还包括国家对科技开发的投资和支持重点、技术发展动态和研究开发费用、技术转移和技术商品化速度、专利及其保护情况等。

自然环境包括地理位置、气候条件及资源状况。地理位置是制约组织活动一个重要因素。

对于不同的组织，有一般的共同环境，同时也要在一定的特殊领域内活动。一般环境对不同类型的组织均产生某种程度的影响，而与具体领域有关的特殊环境则直接地、具体地影响着组织的活动。例如，企业需要面对的特殊环境包括现有竞争对手、潜在竞争对手、替代品生产情况及用户和供应商的情况。外部环境与管理相互作用，在一定条件下甚至对管理有决定作用。外部环境制约管理活动的方向和内容。无论出于什么管理目的，管理活动都必须从客观实际出发，脱离现实环境的管理是不可能成功的。“靠山吃山，靠水吃水”，一定程度上反映了外部环境对管理活动的决定作用。同时，外部环境影响管理的决策和方法。当然，管理对外部环境具有能动的反作用。

二、内部环境

内部环境是指组织内部的各种影响因素的总和。它是随组织产生而产生的，在一定条件下，内部环境是可以被控制和调节的。

人力资源环境对于任何组织都始终是最关键和最重要的因素。人力资源的划分，根据不同组织、不同标准有不同的类型。例如，企业人力资源根据他们所从事的工作性质的不同，可分为生产工人、技术工人和管理人员 3 类。

物力资源环境是指内部物质环境的构成内容，即在组织活动过程中需要运用的物质条件的拥有数量和利用程度。

财力资源环境是一种能够获取和改善组织其他资源的资源，是反映组织活动条件的一项综合因素。财力资源指的是组织的资金拥有情况、构成情况、筹措渠道、利用情况。财力资源的状况决定组织业务的拓展和组织活动的进行等。

内部文化环境是指组织的文化体系。它包括组织的精神信仰、生存理念、规章制度、道德要求、行为规范等。

内部环境随组织的诞生而产生，对组织的管理活动产生影响。内部环境决定了管理活动可选择的方式，而且在很大程度上影响到组织管理的成功与失败。

小链接

蝴蝶效应

蝴蝶效应（The Butterfly Effect）是指在一个动力系统中，初始条件下微小的变化能带动整个系统的长期的巨大的连锁反应。

公元前519年，吴楚争霸中发生了一场战役——鸡父之战。但你知道这场战役的初始缘由吗？

据《吕氏春秋·察微》记载，楚国边境城邑卑梁的姑娘和吴国边境城邑的姑娘同在边境采桑叶，游戏时吴国的姑娘弄伤了楚国的姑娘。由于双方互不相让，最终导致吴国和楚国发生了大规模的冲突，也就发生了后来的鸡父之战。

可见，相关的事物发生相应的变化就会像锁链似的一环扣一环，小事也会引发大结果。因此，管理过程中更要关注管理环境中出现的各种小变化。

三、内外部环境综合分析法

任何组织的经营过程，实际上是不断在其内部环境、外部环境及其经营目标三者之间寻求动态平衡的过程。绝对不能把组织的内外部环境割裂开来。

SWOT 分析是最常用的内外部环境综合分析方法，是由旧金山大学的管理学教授于 20 世纪 80 年代初提出来的。它包括：组织的外部环境分析，即机会（Opportunity）和威胁（Threat）的分析；内部环境的分析，即优势（Strength）和劣势（Weakness）分析。SWOT 分析矩阵如图 1.4 所示。

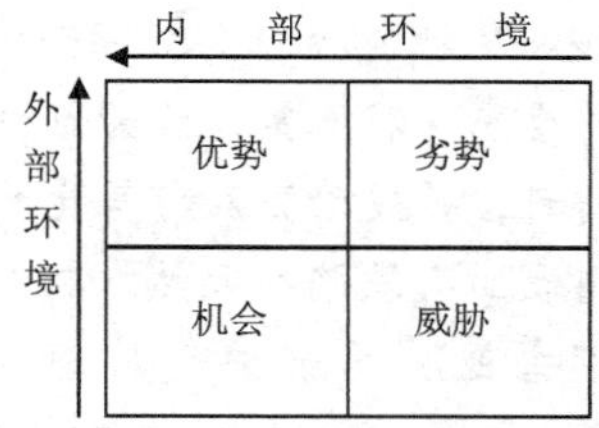

图 1.4　SWOT 分析矩阵

优势是组织机构的内部因素，具体包括：有利的竞争态势；充足的财政来源；良好的企业形象；技术力量；规模经济；产品质量；市场份额；成本优势；广告攻势等。

劣势是指在竞争中相对弱势的方面，也是组织机构的内部因素，具体包括：设备老化；管理混乱；缺少关键技术；研究开发落后；资金短缺；经营不善；产品积压；竞争力差等。

机会是组织机构的外部因素，具体包括：新产品；新市场；新需求；市场壁垒解除；竞争对手失误等。

威胁也是组织机构的外部因素，具体包括：新的竞争对手；替代产品增多；市场紧缩；行业政策变化；经济衰退；客户偏好改变；突发事件等。

用 SWOT 分析矩阵进行管理环境分析，可以做到以下 3 个方面：首先，它把内外部环境有机地结合起来，进而帮助人们认识和把握内外部环境之间的动态关系，及时地调整组织的经营策略，谋求更好的发展机会；其次，它把错综复杂的内外部环境关系用一个二维平面矩阵反映出来，直观而且简单；最后，它促使人们辩证地思考问题。优势、劣势、机会和威胁都是相对的，只有在对比分析中才能被识别。

案 例 讨 论

甜美的音乐

马丁吉他公司成立于1833年，位于宾夕法尼亚州，被公认为世界上最好的乐器制造商之一。这家家族式的企业历经艰难岁月，已经延续了六代。目前的首席执行官是克里斯·弗雷德里克·马丁四世，他秉承了吉他的制作手艺，甚至遍访公司在全世界的经销商，为他们举办培训讲座。很少有哪家公司能像马丁吉他公司一样有这么持久的声誉。

而马丁吉他实际的意义和文化影响则更为深远。其备受世界各地艺术家的推崇，马丁吉他已经协助定义了几乎所有的音乐流派，从古典到乡村蓝调、民谣和摇滚。马丁的音乐世界包括传奇的猫王、保罗·麦卡特尼、埃里克·克莱普顿、约翰·梅尔和无数其他超级乐手。马丁的演奏家，从过去到现在，这份名单读起来就像是无穷无尽。时至今日，马丁吉他公司仍然充满活力，仍然在创造音乐和财富，维持着原声吉他的最高水准。

马丁吉他公司成功的关键是什么？一个主要原因是公司的管理和杰出的领导技能，它使组织成员始终关注质量这样的重要问题。

自从马丁吉他公司创办以来，其做任何事都非常重视质量。即使这些年在产品设计、分销系统以及制造方法方面发生了很大变化，公司仍始终坚持对质量的承诺。公司在坚守优质音乐标准和满足特定顾客需求方面的坚定性渗透到公司从上到下的每一个环节。公司在质量管理中长期坚持生态保护政策。因为制作吉他需要用到天然木材，公司非常审慎和负责地使用这些传统的天然材料，并鼓励引入可再生的替代木材品种。基于彻底的顾客研究，马丁吉他公司向市场推出了采用表面有缺陷的天然木材制作的高档吉他，这在其他厂家看来几乎是不可接受的。不仅如此，马丁吉他公司始终遵守野生濒危动植物国际贸易公约（Convention on International Trade in Endangered Spedes of Wild Fauna and Flora，CITES）的规定。

马丁吉他公司使新老传统有机地融合在一起。虽然设备和工具逐年更新，雇员始终坚守着高标准的优质音乐原则。家族成员弗兰克·亨利·马丁在1904年出版的公司产品目录的前言里向潜在的顾客解释道："怎么制作具有如此绝妙声音的吉他并不是一个秘密。它需要细心和耐心。细心是指要仔细选择材料，巧妙安排各种部件，关注每一个使演奏者感到惬意的细节。所谓耐心是指做任何一件事不要怕花时间。优质的吉他是不能用劣质材料造出来的，但是谁会因为买了一把价格不菲的优质吉他而后悔呢？"虽然100多年过去了，但这些话仍然是马丁吉他公司理念的精确表述。

虽然马丁吉他公司深深地植根于过去的优良传统，克里斯却毫不迟疑地推动公司向新的方向发展。20世纪90年代末，他做出了一个大胆的决策：开始在低端市场上销售每把价格低于800美元的吉他。低端市场在整个吉他产业的销售额中占65%。公司DXM型吉他是1998年引入市场的，虽然这款产品无论外观、品位和感觉都不及公司的高档产品，但顾客认为它比其他同类价格的绝大多数吉他产品的音色都要好。克里斯为此决策解释道："如果马丁吉他公司只是崇拜它的过去而不尝试任何新事物的话，那恐怕就不会有值得崇拜的马丁吉他公司了。"马丁吉他公司在克里斯的管理下表现出色，销售收入持续增长。位于拿撒勒市的制造设施得到扩展，新的吉他品种不断推出。雇员们描述克里斯的管理风格是友好的、事必躬亲的，但又是严格的和直截了当的。虽然，马丁吉他公司不断将其触角伸向新的方向，但却从未放松过对尽其所能制作顶尖产品的承诺。在克里斯的管理下，这种承诺是绝不会被动摇的。

2016 年 10 月 26 日，马丁吉他公司正式宣布成功收回其在中国的 3 个商标所有权。未来，马丁吉他公司将更能够确保在中国市场上销售的马丁原声吉他和琴弦为官方正品。马丁吉他家族传人和现任掌门人克里斯先生也对今后可以在中国市场合法销售马丁品牌吉他充满期待。马丁吉他公司一直在努力确保马丁原声吉他和琴弦独有的商标权益。因此，通过这次成功收回在中国的 3 个至关重要的商标所有权，未来，马丁吉他能够更好地在中国市场上进行销售并有效防止假冒产品。

马丁吉他公司首席技术官表示，马丁吉他公司能重获马丁品牌中国地区市场离不开中国政府机关及法院的支持。

请同学们思考：

1. 你认为哪种管理技能——概念技能、人际技能还是技术技能，对克里斯·马丁是最重要的？解释你的理由。

2. 结合案例，谈谈组织对社会责任的承诺将会如何影响管理者履行管理职能？

3. 结合案例及实践体会，分析马丁吉他公司在面对变化的市场环境后的举措，以及主要考虑的要素。

练　习　题

一、选择题

1. 管理工作的目标是（　　）。

A. 只注重效率　　B. 只注重效果

C. 效率与效果不可兼得　　D. 效率和效果的统一

2. 确定企业目标和实现目标的途径、方法、资源配置等的工作是管理的（　　）职能。

A. 计划　　B. 组织　　C. 领导　　D. 控制

3. 对企业的生产经营活动进行监督、检查、发现偏差、采用纠正措施等的工作是管理的（　　）职能。

A. 计划　　B. 组织　　C. 领导　　D. 控制

4. 建立科学合理的组织结构，使企业内部各单位、各部门、各岗位的责、权、利一致，以确保企业目标实现的工作是管理的（　　）职能。

A. 计划　　B. 组织　　C. 领导　　D. 控制

5. 在做出是否收购其他企业的决策中，管理者必须从多个角度出发全面分析拟购企业的目前状况及可能的发展余地等情况。这时，管理人员需要的技能主要是（　　）。

A. 诊断技能　　B. 人际技能　　C. 概念技能　　D. 技术技能

6. 三川旅行公司刘总经理在总体市场不景气的情况下，以独特的眼光发现了惊险性旅游项目与 40～45 岁男性消费者之间的相关性，在此基础上设计了具有针对性的旅游路线和项目，并进行了前期宣传。因为涉及与交通管理、保险、环保等部门的协调，新项目得到正式批准的时间比预期的晚了整整一年，由此丧失了大量的市场机会。你认为下列那种说法最能概括刘总的管理技能状况（　　）。

A. 技术技能、人际技能、概念技能都弱

B. 技术技能、人际技能、概念技能都强

C. 技术技能和人际技能强，但概念技能弱

D. 技术技能和概念技能强，但人际技能弱

7. 一个管理者所处的层次越高，面临的问题越复杂，越无先例可循，就越需要具备(　　)。
A. 领导技能　　B. 组织技能　　C. 概念技能　　D. 人事技能
8. 美国管理学家孔茨认为，一个主管人员至少应具有的三大基本技能是(　　)。
A. 技术技能、人际技能、概念技能　　B. 技术技能、学习技能、人际技能
C. 人际技能、学习技能、概念技能　　D. 概念技能、学习技能、技术技能
9. 作业现场的监督、管理人员是(　　)。
A. 基层管理者　　B. 中层管理者　　C. 高层管理者　　D. 操作者

二、判断题

1. 管理学反映了管理过程的客观规律性，具有显著的科学性。但是，管理过程中的诸多不确定因素使管理本身无法完全量化，故而只是一种不精确的科学。(　　)

2. 管理主要的目的是使资源成本最小化，因此管理最主要的是追求效率。(　　)

3. 不同行业中及不同的组织内部专业特点差别显著，很难说管理活动有什么共性。(　　)

4. 新的管理理论层出不穷，对实际工作中的新问题做出了较好的解释，因此可以说，泰勒的科学管理理论等古典管理理论已经彻底过时，除了尚存历史意义外，对管理实践早已丧失了指导作用。(　　)

5. 管理科学是把科学的原理、方法和工具应用于管理的各种活动，用于管理决策的数学和统计模型，并把这些模型通过计算机应用于管理减低不确定性，最大限度地提高了管理活动的程序性，代表着管理理论的发展趋势，因此优于其他的管理理论。(　　)

6. 企业内部环境包括竞争对手、顾客、供应者、政府机构、利益集团。(　　)

7. 营利性组织和非营利性组织由于性质不同，因而其适用的管理原则也不同。(　　)

8. 相对于基层管理者而言，高层管理者的领导职能更重要。(　　)

9. 对于不同层次的管理者而言，只有人际技能是大家都需要的。(　　)

10. 管理人员，顾名思义，应该在所有工作时间内都从事管理工作。(　　)

11. 管理既要追求效果，也要追求效率。前者就是要做正确的事情，后者则是正确的去做事情。应该说，前者是第一位的，后者是第二位的。(　　)

12. 技术技能对管理人员非常重要，因为它能使管理人员通过分析确定问题的所在，得出解决的办法。(　　)

三、简答题

1. 为什么管理者对于一个企业能否获得成功十分重要？

2. 为什么说管理既具有科学性，又具有艺术性？了解管理的这种属性对管理实践有什么指导意义？

3. 在分析企业的市场环境时，应主要考虑哪些要素？

4. 为什么 SWOT 分析方法能够在管理工作中受到广泛重视和普遍应用？

5. 概念设计对于企业高层管理人履行其职责的意义是什么？

6. 一个组织中，管理者的工作是如何随着其所处的层级的变化而改变的？

7. 有效率的企业都有效果吗？如果你必须在效率和效果之间做出选择，哪一个更重要？

8. 当一名优秀员工被提升至管理岗位时，通常会提拔到哪一层？随着岗位的变化，对管理技能和职能的要求有怎样的变化？

9. 与大企业相比，小企业的管理有什么特点？

10. 管理的一个著名定义是：通过别人并和别人一道实现组织目标。请谈谈你的理解。

11. 小王成立了一家专门从事楼房内外清洁的保洁公司。经营这样一家公司，你认为应该关注哪些一般环境因素？

第二章 管理思想的发展

【引导案例】

《道德经》的管理思想

《道德经》，又称《老子》，不但是一部哲学书、为政书、兵书，也是一本管理科学的书。现代意义上的管理职能，如计划、组织、领导、控制等，在《道德经》中都有涉及。发掘老子管理思想并获得符合时代精神的新鲜启示，与管理学更好地结合起来，运用于中外现代企业管理应该是老学研究的一个努力方向。

老子提出“无为”的观点，从管理的角度看“无为而治”属于软性管理的思想，而“软性管理”正是当代管理的一种时尚思想。

从企业管理的具体职能，如计划、组织、领导、控制等角度来说，只要善于在《道德经》里展开联想，也能汲取很多成分。《道德经》二十七章说：“善行，无辙迹；善言，无瑕谪；善数，不用筹策；善闭，无关键而不可开……”，说明人只要善于行不言之教，处“无为”之政，符合于自然，不必花费太大的气力就可能取得很好的效果，并且无可挑剔。把自然无为扩展应用到更为广泛的社会领域之中，启示管理者要注意指挥艺术，提高自己的素质，制订计划时要善于谋划等。

这里阐述的管理思想与玛丽·帕克·福莱特（Mary Parker Follett）对管理的解释，“管理就是通过其他人来完成工作”有着惊人的相似。用人要用其所长，这样就没有被遗弃的人了；用物要用其特点，这样世间就没有不可用的东西了。这可供我们搞好管理组织、择人用人。凡此种种，只要潜心研究，善于吮汲，是可以掠其光泽为之今用的。

事实上，《道德经》的管理价值已被国内外很多人所认识，美国人艾博契特所著的《二十二种新管理工具》一书谈到管理的过去与未来时，引用了《老子》的一句话“善用人者为之下，是谓不争之德，是谓用人之力”，并议论说：讲这几句话至今已有 2 000 年历史，它代表见识不凡的管理者长久以来都在努力，但仍未有人能够趋近这种道的境界。

在人类历史中，自从有了组织的活动，就有了管理活动。管理活动的出现促使一些人对活动中的经验加以总结，形成了一些朴素的、零散的管理思想，如《道德经》。可见，相对于西方文化，在中华文化里“管理”的思想早就有之，只是说法不同而已。管理理论来源于管理思想，是对管理思想的提炼与概括，是较成熟的、系统化较高的管理思想。另一方面，任何管理思想和理论都是根植于一定的社会文化土壤之中的。而一定的社会文化又都割不断与历史传统的联系，并且总是在继承中发展，在发展中继承。尽管在不同的时代和不同的组织中，管理的具体方式和手段各有差异，管理活动依然是有规律可循的。考察管理思想和理论发展的历史，能够帮助我们了解今天的管理理论和实践。

第一节 早期管理思想

人类进行有效的管理实践，大约已经超过 6 000 年的历史。早期的一些著名的管理实践和管理思想大都起源于中国、希腊、罗马、埃及、巴比伦等文明古国的史籍和许多宗教文献中。关于早期的管理思想，本节将通过中国和西方两个方面进行介绍。

一、中国早期管理思想

中国是世界上历史最悠久的文明古国之一。在漫长的历史发展中，我国在有关管理国家、巩固政权、统率军队、组织战争、治理经济、发展生产等方面积累了极为丰富的经验，留下了许多至今仍闪耀着光辉的管理思想。

我国古代典籍《孙子兵法》关于战争原则的论述，至今仍吸引着大量的中外读者。该书关于战争中的节制和谨慎、速度、灵活性、适应性、战略的运用等思想是与现代企业的战略管理思想息息相通。除了《道德经》，在《周礼》《墨子》《齐民要术》《天工开物》等著作中都有大量的管理思想，这些管理思想是中国传统文化乃至东方文化的精髓。

小链接

中国传统管理思想

（1）顺“道”。“道”，指客观规律，又称为“则”“常”。《管子》认为自然界和社会都有自身的运动规律，“天不变其常，地不易其则，春秋冬夏，不更其节”。

（2）重人。《管子》说：“政之所兴，在顺民心；政之所废，在逆民心。”

（3）人和。“和”就是调整人际关系，讲团结，上下和，左右和。《管子》说：“上下不和，虽安必危。”

（4）守信。治国要守信，办企业要守信。孔子说：“君子信而后劳其民。”（《论语·尧曰》）

（5）利器。生产要有工具，打仗要有兵器，中国历来有利器的传统。孔子说：“工欲善其事，必先利其器。”（《论语·卫灵公》）

（6）求实。实事求是，办事从实际出发。儒家提出“守正”原则，看问题不要偏激，办事不要过头，也不要不及，“过犹不及”，过了头超越客观形势，犯冒进错误；不及于形势又错过时机，流于保守。

（7）对策。“运筹帷幄之中，决胜千里之外。”（《史记·高祖本纪》）。在治军、治国、治生等一切竞争和对抗的活动中，都必须统筹谋划，正确研究对策，以智取胜。

（8）节俭。节用思想源于孔子和墨子，孔子主张“节用而爱人，使民以时”。（《论语·述而》）墨子说：“其财用节，其自养俭，民富国治。”（《墨子·节用上》）

（9）法治。我国的法治思想起源于先秦法家和《管子》，后来逐渐演变成一整套法制体系，包括田土法制、财税法制、军事法制、人才法制、行政管理法制、市场法制等。

二、西方早期管理思想

西方的管理实践和管理思想也有着悠久的历史。古埃及人是首先意识到“管理幅度”的实践者，古巴比伦王国的《汉谟拉比法典》和古希腊的大哲学家苏格拉底、柏拉图、亚里士多德等人的著作中到处都闪耀着管理思想的火花。

西方近代管理思想开始于18世纪中叶的工业革命时期，止于19世纪末，其间经历了一百多年。其原因是，蒸汽技术导致的第一次工业革命使工厂成为资本主义工业生产的主要经营组织，大力推动了经济发展、劳动分工和专业化的加强。生产力发展水平和劳动方式的变化对管理提出了新的要求，从而促使人们从许多方面对管理工作进行探索。

（一）亚当·斯密的劳动分工和“经济人”观点

亚当·斯密（Adam Smith，1723—1790年）是英国古典经济学体系的建立者，他在1776年出版的《国民财富的性质和原因的研究》(简称《国富论》)一书中，系统地阐述了劳动分工理论及劳动价值理论，他的学说对以后的管理理论产生了重大影响，成为后来资本主义管理理论基础的重要依据之一。

亚当·斯密提出了劳动分工的观点，他特别强调分工带来的经济利益，认为劳动分工是提高劳动生产率的重要因素。劳动分工之所以能够提高生产率，是因为它提高了每个工人的技巧和熟练程度，节约了由于交换工作而浪费的时间，以及有利于工具的改进和机器的发明。亚当·斯密的劳动分工观点适应了当时生产力发展的需要，也成为以后管理理论中的一条重要原理。

亚当·斯密的另一个贡献是他的“经济人”观点。他认为，经济现象是基于具有利己主义目的的人们的活动所产生的。人们在经济行为中追求的完全是私人利益，但是每个人的利益又为其他人的利益所限制，这就迫使每个人都必须顾及其他人的利益，由此而产生了相互的共同利益，进而形成总的社会利益。社会利益正是以个人利益为基础的。这些追求个人利益的人，就是亚当·斯密所说的“经济人”。“请给我我所要的东西吧，同时，你也可以获得你所要的东西。”

（二）罗伯特·欧文的人事管理革命

罗伯特·欧文（Robert Owen，1771—1858年）是英国著名的空想社会主义者。欧文最早注意到了企业内部人力资源的重要性。他提出，要重视工厂工作中人的因素，企业应致力于人力资源的开发和投资，反对将人视为机器，强调人和机器的根本区别在于人是有需要的有机体。他在自己的工厂里进行了一系列改革试验，如改进工人的劳动条件，使生产设备布局合理化，缩短工人的工作时间；提高雇佣童工的最低年龄限制；提高工资，在工厂内为工人提供免费就餐，改善工人住宅；与工人接触，了解工人的生产、生活情况等。通过试验，他认识到重视人的因素、尊重人的地位，可以使工厂获得更多的利润。

欧文在人力资源管理方面的开拓性实践，成了行为科学管理理论的先导。他的理论和实践对以后的管理特别是人事管理有相当大的影响，一般认为欧文是人事管理的创始人，称他为“人事管理之父”。

（三）查尔斯·巴贝奇的作业研究与报酬制度

查尔斯·巴贝奇（Charles Babbage，1792—1871年）是英国著名的数学家和机械学家，现代自动计算机的创始人和科学管理的先驱。巴贝奇出生于一个富有的银行家的家庭，曾就读于剑桥大学三一学院。

他进一步发展了亚当·斯密的观点，于1832年出版了《论机器和制造业的经济》一书，着重论述了专业分工、工作方法、机器与工具的使用和成本记录等，这是管理学上一本重要的文献。他强调劳资协作，强调工人要认识到工厂制度对他们有利的方面。在工资分配上，他提出了固定工资和利润分享的制度，认为这种方法可以使员工的利益与工厂的生产效益挂钩，使每位员工都来关心生产和管理问题。

上述各种管理思想是随着生产力的发展而不断发展的，适应了当时的工厂制度发展的需要。这些管理思想虽然不系统、不全面，没有形成专门的管理理论和学派，但对于促进生产及以后科学管理理论的产生和发展，都具有积极的影响。但他们毕竟不是专门研究管理的学者，研究的注意力仅注重生产组织、减少浪费、增产盈利的具体方法，而不是理论。

第二节 古典管理理论

所谓古典管理理论，是指在19世纪末20世纪初在美国、法国、德国等西方国家为适应资本主义经济发展而形成的，有一定科学依据的管理理论。其主要包括科学管理理论、一般管理理论和行政组织理论。

一、泰勒及其科学管理理论

科学管理理论着重研究如何提高工人的生产率，它代表了一种20世纪以来一直在使用的工作（作业）设计模式。对科学管理理论做出突出贡献的代表人物主要有弗雷德里克·温斯洛·泰勒（Frederick Winslow Taylor，1856—1915年）、弗兰克·吉尔布雷斯（Frank Bunker Gilbreth，1868—1924）、莉莲·吉尔布雷思（Lillian Moller Gilbreth，1878—1972年）夫妇以及亨利·甘特（Henry Laurence Gantt，1861—1919年）等。

（一）科学管理之父——泰勒

1856年3月，泰勒出生于美国费城杰曼顿一个富有的律师家庭。中学毕业后考入哈佛大学法律系，但不幸因眼疾而被迫辍学。1875年，他进入一家小机械厂当学徒工，1878年，转入费城米德维尔钢铁公司（Midvale Steel Works）工作，从机械工人做起，1884年升任总工程师。在这个过程中，泰勒不仅熟悉了一些现场生产技术及流程，还在生产管理方面得到了锻炼，积累了丰富的经验。1893年，泰勒辞职，独立从事工厂管理咨询工作。1898年，泰勒以顾问身份进入宾夕法尼亚州的伯利恒钢铁公司（Bethlehem Steel Company），继续从事管理方面的研究，并进行了著名的“搬运生铁块试验”和“铁锹试验”。他付出了大量的精力考察和研究工厂生产效率低下的问题，认为产生这一问题的主要原因是管理落后。1901年以后，泰勒不再同任何工业公司来往，只从事不收取报酬的管理咨询、写作和演讲工作，宣传他的管理理论，即“科学管理——泰勒制”。1915年泰勒因肺炎逝世。

泰勒的主要著作有《计件工资制》（1895年）、《车间管理》（1903年）和《科学管理原理》（1911年）等。其代表作《科学管理原理》一书中提出的理论奠定了科学管理的理论基础，标志着科学管理理论的正式形成，泰勒也因此被后世称为“科学管理之父”。

（二）科学管理理论的主要内容

泰勒的科学管理理论的具体内容可以概括为以下几个方面。

（1）工作定额原理。泰勒认为管理的中心问题是提高劳动生产率。要制定出有科学依据的工人的“合理日工作量”，就必须通过各种试验和测量，进行时间和动作研究。其方法是选择合适且技术熟练的工人，把他们的每一项动作、每一道工序所使用的时间记录下来，加上必要的休息时间和延误时间，就得到完成该项工作所需要的总时间，从而确定工人“合理的日工作量”，这就是所谓工作定额原理。

（2）标准化原理。泰勒认为，在科学管理的情况下，要想用科学知识代替个人经验，一个很重要的措施就是实行工具标准化、操作标准化、劳动动作标准化、劳动环境标准化等标准化管理。这是因为，只有实行标准化，才能使工人使用更有效的工具，采用更有效的工作方法，从而达到提高劳动生产率的目的；只有实现标准化，才能使工人在标准设备、标准条件下工作，才能对其工作成绩进行公正合理的衡量。泰勒不仅提出了实行标准化的主张，而且也为标准化的主张进行了积极的试验。在搬运生铁的试验中，泰勒得出一个适合做搬运工作的工人，在正常情况下，一天至少可搬 47.5 吨铁块的结论；在铲具试验中，他得出铁锹每次铲物在重 21 磅时，劳动效率最高的结论；在长达 26 年的金属切削试验中，他得出影响切割速度的 12 个变数及其反映它们之间相关关系的数学公式等，为标准化的提供了科学的依据。

（3）能力与工作相适应原理。为了最大限度地提高生产率，对某一项工作，必须找出最适宜干这项工作的人，同时还要最大限度地挖掘最适宜于这项工作的人的最大潜力，才有可能达到最高效率。因此，对任何一项工作必须要挑选出“第一流的工人”即头等工人。一流工人包括两个方面：一是工人的能力最适合于这种工作；二是工人必须愿意做这种工作。

（4）刺激性的工资报酬——差别计件工资制。泰勒认为，工人“磨洋工”的一个重要原因是报酬制度不合理。计时工资不能体现劳动的数量。计件工资虽然能体现劳动的数量，但工人担心劳动效率提高后雇主会降低工资率，从而等同于劳动强度的加大。针对这种情况，泰勒提出了一种新的报酬制度——差别计件工资制。

例如，定额为完成 10 件得 10 元，按差别计件工资制，完成 8 件得 8×80%=6.4（元），而不是得 8 元；完成 12 件得 12×120%=14.4（元），而不是得 12 元。

（5）计划职能和执行职能相分离原理。泰勒主张把计划职能同执行职能分开，由专门的计划部门来从事调查研究，为定额和操作方法提供科学依据；科学的定额和标准化的操作方法及工具；拟订计划并发布指示和命令；比较“标准”和“实际情况”，进行有效的控制等工作。至于现场工人，则从事实际的操作，不得自行改变。

（6）实行“职能工长制”。泰勒主张实行“职能管理”，即将管理工作予以细分，使所有的管理者只承担一种管理职能。他设计出 8 种职能，分别由 8 个工长执行，其中 4 个在计划部门，4 个在车间。每个职能工长负责某一方面的工作，在其职能范围内向工人发布命令。泰勒认为这种职能工长制有 3 个优点：第一，每个职能工长只承担某项职能，职责单一，对管理者培训花费的时间较少，有利于发挥每个人的专长；第二，管理人员的职能明确，容易提高效率；第三，由于计划部门的作用，车间现场的职能工长只负责现场指挥与监督，因此非熟练技术的工人也可以从事较复杂的工作，从而可以降低整个企业的生产费用。

由于这种单纯“职能型”的组织结构容易形成多头领导，造成管理混乱。因而，泰勒的这一设想并未真正得到推广。但这一职能管理思想为以后职能部门的建立和管理的专业化提供了思路，产生了较大的影响，成为泰勒对组织管理的一大贡献。

（7）例外原则。所谓例外原则，就是指企业的高级管理人员把一般日常事务授权给下属管理人员，而自己保留对例外的事项即重要事项的决策权和控制权，如企业发展战略和重要的人事任免等。这种例外原则至今仍然是管理中极为重要的原则之一。泰勒提出的这种以例外原则为依据的管理控制原理，后来发展为管理上的分权化原则和事业部制管理体制。

（8）劳资双方都要进行一场“精神革命”。泰勒认为，必须使劳资双方实行“一次完全的思想革命”和“观念上的伟大转变”；在管理上“用科学方法取代单凭经验的方法，会给雇主和雇员双方带来巨大的收益”。科学管理实际上是一种将人从传统的小农意识转变为现代的社会化大生产思想意识的“革命”。对雇主来说，关心的是成本的降低；而对工人来说，关心的则是工资的提高。因此，工人和雇主都必须认识到提高效率对双方都有利，都要进行一次“精神革命”，这是工人与管理当局协调和合作的基础。只有双方相互协作，才能共同为提高劳动生产率而努力。

（三）对泰勒科学管理理论的评价

泰勒在历史上第一次使管理从经验上升到科学。泰勒科学管理的最大贡献在于所提倡的在管理中运用科学方法和他本人的科学实践精神，科学管理理论的推广，极大地提高了生产效率，推动了生产力的发展。100 多年来，科学管理思想仍然发挥着巨大的作用。

当然，泰勒的科学管理理论也有一定的局限性。首先是泰勒的“经济人”假设。泰勒认为，企业家生产的目的是获得最大限度的利润，工人的目的是获得最大限度的工资收入。他把经济利益作为唯一动机，忽视了企业成员之间的交往以及工人的感情等社会因素对生产效率的影响，这无疑限制了泰勒的视野和高度。其次，泰罗的科学管理仅重视技术的因素，不重视人群社会的因素。最后，“泰勒制”仅解决了个别具体工作的作业效率问题，而没有解决企业作为一个整体如何经营和管理的问题。这些也正是需要泰勒之后的管理大师们创建新的管理理论来加以补充的地方。

二、法约尔及其一般管理理论

以泰勒为代表的一些人在美国倡导科学管理的时候，欧洲也出现了其他管理理论，其中影响最大的是亨利·法约尔（Henri Fayol，1841—1925 年）的一般管理理论。

（一）现代经营管理之父——法约尔

法约尔，古典管理理论的主要代表人之一，管理学先驱之一，也为管理过程学派的创始人。他出生于法国一个中产阶级家庭，15 岁时就读于里昂一所公立中等学校，两年后，经考试及格转入圣艾蒂安国立矿业学院，是同一学年里最年轻的学生；19 岁毕业时他取得了矿业工程师资格。1860 年，他被任命为富香博公司的科芒特里矿井组工程师，在他漫长而成绩卓著的经营生涯中，他一直珍视这项事业。1918 年，他退休时的职务是公司总经理，他继续在公司里担任一名董事，直到 1925 年 12 月以 84 岁高龄去世为止。

法约尔主要著作有《工业管理和一般管理》（1916 年）一书，从理论上概括出了一般管理的原理、要素和原则，把管理科学提到一个新的高度，使管理科学不仅在工商业界受到重视，而且对其他领域也产生了重要影响。由于法约尔从高层管理人员经常碰到的组织经营问题出发，对管理进行了开创性的研究，因而被称为“现代经营管理之父”。

（二）一般管理理论的主要内容

1. 企业 6 种经营活动和管理的 5 项职能

法约尔首次区分了经营和管理，认为这是两个不同的概念。通过对企业全部活动的分析，法约尔指出企业无论大小，简单还是复杂，每一种“经营”都包括 6 种经营活动：

（1）技术活动，指生产、制造和加工；

（2）商业活动，指购买、销售和交换；

（3）财务活动，指资金的筹集、运用和控制；

（4）安全活动，指设备的维护和人员的保护；

（5）会计活动，指货物盘点、成本统计和核算；

（6）管理活动，指计划、组织、指挥、协调和控制。

在这 6 种经营活动中，法约尔主要集中研究了管理活动，并首次把管理活动分为计划、组织、指挥、协调、控制 5 项职能，揭示了管理的本质，并对这 5 项职能进行了详细的分析。计划就是设计行动方案，使企业达到目标；组织就是合理安排人力、物力去实现目标；指挥就是指挥下级的行动；协调就是使组织内的资源与活动能够相互配合；控制就是保证实际工作与计划拟订的标准相一致。

2. 14 条管理原则

（1）劳动分工。法约尔认为，劳动分工不只适用于技术工作，而且也适用于管理工作。应该通过分工来提高管理工作的效率。但是，法约尔又认为："劳动分工有一定的限度，经验与尺度感告诉我们不应超越这些限度。"

（2）权力与责任。有权力的地方，就有责任。责任是权力的孪生物，是权力的必然结果和必要补充，这就是著名的权力与责任相符的原则。法约尔认为，要贯彻权力与责任相符的原则，就应该有有效的奖励和惩罚制度，即"应该鼓励有益的行动而制止与其相反的行动"。实际上，这就是现在我们讲的权、责、利相结合的原则。

（3）纪律。纪律是企业和其下属人员之间在服从、勤勉、积极、举止和尊敬等方面所达成的一种协议。组织内所有成员都要通过各方达成的协议对自己在组织内的行为进行控制。

（4）统一指挥。组织内的每一个人只能服从一个上级并接受他的命令。

（5）统一领导。对于力求达到同一目的的全部活动，只能有一个领导人和一项计划。

（6）个人利益服从集体利益。集体的目标必须包含员工个人的目标，但个人或小集体的利益不能超越组织的利益。当二者矛盾时，领导人要以身作则，使其一致。

（7）报酬合理。报酬制度应当公平，对工作成绩和工作效率优良者给予奖励，但奖励应有一个限度。

（8）集权与分权。集权与分权主要指权力的集中或分散的程度问题。集权化管理作为一种制度，本身无所谓好坏，应该根据企业的情况，决定集中化的最适程度。

（9）等级链。等级链也称为"法约尔跳板"。从最高权力机构直到低层管理人员的职权等级系列称为"等级链"。

如图 2.1 所示，它显示出企业内信息传递的路线在一个等级制度表现为 G—A—Q 双梯形式的企业里，假设要使 F 与 P 发生联系。按常规，需先从 F 到从最高 A，再下到 P，这之间每一级都需停顿；然后，顺着原路，一级级返回出发点。如果通过 F—P"天桥"（跳板）直接从 F 到 P，那就简单、迅速和可靠多了。如果 F 的领导 E 和 P 的领导 O 允许他们各自的下属直接联系，等级原则就得到了捍卫。法约尔认为，各级人员都应养成使用这种最短通路的习惯。后来，人们称这种方式为"法约尔跳板"。

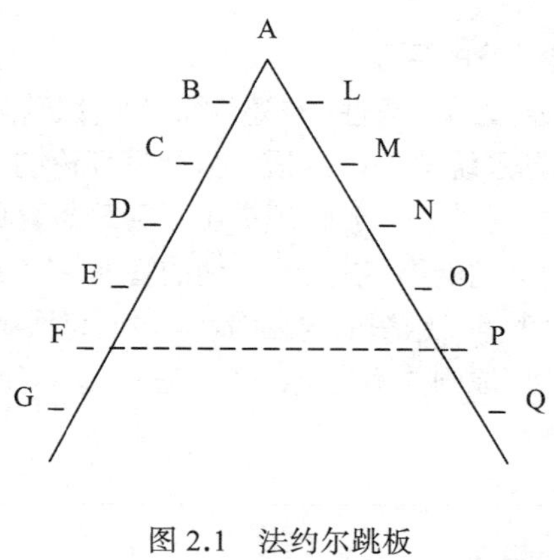

图 2.1　法约尔跳板

等级链说明了两个方面的问题：一是它表明了组织中各个环节之间的权力关系，通过这个等级链，组织中的成员就可以明确谁可以对谁下指令，谁应该对谁负责；二是这个等级链表明了组织中信息传递的路线，即在一个正式组织中，信息是按照组织的等级系列来传递的。贯彻等级制度原则，有利于组织加强统一指挥原则，保证组织内信息联系的畅通。但是，一个组织如果严格地按照等级系列进行信息的沟通，则可能由于信息沟通的路线太长而使得信息联系的时间长，同时容易造成信息在传递的过程中失真。

（10）秩序原则。法约尔所指的秩序原则包括物品的秩序原则和人的社会秩序原则。对于物品的秩序原则，他认为，每一件物品都有一个最适合它存放的地方，坚持物品的秩序原则就是要使每一件物品都在它应该放的地方。贯彻物品的秩序原则就是要使每件物品都在它应该放的位置上。对于人的社会秩序原则，他认为每个人都有他的长处和短处，贯彻社会秩序原则就是要确定最适合每个人的能力发挥的工作岗位，然后使每个人都在最能使自己的能力得到发挥的岗位上工作。为了能贯彻社会的秩序原则，法约尔认为首先要对企业的社会需要与资源有确切的了解，并保持两者之间经常的平衡；同时，要注意消除任人唯亲、偏爱徇私、野心奢望和无知等弊病。

（11）公平。公平是由善意与公道产生的。企业领导应特别注意员工希望公道、平等的愿望，并发挥自己最大的能力，使公平感深入人心。

（12）保持人员的稳定。法约尔认为，一个人要适应他的新职位，并做到能很好地完成他的工作，这需要时间。这就是“人员的稳定原则”。按照“人员的稳定原则”，要使一个人的能力得到充分发挥，就要使他在一个工作岗位上相对稳定地工作一段时间，使他能有一段时间来熟悉自己的工作，了解自己的工作环境，并取得别人对自己的信任。对于企业来说，就要掌握人员的稳定和流动的合适的度，以利于企业中成员能力得到充分的发挥。像其他所有的原则一样，稳定的原则也是一个尺度问题。

（13）首创精神。法约尔认为“出一个计划并保证其成功是一个聪明人最大的快乐之一，这也是人类活动最有力的刺激物之一。这种发明与执行的可能性就是人们所说的首创精神。建议与执行的自主性也都属于首创精神”。法约尔认为人的自我实现需求的满足是激励人们的工作热情和工作积极性的最有力的刺激因素。对于领导者来说，“需要极有分寸地，并要有某种勇气来激发和支持大家的首创精神”。

（14）人员的团结。人们往往由于管理能力的不足，或者由于自私自利，或者由于追求个人的利益等而忘记了组织的团结。为了加强组织的团结，法约尔特别提出在组织中要禁止滥用书面联系。他认为在处理一个业务问题时，用当面口述要比书面快，并且简单得多。另外，一些冲突、误会可以在交谈中得到解决。由此得出，每当可能时，应直接联系，这样更迅速、更清楚，并且更融洽。

（三）对法约尔一般管理理论的评价

法约尔的一般管理研究了管理的一般性（普遍性），对组织管理进行了系统的、独立的研究，特别是对管理要素和管理的原则系统地加以概括，为管理理论的形成构筑了一个科学的理论框架，使管理具有一般的科学性。另外，一般管理提出了管理教育的必要性与可能性。

但法约尔的一般管理理论也有它的不足之处：如他的管理原则缺乏弹性，以至于有时实际管理工作者无法完全遵守；法约尔只考察了组织的内在因素，没有考察组织同周围环境的关系，缺乏具体性。正如他自己所强调的，这些原则并不完整，也不是一成不变的，它不能回答特殊的问题。

三、韦伯及其行政组织理论

（一）组织理论之父——韦伯

马克斯·韦伯（Max Weber，1864—1920年）与前面介绍的泰勒、法约尔并称为西方古典管理理论的 3 位先驱，是公认的现代社会学和公共行政学最重要的创始人之一。韦伯出生于德国一个中产阶级家庭，毕生从事学术研究，在社会学、政治学、经济学、法学、哲学、历史学和宗教学等领域都有较深的造诣。他在管理理论上的研究主要集中在组织理论方面，主要著有《经济与社会》等。其主要贡献是提出了“理想的行政组织体系理论”，并因此被人称为“组织理论之父”。

（二）行政组织理论的主要内容

韦伯认为等级、权力和行政体系是一切社会组织的基础。对于权力，他认为任何一种组织都是以某种形式的权力为基础的。权力有 3 种类型：理性—合法的权力、传统的权力和“神授的”权力。这 3 种权力中，只有理性—合法的权力才是构成理想的行政组织体系的基础。他所讲的“理想的”，不是指最合乎需要的，而是指现代社会最有效和最合理的组织形式。之所以是“理想的”，因为它具有以下一些特点。

（1）明确的分工。即每个职位的权力和义务都应有明确的规定，人员按职业专业化进行分工。

（2）自上而下的等级系统。组织内的各个职位，按照等级原则进行法定安排，形成自上而下的等级系统。

（3）人员的任用。人员的任用要完全根据职务的要求，通过正式考试和教育训练来实行。

（4）职业管理人员。管理人员有固定的薪金和明文规定的升迁制度，是一种职业管理人员。

（5）遵守规则和纪律。管理人员必须严格遵守组织中规定的规则和纪律以及办事程序。

（6）组织中人员之间的关系。组织中人员之间的关系完全以理性准则为指导，只是职位关系而不受个人情感的影响。这种公正不倚的态度，不仅适用于组织内部，而且适用于组织与外界的关系。

韦伯认为，这种高度结构的、正式的、非人格化的理想行政组织体系是人们进行强制控制的合理手段，是达到目标、提高效率的最有效形式。这种组织形式在精确性、稳定性、纪律性和可靠性方面都优于其他组织形式，能适用于各种管理工作及当时日益增多的各种大型组织，如教会、国家机构、军队、政党、经济企业和各种团体。

（三）对韦伯的行政组织理论的评价

韦伯认为高度集中的、理性的行政组织体系最符合理性原则，是达到目标、提高劳动生产率的最有效的形式。这一理论也是对泰勒、法约尔理论的一种重要补充，是古典管理理论的重要组成部分。

韦伯的行政组织理论的局限性体现在：过分强调组织形式的作用；过分重视成文的法律制度，完全忽视了管理活动应根据环境的变化而灵活地进行。

四、古典管理理论评析

对上文提到的以科学管理理论、一般管理理论和行政组织理论为代表的古典管理理论综合评析如下。

其贡献表现在：首先，古典管理理论确立了管理学是一门科学；其次，古典管理理论建立了一套有关管理理论的原理、原则、方法等理论，对今天的企业管理仍然有着巨大的指导作用；最后，古典管理理论是现代管理理论的基础，对现代管理理论的研究仍然具有很强的指导和借鉴作用。

其局限性表现在：首先，古典管理理论对人性的研究没有深入进行；其次，古典管理对组织的理解是静态的，对企业发展环境考虑得很少；最后，古典管理理论的着重点是放在管理客观存在的内部，把如何提高生产率作为管理的目标。而企业的经营管理研究的主要是人和市场，而这两点都是古典管理理论所没有的。

第三节 行为科学理论

古典管理理论的建立为当时生产力的发展和社会的进步提供了有力的理论武器。但是，随着社会的发展，人们发现古典管理理论并不能解决实践中所遇到的一切问题，尤其是对人的研究，古典管理理论涉及得非常少。而在实践中大量的问题是和人有关的，人的行为随着时间、环境等因素的变化而变化，而人的工作效率也因时、因地发生变化。

古典管理理论的“经济人假设”，在此间受到了更多的质疑。而要真正发展出更加符合人性的管理理论，没有心理学的帮助是做不到的。恰在这时，许多心理学家也加入了管理研究的行列。逐渐地，管理研究的前沿与重心，从科学管理理论转到了行为科学理论上。

行为科学是由人际关系学说发展起来的，它和工业心理学有密切的关系，后来又融合了人力资源学，而现代的管理心理学和组织行为学是行为科学的主要组成部分。由于社会快速发展，人随着社会环境的变化而变化，因而对人性的探索和对人的行为的研究永远是必要的，也是没有穷尽的。今天的行为科学成为根深叶茂的学科都是来源于梅奥与霍桑试验对人性的探索。

一、霍桑试验和梅奥的人际关系学说

（一）霍桑试验

20 世纪 20 年代，在资本主义国家中，尽管许多企业采取了泰勒的科学管理，但劳资纠纷和罢工还是此起彼伏，此种情况促使管理学者们深入研究决定工人劳动效率的根本原因到底是什么。于是，就有了在美国国家科学委员会的赞助下开展的著名的霍桑试验。这项试验因在西方电器公司位于伊利诺伊州的霍桑工厂进行而得名，1924—1932 年，由美国哈佛大学心理学教授乔治·埃尔顿·梅奥（George Elton Mayo，1880—1949 年）带领学生和研究人员进行。

梅奥，原籍澳大利亚的美国管理学家，早期行为科学——人际关系学说的创始人。他出生在澳大利亚的阿德莱德，并于阿德莱德大学获得逻辑和哲学硕士学位。1919 年，在澳大利亚的昆士兰大学任逻辑学、伦理学和哲学讲师，他是澳大利亚心理疗法的创始人。1922 年，移居美国。1923—1926 年，作为宾夕法尼亚大学的研究人员为洛克菲勒基金会进行工业研究。1926 年，任哈佛大学工商管理研究院工业研究室的副教授，以后一直在哈佛大学工作直至退休。其间，他主持了著名的霍桑试验。1929 年，他成为工业研究终身教授，其著作有《工业文明的社会问题》和《工业文明的人类问题》等。梅奥是在管理思想发展史中有着特殊地位的一位管理学家。

当时，人们并没有认识到霍桑试验的伟大意义之所在，这一持续了近 8 年的试验，取得了意想不到的成果。

霍桑试验是人际关系学说研究的开端，它包括以下 4 个阶段。

第一阶段：车间照明试验——“照明试验”（1924—1927 年）

试验的目的是弄清照明强度对生产效率所产生的影响。这项实验前后共进行了两年半的时间，试验是在被挑选的两组绕线工人中间进行的，一组是试验组，另一组是参照组。在实验过程中，试验组不断增加照明强度，如将试验组的照明从 24 烛、46 烛、76 烛光逐渐增强，而参

照组的照明度始终保持不变。

研究者企图通过这一试验，来发现照明的变化对生产效率的影响，但是试验结果显示，两组都在不断地提高产量。后来，他们又采取了相反的措施，逐渐降低试验组的照明强度，合理地把两名试验组的女工安排在单独的房间里劳动，使照明一再降低，从 10 烛光、3 烛光一直降到 0.06 烛光，几乎和月光亮度差不多，直到这个时候产量才开始下降。

研究人员在这次试验结果的报告中说，这次试验的结果是照明强度增大两组的产量均大大增加了，而且增加量几乎相等，两组的效率也几乎没有多大差异，纵然有一些微小的差异也是在许可的误差之内。因此，我们无法确定改善照明对于工作效率有什么积极的影响。

第二阶段：继电器装配工人小组试验——“福利试验”（1927 年 8 月—1928 年 4 月）

为了能够找到更有效地控制影响职工积极性的因素，梅奥选出了 6 名女工，在单独的房间中从事装配继电器的工作。在试验过程中，不断地增加福利措施，如缩短工作日延长休息时间、免费供应茶点等。研究者原来设想这些福利的措施能刺激工人生产的积极性，结果却并非如此。后来，他们撤销了这些措施，按预想工作效率应该是下降的，但实际情况表明工作效率不仅没有下降反而继续上升了。经过深入的了解发现，产量上升源于职工积极性的提高，这仍然是由于职工与研究者之间有一种融洽的人际关系所致。这说明，调动职工的积极性、人际关系比福利措施更为重要。

究竟是什么原因导致了产量的增加呢？研究人员认为，是由于管理方式的改变带来工人积极性的提高和人际关系的改善所引起的。

在试验过程中，工人的劳动从生产现场转移到特殊的实验室中进行，由试验人员（研究人员）担任管理者，为他们创造了一个更为自由的工作环境。这些管理者改变了传统严格的命令和控制方法，就各种项目的试验向工人提出建议，征询意见。工人的意见被同情地予以倾听，工人的身体状况和精神状况成为研究人员极为关心的事。这种可以自由地发表意见、得到关心的工作环境使工人感觉到自己受到了重视，士气和工作态度也随之改进，从而促进了产量的变化。

第三阶段：大规模访谈计划——“访谈试验”（1928—1931 年）

既然试验表明，管理方式与职工的士气和劳动生产率有密切关系，那么就应该了解职工对现有的管理方式有什么意见，为改进管理方式提供依据。于是，梅奥等人制订了一个征询职工意见的访谈计划，在 1928 年 9 月到 1930 年 5 月不到两年的时间内，研究人员对工厂中两万名左右的职工进行了访谈。

他们在访谈前选择了一些规定的问题，主要是希望职工针对管理层的一些规划、管理政策和工作条件发表自己的意见。然而，在执行计划的过程中，职工对这些问题根本不感兴趣，而对这些提纲以外的问题倒是大发意见。显然，工人认为重要的事与企业或研究人员所认为的不一致。于是，研究小组对访谈计划做了调整，每次访谈前，谈话的内容和方式不做任何规定。访谈者的任务就是让工人多讲话，即工人可以就任何一个问题自由地发表一番言论，这样工人就有了一个自由发表自己意见、发泄心头之气的机会。虽然工作条件或劳动报酬实际上并没有改变，但是工人普遍认为自己的处境比以前好了。

在访谈计划的执行过程中，研究人员对工人在交谈中的怨言进行分析，发现引起他们不满的事实与他们所埋怨的事实并不是一回事。工人在表述自己的不满与隐藏在心里深层的不满情绪并不总是一样的。例如，有位工人表现出对计件工资率过低不满意。但深入了解后发现，这位工人是在为支付妻子的医药费而担心。根据这些分析，研究人员认识到，工人由于关心自己个人问题会影响到工作效率。因而，管理人员应该了解工人的这些问题，为此，需要对管理人员，特别是要对基层管理人员进行训练，使他们成为能够倾听并理解工人的访谈者，能够重视人的因素，与工人相处时更为热情、更为关心他们，这样能够促进人际关系的改善和职工士气的提高。

第四阶段：接线板接线工作室试验——“群体试验”（1931—1932 年）

这是一项关于工人群体的试验，其目的是要证实在以上的试验中研究人员似乎感觉到在工人当中存在着一种非正式的组织，而且这种非正式的组织对工人的态度有着极其重要的影响。

试验开始时，研究人员向工人说明：他们可以尽力地工作，因为在这里实行的是计件工资制。研究人员原以为，实行了这一套办法会使职工更为努力地工作，然而结果出乎意料。事实上，工人实际完成的产量只是保持在中等水平上，而且每个工人的日产量都是差不多的。而根据动作和时间分析的理论，每个工人应该完成标准的定额为 7 312 个焊接点，但是工人每天只完成了 6 000～6 600 个焊接点就不干了，即使离下班还有较为宽裕的时间，他们也自行停工不干了。这是什么原因呢？

研究者通过观察，了解到工人们自动限制产量的理由是：如果他们过分努力地工作，就可能造成其他同伴的失业，或者公司会制定出更高的生产定额来。研究者为了了解他们之间的能力差别，还对试验组的每个人进行了灵敏度和智力测验，发现工作效率排名最后 3 名绕线工在灵敏度测验中得分是最高的，其中排名最后 1 名的工人在智力群测验上排行第一，灵敏度测验上排行第三。测验的结果和实际产量之间的这种关系使研究者联想到群体对这些工人的重要性。1 名工人可以因为提高他的产量而得到小组工资总额中的较大份额，而且减少失业的可能性；然而，这些物质上的报酬却会带来群体诘难的惩罚，因此每天只要完成群体认可的工作量就可以相安无事了。

（二）梅奥的人际关系学说

以上是霍桑试验的主要经过。该项试验的结果由梅奥于 1933 年将它正式发表，书名是《工业文明中的人类问题》，书中，梅奥阐述了与古典管理理论不同的观点，这就是行为科学的前身——人际关系学说，该学说包括以下几个内容。

（1）企业的职工是社会人而不是经济人。科学管理把人当作经济人来看待，认为金钱是刺激人的积极性的唯一动力。霍桑试验则证明人是一个社会人，影响人的劳动积极性的因素，除了物质利益之外，还有社会的心理因素。每一个人都有自己的特点，个体的观点和个性都会影响个人对上级命令的反应及其工作表现。因此，应该把职工当作不同的个体来看待、当作社会人来对待，而不应将其看作无差别的机器或机器的一部分。

（2）企业中实际存在一种“非正式组织”。非正式组织是与正式组织相对而言的。所谓正式组织是指为了有效地实现企业目标，依据企业成员的职位、责任、权力及其相互关系进行明确划分而形成的组织体系。科学管理只注意发挥正式组织的作用。

霍桑试验告诉我们，工人在企业内部共同劳动的过程中，必然会发生一些工作以外的联系，这种联系会加深他们之间的相互了解，从而能形成某种共识，建立不同层面的感情联系，逐渐发展成为一种相对稳定的非正式组织。这种非正式组织对工人起着两种作用：第一，保护工人免受内部成员疏忽所造成的损失，如工作效率过高以致企业提高生产定额，或工作效率过低引起管理层的不满，并加重同伴的负担；第二，保护工人免受非正式组织以外的管理人员干涉所形成的损失。

梅奥等人认为，不管承认与否，非正式组织都是存在的。它与正式组织相互依存，而且会通过影响工人的工作态度来影响企业的生产效率和目标的达成。因此，管理人员应该正视这种非正式组织的存在，利用非正式组织为正式组织的活动和目标服务。

（3）新型的领导能力在于提高职工的满意度。科学管理认为生产效率主要取决于作业方法、工作条件和工资制度。因此，只要采用恰当的工资制度，改善工作条件，引入科学的作业方法，就可以提高工人的劳动生产率。

梅奥等人根据霍桑试验得出了与以往学说不同的结论，他们认为，生产效率的高低主要取决于工人的积极性，而工人的积极性则取决于他们感受到各种需要的满足程度。在这些需要中，金钱与物质方面的需要只占很小的一部分，更多的是获取友谊、得到尊重或保证安全等方面的社会需要。因此，要提高生产效率，就要提高职工的士气，而提高职工积极性就要努力提高职工的满足程度。所以，新型管理人员应该认真地分析职工的需要，不仅要解决工人生产技术或物质生活方面的问题，还要掌握他们的心理状态，了解他们的思想情绪，以便采取相应的措施，适时、充分地激励员工，达到提高劳动生产率的目的。

二、行为科学的发展

人际关系学说建立以后，这方面研究成果大量涌现。1949 年在美国芝加哥召开的一次跨学科会议上，把这门综合性的学科命名为“行为科学”。行为科学蓬勃发展，产生了一大批影响力很大的行为科学家及其理论，内容如下。

（一）马斯洛的需要层次论

美国心理学家亚伯拉罕·马斯洛把人的各种需要归纳为 5 大类，这 5 大类需要是互相作用的，按其重要性和发生的先后次序，分别是生理需要、安全需要、社交需要、受人尊重的需要和自我实现的需要。

马斯洛的需要层次理论包含两个基本论点：第一，人是有需要的动物，其需要取决于他已经得到了什么，尚缺少什么，只有尚未满足的需要能够影响行为，也就是说，已经得到满足的需要不能起激励作用；第二，人的需要都有轻重层次，某一需要得到满足后，另一个需要才出现。

（二）奥尔德弗的 ERG 理论

美国耶鲁大学的克莱顿·奥尔德弗（Clayton Alderfer）在马斯洛提出的需要层次理论的基础上，进行了更接近实际经验的研究，提出了一种新的人本主义需要理论。奥尔德弗认为，人们共存在 3 种核心的需要，即生存（Existence）的需要、相互关系（Relatedness）的需要和成长发展（Growth）的需要，因而这一理论被称为“ERG”理论。

（三）赫茨伯格的双因素理论

赫茨伯格的双因素包括保健因素和激励因素。有关内容在第九章将会详细介绍。

（四）X、Y、Z 理论

1. 美国心理学家道格拉斯·麦格雷戈的 X 理论和 Y 理论

X 理论对人性的假设是：

（1）人一般来说天生就是懒惰的，并设法逃避工作；

（2）缺乏进取心，宁愿接受别人指挥，不愿意承担责任；

（3）安于现状，习惯守旧，反对变革，个人安全第一；

（4）缺乏理性，容易受环境和别人的影响做出一些不合时宜的行为。

与 X 理论相反，Y 理论对人性的假设是：

（1）人并非天生懒惰，要求工作是人的本能；

（2）逃避责任、缺乏进取心是某种外部原因造成的，不是人的本性。在适当的条件下，人愿意而且能够主动承担责任；

（3）大多数人对自己参与的工作目标，能够“自我指挥”和“自我控制”，不需要组织的强制和惩罚；

（4）参与工作是需要报酬的，但最重要的报酬不是金钱，而是自主、自尊和自我实现需要的满足；

（5）大多数人都具有丰富的想象力和创造力，都能够处理好工作中遇到的问题；

（6）在现代社会生活条件下，一般人的潜能只得到了部分的发挥。

基于这样的认识，管理者便不能局限于发布命令，要关心人，满足人的交往、归属需要，重视员工之间的关系，沟通上下之间的感情，培养和形成员工的归属感和集体感。

2. 洛尔施和莫尔斯的超 Y 理论

其主要观点是：对不同的人应该采取不同的管理方式，对不同的环境采取不同的管理方式；此外，工作的性质、员工的素质也影响到管理理论的选择，不同的情况应采取不同的管理方式。

3. 威廉·大内的 Z 理论

Z 理论主张以坦白、开放和沟通作为基本的原则来实行民主管理。主张鼓励职工参与管理，注重培训职工多方面的工作技能，强调融洽上下级关系，使职工在工作中得到满足，心情愉快；要求长期雇佣职工，不因经营不佳而解雇职工；基层管理人员有权修正上级的错误指令，依靠职工的集体力量，提出联合方案解决问题。

三、行为科学理论评析

行为科学理论贡献表现在：首先，行为科学的出现缓和了 20 世纪 20 年代末到 30 年代初的美国经济危机中的劳资关系；其次，行为科学是管理科学中的一个重要内容和重要方面；最后，行为科学的研究成果对今天的企业管理仍有巨大的现实指导作用，特别在人力资源管理上。

其局限性表现在：过于强调人的作用，忽视了经济技术等方面的考虑；过分强调非正式组织的作用；过多强调感情逻辑而忽视效率逻辑。

第四节 现代管理理论及发展

第二次世界大战后，社会经济发展中出现了许多新变化：工业生产和科学技术迅速发展；企业的规模进一步扩大，生产社会化和复杂程度更加明显，生产过程自动化的程度空前提高；技术更新的周期大为缩短；市场竞争越来越激烈。这些都对企业经营管理提出了许多新要求，原有的管理理论和方法有些已不能适应新形势的需要。因此，众多的学者和管理专家各自都从不同的背景、不同的角度对管理问题进行了研究，出现了许多新的管理理论和方法，形成了不同的学术派别。这些理论同前两节提到的古典管理理论和行为科学理论，在历史渊源和内容上互相影响、盘根错节。著名管理学家孔茨将这种管理理论林立的现象形象地称作“管理理论的丛林”。下面对主要的管理理论进行简单的介绍。

一、现代管理理论的主要学派

（一）管理过程学派

管理过程学派是在法约尔管理思想的基础上发展起来的。该学派的代表人物是美国管理学家哈罗德·孔茨和西里尔·奥唐奈，其代表作为二人合著的《管理学》。

该学派的主要特点是把管理学说与管理人员的职能联系起来，也就是说与管理人员所从事的工作联系起来。他们认为，无论是什么性质的组织，无论组织处于何种环境，管理人员的职能是共同的。管理活动的过程就是管理职能逐步展开和实现的过程。孔茨和奥唐奈在仔细研究这些管理职能的基础上，将管理职能分为计划、组织、人事、领导、控制 5 项，而把协调作为管理的本质。

孔茨利用这些管理职能对管理理论进行分析、研究和阐述，最终得以建立起管理过程学派。孔茨是管理过程学派的集大成者，他继承了法约尔的理论，并把法约尔的理论更加系统化、条理化，使管理过程学派成为管理各学派中最具有影响力的学派。

这个学派把管理看作是一个过程，无论从理论基础还是从研究方法上来看，这种观点和自然科学的研究方法都有些相似，因而它的科学性比较容易被人们所接受，目前在现代管理理论中占有相当重要的地位。

（二）经验主义学派

经验主义学派又称为经理主义学派，以向大企业的经理提供管理企业的经验和科学方法为目标。经验主义学派认为管理学就是研究管理经验，认为通过对管理人员在个别情况下成功的和失败的经验教训的研究，会使人们懂得在将来相应的情况下如何运用有效的方法解决管理问题。因此，这个学派的学者把对管理理论的研究放在对实际管理工作者的管理经验教训的研究上，强调从企业管理的实际经验而不是从一般原理出发来进行研究，强调用比较的方法来研究和概括管理经验。

该学派的代表人物为彼得·德鲁克，代表作为《管理实践》；欧内斯特·戴尔，代表作为《伟大的组织者》。

经验主义学派主要涉及了以下几个方面的管理问题。

（1）管理应侧重于实际应用，而不是纯粹理论的研究。管理学如同医学、法律学和工程学一样，是一种应用学科，而不是纯知识的学科。但管理又不是单纯的常识、领导能力或财务技巧的应用，管理的实际应用是以知识和责任为依据的。

（2）管理者的任务是了解本机构的特殊目的和使命。德鲁克认为，作为企业主要管理者的经理，有两项别人无法替代的职责。

第一项职责是创造出一个大于其各组成部分的总和的真正的整体，创造出一个富有活力的整体，把投入于其中的各项资源转化为较各项资源的总和更多的东西；第二项特殊职责是在其每一项决定和行动中协调当前的和长期的要求。为此，每一个经理都要做到：制定目标和措施并传达给有关的人员；进行组织工作；进行鼓励和联系工作；对工作和成果进行评价；使员工得到成长和发展。

（3）实行目标管理的管理方法。德鲁克理论给管理学的最大贡献是他提出任务（或目标）决定管理，并据此提出目标管理法。

德鲁克认为传统管理学派偏于以工作为中心，忽视人的一面，而行为科学又偏于以人为中心，忽视了同工作相结合。目标管理则结合以工作为中心和以人为中心的管理方法，使职工发现工作的兴趣和价值，从工作中满足其自我实现的需要。同时，企业的目标也因职工的自我实现而实现，这样就把工作和人性二者统一起来了。有关目标管理的内容将在第四章第四节进行详细的介绍。

经验主义学派的思想可以说在管理理论丛林中较具特色，但他们受到了许多管理学家的批评。经验主义学派由于强调经验而无法形成有效的原理和原则，无法形成统一完整的管理理论，有经验的管理者可以依靠自己的经验，而无经验的初学者则无所适从。而且，过去所依赖的经验未必能运用到将来的管理中。

因此，孔茨在他的书中指出："没有人能否认对过去的管理经验或过去的管理工作'是怎样做的'进行分析的重要性。未来情况与过去完全相同是不可能的。确实，过多地依赖于过去的经验，依赖历史上已经解决的那些问题的原始素材，肯定是危险的。其理由很简单，一种在过去认为是‘正确’的方法，可能远不适合于未来情况。”这段话说明，由于组织环境一直处于变化之中，过分地依赖未经提炼的实践经验和历史来解决管理问题是无法满足需要的。

（三）社会系统学派

社会系统学派从社会学的观点来研究管理，认为社会的各级组织都是一个协作的系统，进而把企业组织中人们的相互关系看成是一种协作系统。

社会系统学派的代表人物是美国著名的管理学家切斯特·巴纳德（C.D.Baranard，1886—1961 年）。1938 年，他发表了《经理人的职能》一书，在这本著作中，他对组织和管理理论的一系列基本问题都提出了与传统组织和管理理论完全不同的观点。他认为组织是一个复杂的社会系统，应从社会学的观点来分析和研究管理的问题。由于他把各类组织都作为协作的社会系统来研究，后人把由他开创的管理理论体系称作社会系统学派。

社会系统学派的主要内容可以归纳为以下几个方面。

（1）组织是一个有意识的协作系统。巴纳德认为，组织是一个由人们有意识地加以协调的各种活动的系统。其中最为重要的因素是经理人员，只有依靠经理人员的协调，才能维持一个协作系统。经理人员有 3 个主要职能：维持一套信息传递系统；促使组织中每个人都能做出重要的贡献，包括选聘员工和采取合理的激励方式；明确组织的目标。

（2）组织可以分为正式组织和非正式组织。巴纳德把组织分为正式组织和非正式组织，指出在正式组织中还存在着一种无形的组织，即非正式组织。它的活动对正式组织有双重作用，既有不利的影响，但又可能促使组织的效率得到提高。

（3）组织存在有 3 个基本条件。正式组织作为一个协作系统，无论级别的高低和规模的大小，都包含 3 个基本要素：明确的目标、协作的意愿和良好的沟通。

（4）组织效力和组织效率原则。所谓组织效力是指组织实现其目标的能力或实现其目标的程度。一个组织协作有效，它的组织目标就能实现，这个组织就是有效力的；若一个组织无法实现其目标，这个组织就是无效的，组织本身也必然瓦解。因此，组织具有较高的效力是组织存在的前提条件。

所谓组织效率是指组织在实现其目标的过程中满足其成员个人目标的能力和程度。一个组织若不能满足其成员的个人目标，就不能使其成员具有协作意愿，也不能使成员做出实现组织目标所需的贡献，他们就不会支持甚至会退出组织，从而使组织的目标无法实现，使组织瓦解。所以，组织效率就是组织的生存能力。

（5）权威论。巴纳德认为管理者的权威并不是来自上级的授予，而是来自自下而上的认可。管理者权威的大小和指挥力的有无，取决于下级人员接受其命令的程度。单凭职权发号施令是不可取的，更重要的是取得下级的同意和支持。

巴纳德分析了承认指令的权威性并乐于接受指令的 4 个条件：第一，他能够并真正理解指令；第二，他相信指令与组织的宗旨是一致的；第三，他认为指令与他的个人利益是不矛盾的；第四，他在体力和精神上是胜任的。

巴纳德的管理理论和古典管理理论大不相同。古典组织理论关于管理职能的划分，是从对管理的过程的分析中提炼出来的。而巴纳德是以自己的组织理论为基础来展开管理职能的分析，把管理者的职能归结为提供信息交流的体系、促成个人付出必要的努力和规定组织的目标，从而把管理者的职能作用同组织的要素联系起来，同组织的生存和发展联系起来。从组织的要素来分析管理的职能，这是其他学派所没有的。

虽然社会系统学派从组织的角度研究管理，但巴纳德认为组织的要素只包括人，不包括物和其他要素，所以对组织的研究就转变成对人的研究。从上述的理论看出，巴纳德把财和物排除在组织的要素之外，他提出的经理人员的职能没有对财和物管理的职能。因此，巴纳德对组织要素的划分并没有完全得到管理学家的承认。

（四）管理科学学派

管理科学学派，也称计量管理学派、数量学派。也有人把计量管理学派与运筹学看成是统一语，这是因为该学派正式成立始于 1939 年由美国曼彻斯特大学教授布莱克特领导的运筹学小组。这个学派认为，解决复杂系统的管理决策问题，可以用计算机作为工具，寻求最佳计划方案，以达到企业的目标。它主要用于解决能以数量表现的管理问题。其作用在于通过管理科学的方法，减少决策中的风险，提高决策的质量，保证投入的资源发挥最大的经济效益。

就管理科学的实质而言，它是泰勒的科学管理的继续与发展，因为他们都力图抛弃凭经验、凭主观判断来进行管理，而提倡采用科学的方法，探求最有效的工作方法或最优方案，以达到最高的工作效率，以最短的时间、最小的支出，得到最大的效果。不同的是，管理科学的研究，已经突破了操作方法、作业研究的范围，而向整个组织的所有活动方面扩展，要求进行整体性的管理。由于现代科学技术的发展，一系列的科学理论和方法被引进管理领域。因此，管理科学可以说是现代的科学管理。其基本特征是：以系统的观点，运用数学、统计学的方法和计算机技术，为现代管理决策提供科学的依据，解决各项生产、经营问题。

管理科学的提出，使管理从以往定性的描述走向了定量预测阶段，同时它的应用对管理水平和效率的提高也起到了很大作用。目前，较为成熟的管理科学模型有决策理论模型、盈亏平衡点模型、库存模型等。

但是，也必须指出，管理科学的方法的应用也有它的局限性。

首先，管理科学学派的适用范围有限，并不是所有管理问题都是能够定量的，这就影响了它的使用范围。例如，有些管理问题往往涉及许多复杂的社会因素，这些因素大都比较微妙，难以定量，当然就难以采用管理科学的方法去解决。

其次，采用此种方法大都需要相当数量的费用和时间。由于人们考虑到费用问题，也使它往往只是用于那些大规模的复杂项目。这一点，也使它的应用范围受到限制。

因此，管理科学不是万能的。我们要充分认识到它是一种重要的管理技术和方法，而起决定作用的还是人。所以，要求管理人员要尽快地掌握管理科学，使之与各种管理技术、管理方法相符合，以便发挥更大的作用。

（五）决策理论学派

决策理论学派是以社会系统论为基础，吸收了行为科学和系统论的观点，运用计算机技术和统筹学的方法而发展起来的一种理论。

决策理论学派的代表人物是美国管理学家和社会科学家赫伯特·亚历山大·西蒙（Herbert Alexander Simon，1916—2001 年），西蒙于 1978 年获得诺贝尔经济学奖，他的代表作有《管理决策的新科学》《经济学和行为科学中的决策理论》等。

决策理论的要点如下。

（1）管理就是决策。组织中经理人员的重要职能就是做决策。任何作业开始之前都要先做决策，计划就是决策，组织、领导和控制也都离不开决策。

（2）系统阐述了决策原理。决策过程包括 4 个阶段：搜集情况阶段；拟订计划阶段；选定计划阶段；评价计划阶段。这 4 个阶段中的每一个阶段本身就是一个复杂的决策过程。

（3）在决策标准上，用“令人满意”的准则代替“最优化”准则。以往的管理学家往往把人看成是以“绝对的理性”为指导，按最优化准则行动的理性人。“管理人”假设代替“理性人”假设，“管理人”不考虑一切可能的复杂情况，只考虑与问题有关的情况，采用“令人满意”的决策准则，从而可以做出令人满意的决策。

（4）一个组织的决策根据其活动是否反复出现可分为程序化决策和非程序决策。日常活动的决策应程序化以降低决策过程的成本，只有突发活动，才需要进行非程序化的决策。

从管理职能的角度来说，决策理论提出了一条新的管理职能。针对管理过程理论的管理职能，西蒙提出决策是管理的职能，决策贯穿于组织活动全部过程，进而提出了“管理的核心是决策”的命题。而传统的管理学派是把决策职能纳入计划职能当中的。由于决策理论不仅适用于企业组织，而且适用于其他各种组织的管理，具有普遍的适用意义。因此，“决策是管理的职能”已得到管理学家普遍的承认。有关决策的理论我们将会在第三章详细介绍。

（六）社会技术系统学派

社会技术系统学派是在社会系统学派的基础上进一步发展而形成的。社会技术系统学派认为，组织既是一个社会系统，又是一个技术系统，并非常强调技术系统的重要性。该学派认为技术系统是组织同环境进行联系的中介。

社会技术系统学派的创始人是特里司特及其在英国塔维斯托克研究所中的同事。他们通过对英国煤矿中长壁采煤法生产问题的研究，发现只分析企业中的社会方面的问题是不够的，还必须注意其技术方面的问题。他们发现，企业中的技术系统（如机器设备和采掘方法）对社会系统有很大的影响，员工个人态度和群体行为也都受到人们在其工作的技术系统的重大影响。因此，他们认为，必须把企业中的社会系统同技术系统结合起来考虑，而管理者的一项主要任务就是要确保这两个系统相互协调。

社会技术系统学派的大部分著作都集中于研究科学技术对个人、对群体行为方式，以及对组织方式和管理方式等的影响；因此，特别注重于工业工程、人机工程等方面问题的研究。

（七）权变理论学派

权变管理理论是 20 世纪 70 年代在美国形成的一种管理理论。权变理论的兴起有其深刻的历史背景，20 世纪 70 年代的美国，社会不安、经济动荡、政治骚动，达到空前的程度，石油危机对西方社会产生了深远的影响，企业所处的环境很不稳定。但以往的管理理论，如科学管理理论、行为科学理论等，主要侧重于研究加强企业内部组织的管理，而且以往的管理理论大多在追求普遍适用的、最合理的模式与原则，这些管理理论在解决企业面临瞬息万变的外部环境时又显得无能为力。正是在这种情况下，人们不再相信管理会有一种最好的行事方式，而是必须随机制宜地处理管理问题，于是形成一种管理取决于所处环境状况的理论，即权变理论，“权变”的意思就是权宜应变。

权变理论认为，在企业管理中要根据企业所处的内外条件随机应变，没有什么一成不变、普遍适用的“最好的”管理理论和方法。该学派是从系统观点来考察问题的，它的理论核心就是通过组织的各子系统内部和各子系统之间的相互联系，以及组织和它所处的环境之间的联系，来确定各种变数的关系类型和结构类型。它强调在管理中要根据组织所处的内外部条件随机应变，针对不同的具体条件寻求不同的最合适的管理模式、方案或方法。

权变管理理论的代表人物是美国学者卢桑斯，他在 1976 年出版的《管理导论：一种权变学》一书中系统地概括了权变管理理论。他认为：首先，权变理论就是要把环境对管理的作用具体化，并使管理理论与管理实践紧密地联系起来；其次，环境是自变量，而管理的观念和技术是因变量；最后，权变管理理论的核心内容是环境变量与管理变量之间的函数关系就是权变关系。

权变理论学派同本书上面提到的经验主义学派有密切的关系，但又有所不同。经验主义学派的研究重点是各个企业的实际管理经验，是个别事例的具体解决办法，然后才在比较研究的基础上做些概括；而权变理论学派的重点则在通过大量事例的研究和概括，把各种各样的情况归纳为几个基本类型，并给每一类型找出一种模型。所以，它强调权变关系是两个或更多可变因数之间的函数关系。权变管理是一种依据环境自变数和管理思想及管理技术因变数之间的函数关系，来确定的对当时当地最有效的管理方法。

应当肯定地说，权变理论为人们分析和处理各种管理问题提供了一种十分有用的方法。它要求管理者根据组织的具体条件，及其面临的外部环境，采取相应的组织结构、领导方式和管理方法，灵活地处理各项具体管理业务。这样，就使管理者把精力转移到对现实情况的研究上来，并根据对于具体情况的具体分析，提出相应的管理对策，从而有可能使其管理活动更加符合实际情况，更加有效。所以，管理理论中的权变的或随机制宜的观点无疑是应当肯定的。同时，权变学派首先提出管理的动态性，人们开始意识到管理的职能并不是一成不变的，以往人们对管理的行为的认识大多从静态的角度来认识，权变学派使人们对管理的动态性有了新的认识。

但权变学派存在一个根本性的缺陷，即没有统一的概念和标准。虽然权变学派的管理学者采取案例研究的方法，通过对大量案例的分析，从中概括出若干基本类型，试图为各种类型确认一种理想的管理模式，但始终提不出统一的概念和标准。权变理论强调变化，却既否定管理的一般原理、原则对管理实践的指导作用，又始终无法提出统一的概念和标准。每个管理学者都根据自己的标准来确定自己的理想模式，未能形成普遍的管理职能，权变理论使实际从事管理的人员感到缺乏解决管理问题的能力，初学者也无法适从。

（八）系统管理理论学派

系统管理学派的主要理论要点是：组织是一个由相互联系的若干要素组成的人造系统；组织是一个为环境所影响，并反过来影响环境的开放系统。组织不仅本身是一个系统，它同时又是一个社会系统的分系统，它在与环境的相互影响中取得动态平衡。组织同时要从外界接受能源、信息、物料等各种投入，经过转换，再向外界输出产品。

二、现代管理理论的新发展

20 世纪 80 年代以后，世界形势发生了及其深刻的变化，社会、经济、文化各个领域迅速发展，特别是信息技术的发展与知识经济的出现。信息化、网络化、知识化、全球化、经济一体化等成为“经济新时代”的显著特征。因此，出现了许多新的管理理论，这些理论代表了管理理论发展的新趋势。

（一）知识管理理论

知识管理（Knowledge Management，KM），是网络新经济时代的新兴管理思潮与方法，管理学者彼得·德鲁克早在 1965 年即预言：“知识将取代土地、劳动、资本与机器设备，成为最重要的生产因素。”受到 20 世纪 90 年代的信息化蓬勃发展，知识管理的观念结合数据库以及应用计算机软件系统等工具，成为组织累积知识财富，创造更多竞争力的利器。

APCQ（美国生产力和质量中心）对知识管理的定义是：知识管理应该是组织一种有意识采取的战略，它保证能够在最需要的时间将最需要的知识传送给最需要的人。这样可以帮助人们共享信息，并进而将之通过不同的方式付诸实践，最终达到提高组织业绩的目的。被誉为知识管理“奠基之父”的卡尔·爱立克·斯威比（Karl-Erik Sveiby）从认识论的角度对知识管理的定义是：知识管理是利用组织的无形资产创造价值的艺术。

在信息时代里，知识已成为最主要的财富来源，而知识工作者就是最有生命力的资产，组织和个人的最重要任务就是对知识进行管理。知识管理将使组织和个人具有更强的竞争实力，并做出更好的决策。彼得·德鲁克因此说：“21 世纪的组织，最有价值的资产是组织内的知识工作者和他们的生产力。”

从国内外知识管理的实践看，知识管理项目可以分为 4 大类：一是内部知识的交流和共享，这是知识管理最普遍的应用；二是企业的外部知识管理，这主要包括供应商、用户和竞争对手等利益相关者的动态报告，专家、顾客意见的采集，员工情报系统，行业领先者道德最佳实践调查等；三是个人与企业的知识生产；四是管理企业的知识资产，这也是知识管理的重要方面，它主要包括市场资产（来自客户关系的知识资产）、知识产权资产（纳入法律保护的知识资产）、人力资产（知识资产的主要载体）和基础结构资产（组织的潜在价值）等几个方面。

（二）企业再造理论

传统的组织结构曾经很好地服务于企业，但是面对知识经济时代竞争环境的要求，加之企业规模越来越大，组织结构臃肿，它的反应已经显得缓慢和笨拙。为了改变这种状况，美国管理学家迈克·哈默（M·Hammer）与詹姆斯·钱比（J·Champy）提出了“企业再造”理论，并于 1994 年出版了《企业再造》一书。该书一出版便引起管理学界和企业界的高度重视，并迅速流传开来。

所谓企业再造，是指从根本上重新思考，并彻底翻新作业流程，以便在现今衡量表现的关键上，如成本、品质、服务和速度等，获得显著改善。

企业再造理论认为，企业再造活动绝不是对原有组织进行简单修补的一次改良运动，而是重大的突变式改革。企业再造是针对植根于企业内部的、影响企业各种经营活动开展的，向固有的基本信念提出了挑战；企业再造必须对组织中人的观念、组织的运作机制和组织的运作流程进行彻底的更新，要在经营业绩上取得显著的改进，哈默和钱比为“显著改进”制定了一个目标：“周转期缩短 70%，成本降低 40%，顾客满意度和企业收益提高 40%，市场份额增长 25%。”

企业再造理论的“企业再造”就是“流程再造”，其实施方法是以先进的计算机信息系统和其他生产制造技术为手段，以顾客中长期需求为目标，在人本管理、顾客至上、效率和效益为中心的思想的指导下，通过最大限度地减少对产品增值无实质作用的环节和过程，建立起科学的组织结构和业务流程，使产品质量和规模发生质的变化，从而保证企业能以最小的成本、高质量的产品和优质的服务在不断加剧的市场竞争中战胜对手，获得发展的机遇。

企业“再造”就是重新设计和安排企业的整个生产、服务和经营过程，使之合理化，并通过对企业原来生产经营过程的各个方面、每个环节进行全面的调查研究和细致分析，对其中不合理、不必要的环节进行彻底的变革。在具体实施过程中，可以按以下程序进行：

（1）对原有流程进行全面的功能和效率分析，发现其存在问题；

（2）设计新的流程改进方案，并进行评估；

（3）与流程改进方案相配套的组织结构；

（4）组织实施与持续改善。

但实施企业再造方案，必然会触及原有的利益格局。因此，必须精心组织，谨慎推进，既要态度坚定，克服阻力，又要积极宣传，形成共识，以保证企业再造的顺利进行。企业再造方案的实施并不意味着企业再造的终结。在社会发展日益加快的时代，企业总是不断面临新的挑战，这就需要对企业再造方案不断地进行改进，以适应新形势的需要。

（三）学习型组织理论

所谓学习型组织，是指具有持续不断学习、适应和变革能力的组织。当今管理者所面临的最大挑战就是变化。彼得·德鲁克也说：“当今世界，唯一不变的就是变化。”

学习型组织这一概念主要来自于美国学者彼得·圣吉。彼得·圣吉在其著作《第五项修炼：学习型组织的艺术与实践》中提出此管理观念，企业应建立学习型组织，其涵义为面临变化剧烈的外在环境，组织应力求精简、扁平化、弹性适应、终身学习、不断自我组织再造，以维持竞争力。

彼得·圣吉认为学习型组织所需的五项修炼是学习型组织的技能。

第一项修炼：自我超越（Personal Mastery）。“自我超越”的修炼是学习不断理清并加深个人的真正愿望，集中精力，培养耐心，并客观地观察现实。它是学习型组织的精神基础。精熟“自我超越”的人，能够不断实现他们内心深处最想实现的愿望，他们对生命的态度就如同艺术家对艺术作品一般，全心投入、不断创造和超越，是一种真正的终身“学习”。组织整体对于学习的意愿与能力，基于个别成员对于学习的意愿与能力。此项修炼兼容并蓄了东方和西方的精神传统。

第二项修炼：改善心智模式（Improving Mental Models）。“心智模式”是根深蒂固于心中，影响我们如何了解这个世界，以及如何采取行动的许多假设、成见等。我们通常不易察觉自己的心智模式，以及它对行为的影响。例如，对于常说笑话的人，我们可能认为他乐观豁达；对于不修边幅的人，我们可能觉得他不在乎别人的想法。

在管理的许多决策模式中，决定什么可以做或不可以做，也常是一种根深蒂固的心智模式。如果你无法掌握市场的契机和推行组织中的变化，很可能是因为它们与我们心中隐藏的、强而有力的心智模式相抵触。

壳牌石油公司是第一家了解加速组织学习好处的大企业。他们发现隐藏的心智模式影响既深且广，尤其是当它成为共有的心智模式时。壳牌石油公司之所以能成功地度过 20 世纪 70 年代和 80 年代石油危机的巨大冲击，主要归功于学习如何了解管理者的心智模式，并加以改善。

把镜子转向自己，是心智模式修炼的起步；借此，我们学习发掘内心世界的图像，使这些图像浮上表面，并严加审视。它还包括进行一种有学习效果的、兼顾质疑与表达的交谈能力——有效地表达自己的想法，并以开放的心智容纳别人的想法。

第三项修炼：建立共同愿景（Building Shared Vision）。如果有任何一项领导的理念，几千年来一直能在组织中鼓舞人心，那就是拥有一种能够凝聚、并坚持实现共同的愿景的能力。一个缺少全体共有的目标、价值观与使命的组织，必定难成大器。IBM 公司以“服务”、拍立得公司以“立即摄影”为组织共同努力的最高目的。这些组织都在设法以共同的愿景把大家凝聚在一起。

共同愿景的整合，涉及发掘共有“未来景象”的技术，它帮助组织培养成员主动而真诚地奉献和投入，而非被动地遵从。领导者在精熟此项修炼的过程中，会得到同样的教训：一味试图主导共同愿景（无论多么有善意）会产生反效果。

第四项修炼：团体学习（Team Learing）。在一个管理团体中，大家都认真参与，每个人的智商都在 120 以上，但是团体智商只有 60。团体学习的修炼即在处理这种困境。有不少惊人的实例显示，团体的集体智慧高于个人智慧，团体拥有整体搭配的行动能力。当团体真正在学习的时候，不仅团体整体产生出色的成果，个别成员成长的速度也比其他的学习方式要快。

团体学习的修炼从“深度汇谈”（Dialogue）开始。“深度汇谈”是一个团体的所有成员，摊出心中的假设，而进入真正一起思考的能力。希腊文中“深度汇谈”指在群体中让想法自由交流，以发现远较个人深入的见解。

“深度汇谈”的修炼也包括学习找出有碍学习的互动模式。例如，“自我防卫”的模式往往根植于团体的互动中，若未察觉，则会妨碍组织学习。如果能以有创造性的方式察觉它，并使其浮现，学习的速度便能大增。

团体学习之所以非常重要，是因为在现代组织中，学习的基本单位是团体而不是个人。除非团体能够学习，否则组织便也无法学习。

第五项修炼：系统思考（System Thinking）。即人们应透过资讯搜集，掌握事件的全貌，以避免见树不见林，培养综观全局的思考能力，看清楚问题的本质，有助于清楚了解因果关系。组织与人类其他活动一样也是一个系统，受到各种细微且息息相关的行动的牵连而彼此影响着，这种影响往往要经年累月才能完全展现出来。我们作为群体的一部分，置身其中而想要看清整体的变化，非常困难。因此，第五项修炼是要让人与组织形成系统观察、系统思考的能力，并以此来观察世界，从而决定我们正确的行动。

融合五项修炼对成就学习型组织是非常重要的，然而这是一件充满挑战的工作，因为要整合出一项新工具，比单纯个别应用这些工具难多了。但同时，这样做所得到的回报是无可衡量的。

这也是为什么系统思考是以上所提修炼中的第五项，它是整合其他各项修炼成一体的理论与实务，防止组织在真正实践时，将各项修炼割裂开来。少了系统思考，就无法探究各项修炼之间如何互动。系统思考强化其他每一项修炼，并不断地提醒我们：融合整体能得到大于各部分加总的效力。

“系统思考”也需要有“建立共同愿景”“改善心智模式”“团体学习”与“自我超越”4项修炼来发挥它的潜力。“建立共同愿景”培养成员对团体的长期承诺。“改善心智模式”专注于以开放的方式，体会我们认知方面的缺失，“团体学习”是发展团体力量，使团体力量超乎个人力量加总的技术。“自我超越”则是不断反照个人对周遭影响的一面镜子；缺少自我超越的修炼，人们将陷入“压力—反应”式的结构困境。

（四）虚拟组织理论

虚拟组织指两个以上的独立的实体，为迅速向市场提供产品和服务，在一定时间内结成的动态联盟。它不具有法人资格，也没有固定的组织层次和内部命令系统，而是一种开放式的组织结构。因此，虚拟组织可以在拥有充分信息的条件下，从众多的组织中通过竞争招标或自由选择等方式精选出合作伙伴，迅速形成各专业领域中的独特优势，实现对外部资源的整合利用，从而以强大的结构成本优势和机动性，完成单个企业难以承担的市场功能，如产品开发、生产和销售等。

虚拟组织中的成员可以遍布在世界各地，彼此也许并不存在产权上的联系，不同于一般的跨国公司；相互之间的合作关系是动态的，完全突破了以内部组织制度为基础的传统的管理方法。

虚拟组织的特征表现在以下几个方面：第一，虚拟组织具有较大的适应性，在内部组织结构、规章制度等方面具有灵捷性；第二，虚拟组织共享各成员的核心能力；第三，虚拟组织中的成员必须以相互信任的方式行动。

随着信息技术的发展、竞争的加剧和全球化市场的形成，没有一家企业可以单枪匹马地面对全球竞争。因此，由常规组织过渡到虚拟组织阶段是必然的，虚拟组织日益成为公司竞争战略“武器库”中的核心工具。这种组织形式有着强大的生命力和适应性，它可以使企业准确有效地把握住稍纵即逝的市场机会。对于小型企业来说，借用大型合作伙伴的一个特殊好处在于容易被银行和客户所接纳。

但是，我们还应该看到，尽管宣传使用虚拟组织的概念十分容易，但是虚拟组织的组成与运作并不简单，最为明显的是实施上的困难，如各组成部分如何做实体上的接触及协调上的困难。人们寄希望于信息高速公路上作为虚拟组织的实现工具，但信息高速公路本身还需要发展完善，企业不可能在漫长的等待中丧失市场机会。

案例讨论

关于学习型组织的4个寓言

大卫·哈彻斯是“五项修炼”理论的创始人彼得·圣吉在美国的重要合作伙伴，专注学习型组织研究的学者，其演讲和著作集中于组织学习和组织变革等内容。这4篇寓言的内容如下。

《比狼学得快——在学习型组织中的生存和发展》。羊群本应该自由自在生活在草原上的，但狼的威胁逐渐袭来，扰乱了羊群的宁静。羊们开始学习。它们发现了狼的什么秘密？他们能真正避开狼的威胁吗？他们生存的首要原则是：比狼学得更快。

《洞穴人的影子——揭示限制组织发展的固有观念》。洞穴人背对着洞口，把墙上的影子当作真实的世界。如果他们不走出洞口，他们永远不会知道真实的世界；如果他们不转身，他们连认识世界的一个窗口都看不到。事实上，他们既不会转身，更不会走出洞外。然后有一位哥伦布式的人物出现，他看到了什么？

《旅鼠的困境——为目标生存，以愿景为领导》。正如上文提到的，旅鼠们被赋予了一种使命，多数的旅鼠们都在这种使命的感召下，奋不顾身地跳下悬崖。当然也有一群抗议者，它们的使命是：不跳下悬崖。事实上，无论是跳崖者，还是抗议者，都没有明白自己真正的使命。如果不是那只独行特立者的惊人一跳，旅鼠们还在为盲目的使命而生存。

《冰山的一角——掌控影响组织成败的隐性力量》。企鹅们对蛤蜊情有独钟，而且承蒙上天青睐，它们生活的冰山下面，有大量这种资源。可惜它们的游泳能力不足以大量捕获这种资源，于是它们想到了海象。企鹅与海象很快订立协议，共同开发蛤蜊资源。接下来的问题是，摩擦发生了。大家最终发现，冰山在下沉，企鹅与海象共用的领土在减少，这就是摩擦发生的根源。

乍一看这4个故事，你会觉得它们是儿童故事。但是你看到“第五项修炼”“愿景”“使命”等字样，你可能会思考故事背后的寓意。我们周遭的事件比它们看起来要复杂得多，其成因往往也是多种多样的。但我们容易走进一个陷阱——用过于简单的方式来解释事物之间的因果关系。

例如我们会说：“因为我丈夫是个工作狂，所以我的婚姻失败了。”也会说：“如果他们给我更多的开发预算，推出新产品的计划就不会失败了。”这就是线性思考的例子。我们会从一个封闭的循环去思考事物之间的因果，但我们考虑更多的循环吗？我们的思路能不能走进更大的系统？我们会系统思考吗？这正是构建学习型组织所需要的第五项修炼。

事实上，企业领导眼中的企业也是一样，只是组织冰山中的一角。他能洞察企业成员的沟通模式吗？他知道企业中非正式组织（小团体）对企业的影响吗？企业员工的精神面貌如何？对团队的忠诚度怎样？员工是否知道工作的意义，并从工作中获得了乐趣吗？这些都是企业领导们看不到的冰山，也是影响着组织成败的隐性力量（有关组织的内容本书在第五章会详细介绍）。

关于学习型组织，菲利浦公司提出一种“雁行理论”。大雁们知道利用团队的力量，它们轮流承担最困难的工作——做领头雁，它们用叫声相互激励，当一只大雁因伤落队，会有两只陪同，在其伤愈之后一起追上前面的队伍。如果我们和大雁一样聪明，我们自然不会做孤飞的大雁。我们能吗？

请同学们思考：

通过该案例，全面地描述归纳学习型组织的内涵。

练 习 题

一、选择题

1. 下列（　　）不属于梅奥通过“霍桑试验”得出的结论。

A. 职工是“社会人”

B. 企业中存在“非正式组织”

C. 新型的领导能力在于提高职工的满足度

D. 科学地挑选工人，对工人操作的每个动作进行科学研究

2. 梅奥认为：人们的生产效率不仅受到物理的、生理的因素的影响，而且还受到社会环境、社会心理因素的影响，并由此创立了（　　）。

A. 行为科学学说　　B. 人文关系学说

C. 人际关系学说　　D. 科学管理学派

3. 科学管理理论是古典管理理论之一，科学管理的中心问题是（　　）。

A. 提高管理水平　　B. 提高人的积极性

C. 提高劳动生产率　　D. 提高市场占有率

4. 法约尔提出的管理五项职能或要素是（　　）。

A. 计划、组织、指挥、协调和控制　　B. 计划、组织、决策、领导和控制

C. 计划、组织、决策、协调和控制　　D. 计划、组织、激励、协调和控制

5. “管理的 14 项原则”是由（　　）提出来的。

A. 韦伯　　B. 泰勒　　C. 梅奥　　D. 法约尔

6. 法约尔是西方古典管理理论在法国的杰出代表，其代表作是《工业管理和一般管理》，他被誉为（　　）。

A. 管理决策之父　　B. 科学管理之父

C. 经营管理之父　　D. 管理过程之父

7. 泰勒认为工人和雇主双方都必须来一次（　　）。

A. 管理培训　　B. 管理实践　　C. 劳动竞赛　　D. 精神革命

8. 泰勒认为提高劳动生产率，必须为工作配备（　　）。

A. 第一流的干部　　B. 第一流的工人

C. 第一流的设备　　D. 第一流的原料

9. 管理的统一指挥原理要求，上级指示从上到下逐级传达，不得发生越级指挥的现象，下级只接受一个上级的领导，只向一个上级汇报并对他负责，这样可以避免多头领导、政出多门；但是为了弥补由此而造成的缺乏灵活性和横向联系等缺陷，在实践中往往还规定管理者有必要的临时处置、事后汇报之权，其依据的原则是（　　）。

A. 灵活性原则　　B. 目标至上原则　　C. 权责统一原则　　D. 例外原则

10. 法约尔曾提出了 14 条管理原则，请找出下列哪一条不属于这 14 条管理原则（　　）。

A. 劳动分工　　B. 权力与责任　　C. 公平　　D. 分头指挥

11. 泰勒倡导的科学管理特征之一就是工作的制度化与程序化，其中有一重要的原则称为“例外原则”。可以理解为（　　）。

A. 管理者具有一定的特殊权力，有些问题的处理可以例外，不受制度约束

B. 将程序化的工作按制度的规定授权下属去完成，管理者主要集中精力处理非程序化事务

C. 制度要留有一定的余地，以便特殊情况的处理

D. 给管理者留有不按制度办事的权力，以便照顾某些特殊关系

12. 某建筑工地的包工头王某对其手下的民工采用了一种“胡萝卜加大棒”的管理方法，他常说的口头禅是“不好好干就回家去，干好了下个月多发奖金”，可以认为（　　）是不对的。

A. 王某的观点与 X 理论相符

B. 王某的观点与泰勒的理论相符

C. 王某把民工看成经济人

D. 王某把民工看成自我实现人

13. 泰勒曾提出差别计件工资制，即完不成定额的按较低的计件单价（如 0.5 元/件），超额完成定额的按较高的计件单价（如 0.7 元/件）。对这种方法进行评述是（　　）。

A. 这种方法从经济上是合理的，但道义上是不合理的

B. 这种方法在经济和道义上都是合理的

C. 这种方法在经济上不合理，道义上合理

D. 以上方法都不合理

E. 以上方法值得推广

14. 科学管理学派的人性假设是（　　）。

A. 经济人　　B. 社会人　　C. 自我实现人　　D. 复杂人

二、判断题

1. 泰勒科学管理的根本目的是谋求最高工作效率。（　　）

2. 法约尔认为，企业经营需要技术、经营、财务、安全、会计、计划 6 种职能。（　　）

3. 职能制是由法约尔首先提出来的。（　　）

4. 霍桑试验说明了“经济人”假设的正确性。（　　）

5. 高士气总能带来高生产率。（　　）

6. 主张通过与管理者职能相联系的办法把有关管理知识汇集起来，力图把用于管理实践的概念、原则、理论和方法糅合在一起以形成管理学科的学派是管理过程学派。（　　）

三、简答题

1. 简述科学管理理论的主要内容。

2. 简述法约尔一般管理理论的主要内容及其对管理理论的贡献。

第二篇

决策与计划

第三章 决策

【引导案例】

谁来骑这头驴？

一个老头和他的孙子要去县城，他们准备骑着驴去。老头儿先骑着驴，孙子跟在后面走，走了一会，碰到一位当了母亲的女子，那位母亲责怪老头儿不关心儿童，不应该让孙子走着。于是，老头儿就下来让孙子骑着驴，自己走着。走了一段路，又碰到一个和尚，和尚责怪孙子不孝顺爷爷，不应该自己骑驴。没办法老头儿就和孙子一起走路。又过了一会儿，碰到一个学者，这位学者就笑他们，有驴不骑偏要走路。老头儿和孙子没办法就一同骑着驴。结果，走了一段路，又碰到一个外国人，这个外国人责怪他们虐待动物！

那么，究竟谁骑这头驴，该如何决策呢？

第一节 决策概述

管理学家西蒙指出："管理就是决策。"决策是管理的核心，它关系到企业的兴衰荣辱、生死存亡。管理者如何正确认识、掌握和利用决策方法，有效地提高决策的科学性，是组织生存与发展的关键性问题。

大多数管理者认为，在他们履行职责的过程中感到最困难、最花费时间的就是决策，整个管理过程都是围绕着决策的和组织实施展开的。因此，近年来决策活动引起了管理学家、心理学家、社会学家，甚至数学家们的极大关注，形成了一个独立的研究领域，称为决策科学。在管理的 5 项职能中，几乎都会遇到决策问题，也就是说，决策并不只限于计划工作，决策是计划的前提，计划是决策的逻辑延续，决策在管理中的重要地位在计划职能中得到了最好的体现。

一、决策的含义

关于决策的含义，仁者见仁，智者见智。

美国学者亨利·艾伯斯认为："决策有广义和狭义之分。狭义地说，决策是从两个以上的备选方案中选择一个的过程；广义地说，决策还包括在做出最后选择之前必须进行的一切活动。"南京大学商学院企业管理系教授周三多认为："所谓决策，是指组织或个人为了实现某种目标而对未来一定时期内有关活动的方向、内容及方式的选择或调整过程。"路易斯、古德曼和范特对决策的定义："管理者识别并解决问题的过程，或者管理者利用机会的过程。"

综合不同学者的观点，本书认为：决策就是人们为了实现特定目标，在掌握充分信息和对有关情况进行深刻分析的基础上，用科学的方法拟定并评估各种方案，从中选出合理方案并实施的过程。

正确理解决策的含义，应该把握以下几点。

第一，目标性。决策是为实现组织的某一特定目标而开展的管理活动，没有了明确的目标，或者没有目标，就不可能做出正确的决策。如果决策失去了方向，也就无所谓科学决策了。

第二，选择性。决策显著特点之一就是它是在多个可行的方案中选择最优的方案。如果只有一个方案，决策者没有选择的余地，也就不存在决策的问题。

第三，决策的本质是一个过程。决策贯穿整个管理活动的始终；决策过程由多个步骤组成；决策不仅是一个认识的过程而且也是一个行动的过程。

二、决策的原则

决策遵循的原则是相对满意原则，而不是最优原则。对决策者来说，要想使决策达到最优，必须具备以下条件：第一，容易获得与决策相关的全部信息；第二，真实了解全部信息的价值所在，并据此拟定出所有可能的方案；第三，准确预测每个方案在未来的执行结果。

但在现实中，上述这些条件往往得不到满足。因而，现实中的情况往往是决策者难以做出最优决策，只能做出相对满意的决策。

小链接

布里丹毛驴效应

布里丹是一位哲学家，他养了一头小毛驴，每天要向附近的农民买一堆草料来喂。这天，送草的农民出于对哲学家的景仰，额外多送了一堆草料放在旁边。这下子，毛驴站在两堆数量、质量和与它的距离完全相等的干草之间，可为难坏了。它虽然享有充分的选择自由，但由于两堆干草价值相等，客观上无法分辨优劣，于是它左看看，右瞅瞅，始终无法分清究竟选择哪一堆好。于是，这头可怜的毛驴就这样站在原地，一会儿考虑数量，一会儿考虑质量，一会儿分析颜色，一会儿分析新鲜度，犹犹豫豫，来来回回，最后在无所适从中活活地饿死了。

在决策过程中，我们无法做到选择最优方案，但可以在相对比较之下，做出较为满意的选择。后来，人们常把决策过程中犹豫不定、迟疑不决的现象称为“布里丹毛驴效应”。

三、决策的依据

管理者在决策时离不开信息，必须以信息为依据。信息的数量和质量直接影响决策水平。这要求管理者在决策之前以及决策过程中尽可能地通过多种渠道收集信息作为决策的依据。但这并不是说管理者要不计成本地收集各方面的信息。管理者在决定收集什么样的信息、收集多少信息以及从何处收集信息等问题时，要进行成本——收益分析。只有在收集的信息所带来的收益（因决策水平提高而给组织带来的利益）超过为此而付出的成本时，才应该收集该信息。

所以我们说，适量的信息是决策的依据，信息量过大固然有助于决策水平的提高，但对组织而言可能是不经济的；而信息量过少，则使管理者无从决策或导致决策达不到预想的效果。

四、决策的类型

（一）长期决策与短期决策

按照决策影响的时间，可将决策分为长期决策与短期决策。

长期决策是指有关组织今后发展方向的长远的、全局性的重大决策。它包括投资方向、生产规模的选择、新产品的开发、企业的技术改造、设备和新工艺方案的选择、生产过程的组织设计、市场开拓、厂址选择和生产布局及人力资源开发等问题的决策。

短期决策是为实现长期战略目标所采取的短期的策略手段，如日常的营销决策、物资储备决策、生产过程的控制和采购资金的控制等。

（二）战略决策、战术决策和业务决策

按照决策的重要程度，可将决策分为战略决策、战术决策和业务决策。

战略决策指直接关系到组织的生存和发展，涉及组织全局的长远性的、方向性的决策。战略决策风险大，一般需要较长时间才可看出决策结果，所需解决问题复杂，环境变动较大，并不过分依赖数学模式和技术，定性定量并重，对决策者的洞察力和判断力要求较高。

战术决策又称管理决策，是组织内部范围贯彻执行的决策，属于战略决策过程的具体决策。战术决策不直接决定组织命运，但会影响组织目标的实现和工作效率的高低。

业务决策又称执行性决策，是日常工作中为了提高生产效率，工作效率所做的决策。业务决策涉及范围小，只对局部产生影响。

（三）群体决策和个人决策

按照决策的主体，可将决策分为群体决策和个人决策。

群体决策指两个或两个以上的决策群体所做出的决策。特点是耗时、复杂，但可集思广益，弥补个人不足。

个人决策指在最后选定决策方案里，由最高领导最终做出决定的一种决策形式。特点是决策迅速，责任明确，能充分发挥领导个人的主观能动性。

（四）程序化决策和非程序化决策

按照决策是否具有重复性，可将决策分为程序化决策和非程序化决策。

程序化决策指经常重复发生，能按原已规定的程序、处理方法和标准进行的决策。

非程序化决策指的是管理中首次出现的或偶然出现的非重复性的决策。这类决策无先例可循，随机性和偶然性大。

（五）确定型决策、风险型决策和不确定型决策

按照决策问题所处条件不同，可将决策分为确定型决策、不确定型决策和风险型决策。

确定型决策指决策所需的各种情报资料已完全掌握的条件下做出的决策。

不确定型决策指资料无法加以具体测定，而客观形势又必须要求做出决定的决策。

风险型决策指决策方案未来的自然状态不能预先肯定，可能有几种状态，每种自然状态发生的概率可以做出客观估计，但不管哪种方案都是有一定风险的决策。

第二节 决策的过程

决策过程是指从问题提出到定案所经历的过程。决策是一项复杂的活动，有其自身的工作

规律性，需要遵循一定的科学程序。在现实工作中，导致决策失败的原因之一就是没有严格科学的程序进行决策，因此，明确和掌握科学的决策过程，是管理者提高决策成功率的一个重要方面。决策过程一般包括以下几个步骤。

一、发现问题，识别机会

一切决策都是从问题开始的。所谓问题，就是应有状况与实际状况之间的差距。决策者要在全面调查研究的基础上发现差距，确认问题，并抓住问题的关键。这里的问题，可能是消极的，如解决一个麻烦或故障；也可能是积极的，如把握一次发展的机会。对决策问题的准确把握，有助于提高决策工作的效率，并确保决策方案的质量。

二、确定目标

目标是决策所要达到的预期结果和要求。决策目标要根据所要解决问题的性质来确定，并力求做到：目标具体化、数量化；各目标之间保持一致性；分清主次，抓好主要目标；明确决策目标的约束条件。

目标的衡量方法有许多种，如我们通常用货币单位来衡量利润或成本目标，用每人/时的产出数量来衡量生产率目标，用次品率或废品率来衡量质量目标。

三、拟定方案

拟定方案即提出两个或两个以上的可行方案供比较和选择。决策过程中要尽量将各种可能实现预期目标的方案都设计出来，避免遗漏那些可能成为最好决策的方案。当然，备选方案的提出既要确保足够的数量，更要注意方案的质量。决策者应当集思广益，拟定出尺可能多的富有创造性的解决问题方案，这样最终决策的质量才会有切实的保证。

四、选择方案

决策者对拟定的多个备选方案进行分析评价，从中选出一个最满意的方案。这个最满意的方案并不一定是最优方案，只要能依据决策准则的要求实现预期目标，这样的决策就是合理的、理性的。具体来说，合理的决策必须具备3个条件：第一，决策结果符合预定目标的要求；第二，决策方案实施所带来的效果大于所需付出的代价，即有合理的费用效果比或成本收益比；第三，妥善处理决策方案的正面效果与负面效果、收益性与风险性的关系。

决策方案选择的具体方法有经验判断法、数学分析法和试验法3类。经验判断法是依靠决策者的经验进行判断和选择。数学分析法是运用决策论的定量化方法进行方案选择，如期望值（或决策树）法。试验法则是对一些特别的决策问题，如新方法的采用、新产品的试销、新工艺的试用，所采取的一种方案选择方法，可视为正式决策前的验证。

五、执行方案

方案的执行是决策过程中至关重要的一步。在方案选定以后，就可实施方案的具体措施和步骤。通常而言，执行过程应做好以下工作：

（1）相应的具体措施，保证方案的正确执行；

（2）确保有关决策方案的各项内容都为所有的人充分接受和彻底了解；

（3）运用目标管理方法把决策目标层层分解，落实到每一个执行单位和个人；

（4）建立重要工作的报告制度，以便随时了解方案进展情况，及时调整行动。

六、评估效果

一个大规模决策方案的执行通常需要较长的时间，在这段时间中，情况可能会发生变化，必须通过定期的检查评价，及时掌握决策执行的进度，将有关信息反馈到决策机构。决策者依据反馈来的信息，及时跟踪决策实施情况，对局部与既定目标相偏离的应采取纠正措施，以保证既定目标实现；对客观条件发生重大变化，原决策目标确实无法实现的，则要重新寻求问题，确定新的目标，重新确定决策方案并进行评估和选择。

第三节 决策的方法

随着决策理论和实践的不断发展，人们在决策中所采用的方法也不断地得到充实和完善。当前，经常使用的决策方法一般分为两大类：一类是定性决策方法，另一类是定量决策方法。前者注重于决策者本人的主观直觉；后者则侧重于决策问题各因素之间客观的数量关系。把决策方法分为两大类只是相对而言的，在具体使用中，两者不能截然分开，两者密切配合、相辅相成，已成为现代决策方法的一个发展趋势。

一、定性决策方法

定性决策方法，是依靠决策者个人或集体的学识、经验、分析和判断能力来进行决策的方法。

（一）头脑风暴法

头脑风暴法（Brain Storming）又称智力激励法、自由思考法，是由被称为“风暴式思考之父”的奥斯本（Alex Faickney Osborn）提出的。这种方法主要是通过有关专家之间的信息交流，引起思维共振，产生组合效应，从而形成创造性思维。通常是将对解决某一问题有兴趣的人集合在一起，在完全不受约束的条件下，敞开思路，畅所欲言，寻求多种决策思路。

头脑风暴法是吸收专家展开积极的创造性思维的活动，具体原则如下。

（1）不允许对别人的意见进行批评或反驳，任何人不做判断性结论。

（2）鼓励每个人独立思考，广开思路，提出的改进设想越多越好、越新越好，允许互相之间的矛盾。

（3）集中注意力，针对目标，不私下交谈，不干扰别人的思维活动。

（4）可以补充和发表相同的意见，使某种意见更具说服力。

（5）参加会议人员不分上下级，待遇平等。

（6）不允许以及提意见来阻碍个人的创造性设想。

头脑风暴法的目的在于创造一种自由奔放思考的环境，产生更多的创造性思维。一般参与者以 5～10 人为宜，时间一般为 1 小时以内，参加的人员中不一定都与讨论的问题专业一致，可以包括学识渊博、对讨论问题有所了解的其他领域的专家。

小链接

头脑风暴——曲别针的妙用

头脑风暴这一讨论方法就是让参加者习惯于开启创造性思维之门，集思广益地讨论，欢迎随心所欲地思考并提出看似疯狂的想法。

参加者分成4～6人的小组。在60秒的时间内，尽可能多地想到使用曲别针的方法。每组派一个人专门记录想法的数量，但不一定要记录这些想法的内容。1分钟后，让每组首先汇报他们提出的想法的数量，然后举个例子说明一些看似“疯狂”或“极端”的主意。有时这些“愚蠢”的想法很有可能变成行之有效的想法。

（二）德尔菲法

德尔菲法（Delphi Method）又称专家意见法，是一种向专家进行调查研究的专家集体判断，它是由美国兰德公司于20世纪50年代初发明的，最早用于预测，后来推广应用到决策中。德尔菲是阿波罗神殿所在地的希腊古城之名，传说阿波罗是太阳神和预测神，众神每年到德尔菲集会以预测未来，因而借用其名。

德尔菲法主要是依据系统的程序，采用匿名发表意见的方式，即专家之间不得互相讨论，不发生横向联系，只能与调查人员发生关系，通过多轮次调查专家对问卷所提问题的看法，经过反复征询、归纳、修改，最后汇总成专家基本一致的看法，作为预测的结果。这种方法具有广泛的代表性，较为可靠。

德尔菲法的具体实施步骤如下。

（1）组成专家小组。按照课题所需要的知识范围，确定专家。专家人数的多少，可根据预测课题的大小和涉及面的宽窄而定，一般不超过20人。

（2）向所有专家提出所要预测的问题及有关要求，并附上有关这个问题的所有背景材料，同时请专家提出还需要什么材料。然后，由专家做书面答复。

（3）各个专家根据他们所收到的材料，提出自己的预测意见，并说明自己是怎样利用这些材料并提出预测值的。

（4）将各位专家第一次判断意见汇总，列成图表，进行对比，再分发给各位专家，让专家比较自己同他人的不同意见，修改自己的意见和判断。也可以把各位专家的意见加以整理，或请身份更高的其他专家加以评论，然后把这些意见再分送给各位专家，以便他们参考后修改自己的意见。

（5）将所有专家的修改意见收集起来，汇总，再次分发给各位专家，以便做第二次修改。逐轮收集意见并为专家反馈信息是德尔菲法的主要环节。收集意见和信息反馈一般要经过三四轮。在向专家进行反馈的时候，只给出各种意见，但并不说明发表各种意见的专家的具体姓名。这一过程重复进行，直到每一个专家不再改变自己的意见为止。

（6）对专家的意见进行综合处理。德尔菲法也可以广泛应用于各种评价指标体系的建立和具体指标的确定过程。例如，我们在考虑一项投资项目时，需要对该项目的市场吸引力做出评价。我们可以列出同市场吸引力有关的若干因素，包括整体市场规模、年市场增长率、历史毛利率、竞争强度、技术要求、能源的要求、对环境的影响等。市场吸引力的这一综合指标就等于上述因素加权求和。每一个因素在构成市场吸引力时的重要性即权重和该因素的得分，需要由管理人员的主观判断来确定。这时，我们采用德尔菲法即可得出。

（三）名义群体法

在集体决策中，如果大家对问题性质的了解程度有很大差异，或彼此的意见有较大分歧，直接开会讨论效果并不好，可能争执不下，也可能权威人士发言后大家随声附和。这时可以采用名义群体法。

名义群体法（Nominal Group Technique，NGT），又称名义小组技术、名义小组法，是指在决策过程中对群体成员的讨论或人际沟通加以限制，但群体成员是独立思考的。像召开传统会议一样，群体成员都出席会议，但群体成员首先进行个体决策。其具体过程是：管理者先选择一些对要解决的问题有研究或有经验的人作为小组成员，并向他们提供与决策问题相关的信息。小组成员各自先不通气，独立思考，提出决策建议，并尽可能详细地将自己提出的备选方案写成文字资料。然后召集会议，让小组成员一一陈述自己的方案。在此基础上，小组成员对全部备选方案投票，产生大家最赞同的方案，并形成对其他方案的意见，提交管理者作为决策参考。

二、定量决策方法

定量决策方法是建立在数学工具基础上的决策方法，它的核心是把决策变量与变量、变量与目标之间的关系用数学公式表示出来，即建立数学模型。然后，根据决策条件，通过计算求得答案。这种方法特别适用于决策方法的比较、评价和选择。

（一）确定型决策方法

确定型决策也称标准决策或结构化决策，是指决策过程的结果完全由决策者所采取的行动决定的一类问题，它可采用最优化、动态规划等方法解决。

常用的确定型决策方法有线性规划和盈亏平衡方法等。

1. 线性规划

运用线性规划建立数学模型的步骤是：首先，确定影响目标大小的变量；其次，列出目标函数方程；再次，找出实现目标的约束条件；最后，找出使目标函数达到最优的可行解，即为该线性规划的最优解。

【例 3.1】某企业生产两种产品：桌子和椅子，它们都要经过制造和装配两道工序（有关资料见表 3.1）。假设市场状况良好，企业生产出来的产品都能卖出去，试问何种组合的产品使企业利润最大？

表 3.1 某企业的有关资料

	桌子（张）	椅子（把）	工序可利用时间（小时）
在制造工序上的时间（小时）	2	4	48
在装配工序上的时间（小时）	4	2	60
单位产品利润（元）	8	6	—

第一步，确定影响目标大小的变量。在本例中，目标是利润，影响利润的变量是桌子数量 T 和椅子数量 C。

第二步，列出目标函数方程：$\pi=8T+6C$。

第三步，找出约束条件。在本例中，两种产品在一道工序上的总时间不能超过该道工序的可利用时间，即：

制造工序：$2T+4C\leqslant 48$

装配工序：$4T+2C\leqslant 60$

除此之外，还有两个约束条件，即非负约束：

$$T\geqslant 0$$
$$C\geqslant 0$$

从而线性规划问题成为，如何选取 T 和 C，使 π 在上述 4 个约束条件下达到最大。

第四步，求出最优解——最优产品组合。通过图解法（见图 3.1），求出上述线性规划问题的解为 $T=12$ 和 $C=6$，即生产 12 张桌子和 6 把椅子使企业的利润最大。

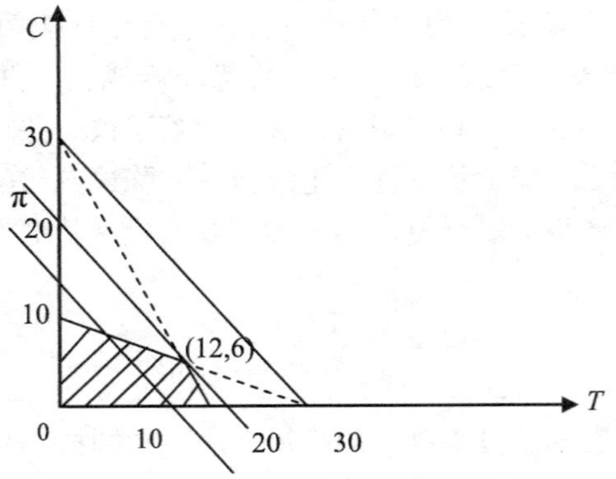

图 3.1　线性规划的图解法

2. 盈亏平衡分析法

盈亏平衡分析法又称保本分析法或量本利分析法，是通过对企业产销量、生产成本、销售利润三者之间关系的分析，掌握盈亏变化的临界点（即保本点），掌握盈亏变化的规律，指导企业选择能够以最少的生产成本生产最多产品并可使企业获得最大利润的经营方案。

有两种方法可以帮助管理者找出企业的保本收入和保本产量水平，即图解法和公式计算法。

（1）图解法

图解法是用图形来描述一定条件下企业的销售收入、成本（可变成本与固定成本）、利润之间的关系，如图 3.2 所示。

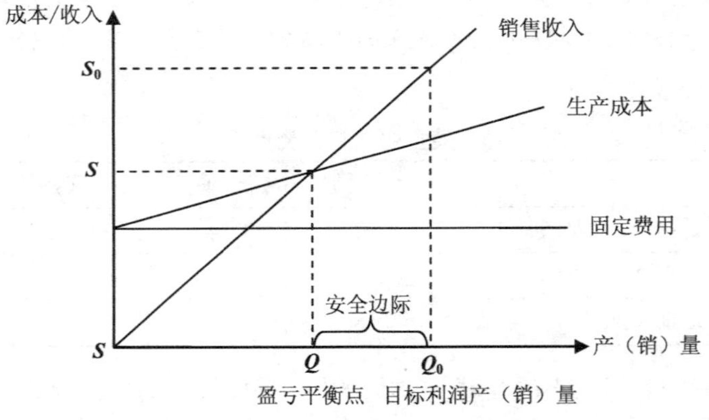

图 3.2　量本利分析

从图 3.2 中可以得出以下信息，供决策分析之用：

① 保本产量，即销售收入曲线和生产成本曲线交点所对应的产量；

② 各个产量上的销售收入；

③ 各个产量上的生产成本；

④ 各个产量上的利润，即各个产量上的销售收入与生产成本之差；

⑤ 各个产量上的变动成本，即各个产量上的生产成本与固定费用之差；

⑥ 安全边际，即方案带来的产量与保本产量之差（Q_0-Q）。

（2）公式计算法

我们假设企业利润是销售收入扣除生产成本以后的剩余部分，同时假设企业的产量正好等于销量；那么，企业要获得利润，其前提是生产过程中的各项耗费都能得到补偿，也即销售收入至少必须等于生产成本，用式（3-1）来表示，即：

$$pQ=F+vQ \tag{3-1}$$

式中，p 表示产品销售单价；Q 表示产（销）量；F 表示固定成本总额；v 表示单位可变成本。

企业可以在产品价格、固定成本总额和单位可变成本已定的条件下，确定产品的产销量至少应该达到多少数量才能使总收入与总成本达到平衡，即：

$$Q=\frac{F}{p-v}=\frac{F}{c} \tag{3-2}$$

式中，$p-v$ 是产品单价与单位可变成本的差额，称单位边际贡献，用 c 来表示；Q 在此时也可称为盈亏平衡点产（销）量。如式（3-2）中等号两边同乘以 p，则可以得出盈亏平衡时的销售额：

$$S=\frac{F}{1-\frac{v}{p}}$$

式中，S 表示盈亏平衡时的销售额；$1-\frac{v}{p}$ 表示边际贡献率，指每单位销售收入可以帮助企业弥补固定费用开支从而实现利润的系数。

如果企业设定了目标利润，则通过式（3-3）、式（3-4）可求得目标利润下的产（销）量：

设目标利润为 R，则：

$$pQ=F+vQ+R \tag{3-3}$$

目标利润下的产销量为：

$$Q=\frac{F+R}{p-v}=\frac{F+R}{c} \tag{3-4}$$

目标利润下的产（销）量与盈亏平衡时的保本产（销）量之间的差额称为安全边际。

【例 3.2】 某企业生产某种产品的固定成本总额为 30 000 元，单位可变成本为 3 元/件，该产品的单价为 8 元/件。如果某方案带来的产量为 8 000 件，问该方案是否可取?

解： 以下分别用图解法和公式计算法来解例题。

（1）图解法

根据题意，固定成本总额 F=30 000，总成本方程 C=30 000+3Q，销售收入方程为 S=8Q。根据方程式，可以绘制出固定成本总额曲线、总成本曲线和销售收入曲线，得出量本利分析图，如图 3.3 所示。

由图 3.3 可知，方案所带来产量（8 000 件）大于盈亏平衡点的保本产量（6 000 件），因此该方案可行。

（2）公式计算法

根据题意，可列方程求出保本产量：

$$pQ=F+vQ$$

即　$8Q=30\,000+3Q$　　$Q=6\,000$（件）

或　$S=pQ=\dfrac{F}{1-\frac{v}{p}}$

即 $8Q=\dfrac{30\ 000}{1-\dfrac{3}{8}}$

同样，Q=6 000（件）

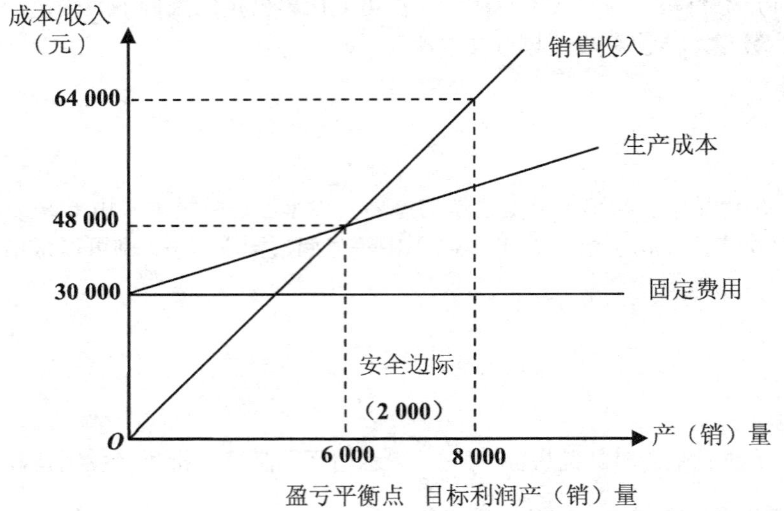

图 3.3　量本利分析

因为方案带来产量为 8 000 件，大于保本产量 6 000 件，因此可知方案可行。此时可进一步求出方案带来的利润：

$pQ=F+vQ+R$

$R=pQ-vQ-F$=8×8 000−3×8 000−30 000=10 000（元）

（二）风险型决策方法

风险型决策也叫统计型决策、随机型决策，主要用于人们对未来的情况有一定程度的了解和认识，但是又不能确切肯定的情况。风险型决策必须具备以下条件：

（1）存在着决策者企望达到的目标；

（2）有两个以上方案可供决策者选择；

（3）存在着不以决策者的意志为转移的几种自然状态；

（4）各种自然状态出现的概率已知或可估计出来；

（5）不同行动方案在不同自然状态下损益值可以估算出来。

比较常用的风险型决策方法是决策树法。它是用树形图来描述方案在未来不同自然状态下的收益，并计算每种方案的期望收益，在此基础上进行比较和选择。

【例 3.3】B 企业为了扩大某产品的生产，拟建设新厂。据市场预测，产品销路好的概率为 0.6，销路差的概率为 0.4。现有 3 种方案可供选择：

方案 1：新建大厂，需投资 450 万元。据预测，销路好时，每年可获利 150 万元；销路差时，每年亏损 40 万元。服务期为 10 年。

方案 2：新建小厂，需投资 200 万元。销路好时，每年可获利 65 万元；销路差时，每年仍可获利 40 万元。服务期为 10 年。

方案 3：先建小厂，2 年后销路好时再扩建，需追加投资 300 万元，服务期为 8 年，预计每年获利 115 万元。

如果不考虑货币的时间价值，B 企业应该采用哪种投资方案？先画出该决策问题的决策树，如图 3.4 所示。

方案 1（节点①）的期望收益为：[0.6×150+0.4×（−40）]×10−450=290（万元）。

方案 2（节点②）的期望收益为：（0.6×65+0.4×40）×10−200=350（万元）。

方案 3 中，由于节点④的期望收益 620 万元（115×8−300）大于节点⑤的期望收益 520 万元（65×8），因而销路好时，扩建比不扩建好。方案 3（节点③）的期望收益为：410 万元，即：（0.6×65×2+0.6×620+0.4×40×10）−200=410（万元）。

因此，在 3 种方案中，方案 3 最好。

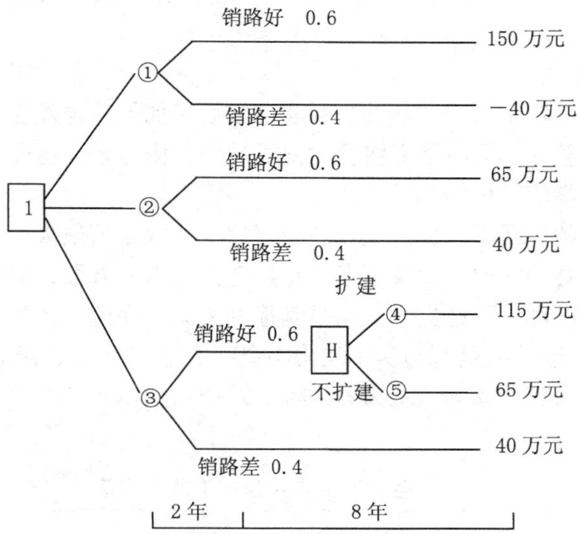

图 3.4 多阶段决策的决策树

（三）不确定型决策方法

不确定型决策往往带有很大的主观性成分。根据决策者对组织外部环境及内部条件判断的乐观性程度，一般可以把不确定型决策方法分为大中取大法、小中取大法及最大后悔值最小法等。

【例 3.4】某企业拟扩大某产品的生产。根据对未来一定时期内市场情况的预测，该产品的销售将呈现 3 种情况：销售好、销售一般、销售差。企业现提出 3 种扩大该产品生产的方案：A.改进现有生产线；B.收购一家同类小型专业企业；C.新建厂房。根据预测，每种方案在不同销售情况下的收益如表 3.2 所示。问企业应选择哪种方案？

表 3.2 **各方案在自然状态下的收益** 单位：万元

方案 \ 收益 \ 自然状态	销售好	销售一般	销售差
A. 改进生产线	1 000	600	100
B. 收购小企业	1 500	900	−100
C. 新建厂房	2 000	800	−250

1. 大中取大法

如果决策者比较乐观，认为未来一定时期将会出现最好的自然状态，各种方案都可能会取得该方案的最大收益，那么决策时就可采用该方法。

例题中，在销路好的情况下，A 方案的（最大）收益为 1 000 万元，B 方案的（最大）收益为 1 500 万元，C 方案的（最大）收益为 2 000 万元。经比较得知，C 方案的最大收益值最大，所以选择 C 方案。

2. 小中取大法

如果决策者比较悲观，认为未来一定时期内将会出现最差的自然状态，各种方案都只能取得该方案的最小收益值，那么决策时可采用该种方法。

例题中，在销路差的情况下，A 方案的（最小）收益为 100 万元，B 方案的（最小）收益为-100 万元，C 方案的（最小）收益为-250 万元。经过比较得知，A 方案的最小收益最大，所以选择 A 方案。

3. 最大后悔值最小法

决策者在做出决策选定了某个方案并进行实施以后，如果将来发生的情况表明采用别的方案可能会取得最大的收益，那么决策者将会为此而后悔，因为企业遭受了机会损失。最大后悔值最小法就是力图让后悔值尽可能小的方法。

例题中，在销售好的情况下，C 方案（新建厂房）的收益值最大，为 2 000 万元。如果未来市场果真是出现销路好的状况，而决策者也正好选择了这一方案，则就不会后悔，也即后悔值为 0。如果决策者选择的不是 C 方案，而是其他的方案，那就会产生后悔（因为后悔没有选择 C 方案）。如果决策者选择的是 B 方案（收购小企业），该方案在销路好的情况下能带来 1500 万元收益，那么会比 C 方案少带来 500 万元收益，此时后悔值为 500 万元。每种方案的后悔值计算如表 3.3 所示。

表 3.3　各方案在自然状态下的后悔值　单位：万元

自然状态 / 后悔值 / 方案	销售好	销售一般	销售差
A.改进生产线	1 000	300	0
B.收购小企业	5 000	0	200
C.新建厂房	0	100	350

从表中可以看出，A 方案的最大后悔值为 1 000 万元，B 方案的最大后悔值为 500 万元，C 方案的最大后悔值为 350 万元，经过比较可以看出，C 方案的最大后悔值最小，所以，应该选择 C 方案作为最终执行方案。

案 例 讨 论

吉列公司的决策

吉列（Gillette）是国际知名的剃须护理品牌，由“吉列之父”金・吉列（King C. Gillette）创办于 1901 年。到 1917 年，吉列品牌在美国国内的市场占有率已达 80%，奠定了其在剃须刀领域的领导地位。自 20 世纪 20 年代开始，吉列逐渐进入国际市场，并迅速成长为国际知名品牌。2005 年，宝洁（P&G）以 570 亿美元的价格并购了吉列公司。2017 年 6 月 6 日，《2017 年 BrandZ 全球最具价值品牌百强榜》公布，吉列排第 67 名，品牌价值为 162.78 亿美元。

案例一　吉列的多元化经营

1958 年，公司董事长靳克勒出任总经理。他在第一次重要职员与董事联席会议上提出："以剃刀为中心的经营时代已走到终点，本公司的业务不应再以刀片为唯一事业。"其实，对当时公司利益的 98%都来自刀片这一点，靳克勒早有疑问和不安，因此，他一上任就大胆改革，想以实行多角经营来维持生存，求得发展和力保王座。而他选中的目标，就是兼营"化妆品"事业，以构成企业的经营多角化，然后推出喷射式罐装的剃须用面霜，扩大宣传和推销。

他指示有关人员，一面进行市场调查，一面收集顾客对本公司的反映，以便决策的客观准确。结果发现，大部分顾客本来就以为吉列是剃须刀兼营化妆品的厂商。实事证实了他的选择是正确的。在转变经营方向时，以及在继续积极研究剃刀技术、维持公司在市场上的固有占有率的同时，靳克勒大胆投资和积极研究开发化妆品及其他产品。吉列公司先后推出了口红、泡沫剃须膏、妇女用除臭剂、喷发剂，以及止咳糖浆等，以慎重、稳进来占领市场。靳克勒的这一战略与步骤成功了。

1966 年，吉列公司化妆品部的营业额高达 6 000 万美元，是 1962 年的 6 倍，占总营业额的 18%，可以说初战告捷。以后，在靳克勒这位足智多谋的企业家指挥下，吉列公司又先后开发出各种洗发精、烫发机、吹风机、打火机、原子笔，甚至高级香水、医药品等繁多种类的产品，并成立了相应的研制开发机构。从此，吉列不再是单靠剃刀生存的专业厂商，而是制造以男性用化妆品为主的多角化生产经营的厂家。为了占领吉列剃须刀更大市场，吉列公司在战前已有海外市场的基础上，同样以"多角化经营"为战略重整海外的专业机构。

吉列公司虽然建立了世界性的剃须刀王国，但它在激烈的竞争中，及时调整战略，改变单一的经营为多元化经营，使剃须刀王国屹立不摇。

案例二　吉列在中国市场的挑战

吉列早在 1998 年就已经进入了中国市场，其产品的质量、信誉也已经得到了广大中国消费者的认可。迄今，在中国市场，吉列品牌的剃须产品主要包括：锋速三系列、超级感应系列、感应系列、超滑旋转系列超滑固定系列、威锋系列等；吉列女士专用刀架、刀片 Venus 等。

过去的 100 多年来，吉列曾上演从无到有、从低市场份额到垄断的奋斗故事，然而，最近几年，吉列却遭遇细分行业整体下滑的尴尬。

相比电动剃须刀，再精简的刀片与刀架也显得那么不方便。更糟的是，相比那些科技感更强的电动剃须刀，手动剃须刀还显得有那么点老土。"70%的中国男性选择使用电动剃须刀，尤其是年轻男性。"宝洁大中华区总裁施文圣深知行业的现状。

吉列在中国市场的主打产品，大致可划分为高档的锋速系列、中档的威锋系列和低档的超蓝系列。除此之外，吉列当年刚进入中国市场后，还对国产的飞鹰与犀牛等知名品牌进行了收购。这两款国产低档手动剃须产品销售，价格比吉列超蓝系列更便宜，主要供给于二级、三级、四级市场。

虽然，手动剃须刀行业在吉列的带领下，产品越来越先进，换代越来越快，但这只是表面现象。在中国，这个行业仍然只是少数。吉列主打产品在中国以低档的超蓝系列销量最高，威锋系列则位居其次，而高档的锋速系列一直以来的销量则更是一般。

吉列占有中国手动剃须市场八成左右的市场份额，其最大挑战是：如何让广大中国男性消费者关注和愿意尝试手动剃须品类。

案例三　吉列公司并入宝洁

2003 年，由于伊拉克战争的爆发，吉列的股票大跌。与此同时，吉列在德国（德国是欧洲地区尤其是欧盟国家的刀片主要生产地，而吉列更是这一地区的刀片生产龙头企业）的工厂因某种原因而被判罚停产 1 年，并除罚金 100 万欧元。这使得吉列的财政收入雪上加霜。与此同时，宝洁又出了530亿美元的高价想并购吉列。吉列的的董事会出现了动摇。后来，宝洁在人员上，加强对吉列的控制，并把收购价提升至570亿美元，吉列董事会同意以换股的方式进行收购。2005年9月30日，吉列公司正式在纽约证券交易所下市。2005年10月1日，宝洁正式并购吉列公司。

案例四　吉列在美降价救市

剃须市场正迎来新的革命。因一直专注研发“湿剃”产品而在中国市场没有取得较大份额的宝洁公司旗下品牌吉列，目前在美国市场的发展也开始出现压力。2017年4月初起，吉列开始正式降价，平均降价12%，最大幅度达到20%。

目前，在美国市场，吉列的主要竞争对手——互联网品牌，如Dollar Shave Club（简称“DSC”）和Harry's正在通过省去中间商压低产品价格。在宣传营销这一点的同时，这些品牌也把吉列塑造成了自己的反面，反复提醒着消费者“你们过去为吉列花了很多冤枉钱”。

剃须刀市场增长变慢大概也让宝洁旗下高毛利率的品牌头疼不已。2016年，美国剃须刀市场的营收增长率降到2.4%，已经是第三年增速放缓，而这个趋势被预估在2020年前都不会转变。另一方面，吉列的市场份额在下降：根据欧睿的数据，吉列在全球的市场份额已经从70%下降到54%。

请同学们思考：

1. 结合案例一，如果站在该项决策的时点来评价，你对靳克勒的决策怎么看待？是明智的？还是鲁莽的？

2. 结合案例二分析，在此环境下，你认为什么样的决策对吉列是有利的？

3. 结合整个案例以及你对吉列的了解，利用所学知识，试分析吉列的战略策略。

练　习　题

一、选择题

1. 决策树属于下列哪种类型的决策（　　）。

A. 确定型决策　　B. 非确定型决策　　C. 风险型决策　　D. A、B和C

2. “管理就是决策”是下列哪位管理学家的观点（　　）。

A. 泰罗　　B. 法约尔　　C. 西蒙　　D. 韦伯

3. “管理决策之父”西蒙提出“管理就是决策”，这实际上意味着（　　）。

A. 对于管理者来说只要善于决策就一定能够获得成功

B. 决策贯穿于管理的全过程

C. 决策能力对于管理的成功具有特别重要的作用

D. 管理首先需要的就是面对复杂的环境做出决策

4. 头脑风暴法选择专家的人数为（　　）。

A. 5～10人　　B. 10～25人　　C. 30～50人　　D. 50人以上

5. 德尔菲法又称专家意见法，是一种向专家进行调查研究的专家集体判断，它是由美国兰德公司于20世纪50年代初发明的，最早用于（　　）。

A. 控制　　B. 决策　　C. 领导　　D. 预测

二、判断题

1. 决策的方法基本上有两大类：定性分析法和定量分析法。常用的定性分析法有头脑风暴法，德尔菲法和名义群体法。（　　）

2. 定量方法是根据已有的实际数据以及变量间的相互关系，建立一定的数学模型，然后通过运算，取得结果进行判断。根据未来情况的可控程度，可将活动方案的决策方法分为确定型决策方法、风险型决策方法和不确定型决策方法。(　　)

3. 决策不仅是一个过程，而是一个动态的、不断调整的循环往复的过程。(　　)

4. 按决策的作用（所处地位）可以把决策分为战略决策、管理决策和专业决策。(　　)

5. 行为决策学派认为决策是一个选优过程，所以决策结果是基于已有资源背景下寻求利润或收益的尽可能大。(　　)

6. 群体决策理论的 3 个前提是自主性、共存性、差异性。(　　)

7. 群体决策的过程是群体成员相互妥协并谋求意见一致的过程。(　　)

8. 选择活动方案的原则是最优原则，因为在多数情形下，可以借助最新的分析方法和电子计算机对所有的备选方案进行分析。(　　)

9. “三个臭皮匠，赛过一个诸葛亮”这句格言说明群体决策常常比个体决策更有效。(　　)

10. 追踪决策所选的方案，虽然优于初始决策，但并不是能够改善初始决策实施效果的各种可行方案中最优的或是最满意的。(　　)

11. 为了提高程序化决策的效率和效果，必须对赖以处理问题的政策、程序或规则进行详细的规定。(　　)

12. 决策的动态性要求决策者必须根据对其决策结果产生重大影响的其他人的决策，灵活调整自己的决策方案。(　　)

13. 在决策过程中，拟定备选方案比从备选方案中选择最佳方案重要得多。(　　)

14. 为了避免群体思维，群体领导者应当在群体决策过程的早期明确自己的立场。(　　)

15. 一般来说，那些看上去越是可能获得高收益的方案，包含的风险因素也往往越大。因此，对于决策者来说，要敢于冒险，敢于承担责任，敢于赌博。(　　)

16. 利用经营业务组合分析法进行决策的目的是，让高层管理部门知道企业哪些领域是“明日之星”，哪些领域是“明日黄花”，从而使资金在企业内部得到最有效的利用。(　　)

17. 战略决策一定是知识敏感型决策，而不是时间敏感型决策。(　　)

18. 决策树法的应用步骤是：（1）画决策树，决策树的画法是从右至左分阶段展开的；（2）推算各备选方案的期望值；（3）方案选择。(　　)

19. 决策最终选择的一般只是满意方案，而不是最优方案。(　　)

20. 不确定型决策是指具有多种未来状态和相应后果，但是只能确定各状态发生的概率而难以获得充分可靠信息的决策问题。(　　)

三、简答题

1. 简述决策的分类。

2. 简述决策的过程。

3. 使用决策树的步骤有哪些？

4. 确定性决策方法、风险型决策方法和不确定型决策方法各有哪些？

5. 试述程序化决策与非程序化决策的差异。这些差异对决策者有何启示？

6. 决策的实际效果往往要经过相当长的时间才能得到检验，那么怎样才能评价决策工作本身的有效性？

7. 某组织的一项实际决策会受到哪些因素的影响？

8. 企业文化是如何影响企业决策的？

9. 个体决策与群体决策在决策的有效性方面存在什么区别？

10. 你在选择读哪所大学时所做的是理性的决策吗？你是否经过决策的每个阶段？如果没有，为什么？

第四章 计划

【引导案例】

挂画

一个人想在墙上挂一幅画，于是找来了一个钉子，可是钉子无法固定在墙上，就又去找了一个木塞，之后又去找了一个斧子，之后又去找了一个锯条，再之后又去找了一个锯弓……最后，他自己都不知道自己要干什么了。

其实我们在管理中也是一样，首先要明确我们要干什么，选定一个明确的目标，但目标不是孤立存在的，目标与计划是相辅相成的，目标指导计划，计划的有效性影响着目标的达成。所以，在执行目标的时候，我们要考虑清楚自己的行动计划，怎么做才能更有效地完成目标。

第一节 计划概述

计划通过将组织在一定时期内的任务分解给组织的每个部门、环节和个人，从而不仅为这些部门、环节和个人在该时期的工作提供了具体的依据，而且为决策目标的实现提供了保证。本节将从计划与决策关系、计划和计划工作的内涵、计划的作用、计划的性质、计划的层次体系和计划的类型 6 个角度全方位地解读计划。

一、计划与决策

计划与决策有何关系？两者中谁的内容更宽泛，或者说哪个概念是被另一个包含？管理理论研究中对此问题有着不同的认识。

有人认为，计划是一个较为宽泛的概念：作为管理的首要工作，计划是一个包括环境分析、目标确定、方案选择的过程，决策只是这一过程中某一阶段的工作内容。例如，第二章提到的法约尔认为，计划是管理的一个基本部分，包括预测未来并在此基础上对未来的行动予以安排；西斯克认为，“计划工作在管理职能中处于首位”，是“评价有关信息资料、预估未来的可能发展、拟定行动方案的建议说明”的过程，决策是这个过程中的一项活动，是在“两个或两个以上的可选方案中做一个选择”。

以西蒙为代表的决策理论学派则强调，管理就是决策，决策是管理的核心，贯穿于整个管理的过程。因此，决策不仅包含了计划，而且包含了整个管理，甚至就是管理本身：确定目标、计划、选择方案是计划决策；机构设置、人事安排、权限分配是组织决策；计划执行活动的检查以及检查的时点、检查手段的选择是控制决策等。在管理的 5 项职能中，几乎都会遇到决策问题，因此，计划仅是决策过程中一个阶段的工作内容，决策不仅包含了计划，而且包含了整个管理过程，决策就是管理本身。

我们认为，决策与计划是两个既相互区别、又相互联系的概念。说它们是相互区别的，是因为两项工作需要解决的问题不同。决策是关于组织活动方向、内容以及方式的选择。我们是从“管理的首要工作”这个意义上把握决策的内涵的。任何组织在任何时期，为了表现其社会存在，必须从事某种为社会所需要的活动。在从事这项活动之前，组织必须首先对该活动的方向、内容和方式进行选择。计划则是对组织内部不同部门和成员在该时期内从事活动的具体内容和要求。

但计划与决策又是相互联系的，这是因为：第一，决策是计划的前提，计划则是决策的逻辑延续。决策为计划的任务安排提供了依据，计划则为决策所选择的目标活动实施提供了组织保证。第二，在实际工作中，决策与计划是相互渗透，有时甚至是不可分割的交织在一起的。在决策过程中，无论是对内部能力优势或劣势的分析，还是在方案选择时关于各个方案执行效果或要求的评价，实际上都已经开始孕育着决策的实施计划。反过来，计划的编制过程既是决策的组织落实过程，也是决策的更为详细的检查和修订的过程。无法落实的决策，或者说决策选择的活动中某些任务的无法安排，必然导致该决策一定程度的调整。

也就是说，决策并不只限于计划工作。但决策在管理中的重要地位在计划职能中得到了最好的体现。

二、计划和计划工作的内涵

计划，从名词意义上说，是指用文字和指标等形式所表述的，组织以及组织内不同部门和不同成员，在未来一定时期内，关于行动方向、内容和方式安排的管理文件。计划既是决策所确定的组织在未来一定时期内的行动目标和方式在时间和空间的进一步展开，又是组织、领导、控制和创新等管理活动的基础。

计划工作有广义和狭义之分。我们一般采用狭义的计划工作的概念，具体来说是为了实现决策所确定的目标，预先进行的行动安排。这项行动安排工作包括：在时间和空间两个维度上进一步分解任务和目标；选择任务和目标实现方式；进展规定；行动结果的检查与控制等。“计划工作”也通常用表示动词意义上的计划的内涵。

正如孔茨所言：“计划工作是一座桥梁，它把我们所处的这岸和我们要去的对岸连接起来，以克服这一天堑。”计划工作给组织提供了通向未来目标的明确道路，给组织、领导和控制等一系列管理工作提供了基础，同时计划工作也要着重于管理创新。有了计划工作这座桥梁，本来不会发生的事，现在就可能发生了；模糊不清的未来变得清晰实在。虽然我们几乎不可能准确无误地预知未来，虽然那些不可控制的因素可能干扰最优计划的制订，并且我们几乎不可能制订最优计划，但是除非我们进行计划工作，否则我们就只能听任自然了。

无论是在名词意义上还是在动词意义上，作为一项完整的计划，计划的内容常用“5W1H”来表示，计划必须清楚地确定和描述这些内容：

Why——为什么做？即说明此计划的原因、意义及其重要性；

What——做什么？即明确一项计划的内容和具体的工作任务；

When——何时做？即规定计划中各项活动方案的进度表；

Where——何地做？即明确计划实施的地点和区域；

Who——谁去做？即确定该任务的执行部门和执行者，以便下一步进行组织落实；

How——怎么做？即指出实施计划的方法和措施等。

三、计划的作用

从上面关于计划与决策的关系以及计划的含义的讨论中，可以推断出，计划是企业管理中不可缺少的一个环节，作为决策的组织落实过程的计划主要表现出以下 4 个方面的作用。

（1）计划是管理者进行指挥的依据。管理者在计划之后工作并没有结束，他们还要根据计划进行指挥。他们要分派任务，要根据任务确定下级的权力和责任，要促使组织中的全体人员的活动方向趋于一致而形成一种复合的、巨大的组织行为，以保证达到计划所设定的目标。为了保证不同成员在不同时空的活动能提供组织所需的贡献，他们所从事的活动必须相互协调的进行。

为此，必须进行科学的分工。计划的编制将组织的目标活动在时间和空间上进行详细的分解，从而为科学分工提供了依据。管理者正是基于计划来进行有效的指挥的。

（2）计划是降低风险、掌握主动权的手段。将来的情况是变化的，特别是当今世界正处于一个剧烈变化的时代中，社会在变革，技术在变革，人们的价值观念也在不断变化。计划是预期这种变化并设法消除变化对组织造成不良影响的一种有效手段。未来可能会出现资源价格的变化，新的产品和服务由竞争者推出，国家对企业的政策、方针可能变化，顾客的意愿和消费观念也会变化。如果没有预先估计到这些变化，就可能导致组织活动的失败。

计划是针对未来的，这就使计划者不得不对将来的变化进行预测，根据过去和现在的信息来推测将来可能出现哪种变化，这些变化将对达成组织目标产生何种影响，在变化确实发生的时候应该采取什么对策，并制定出一系列的备选方案。一旦计划出现变化，就可以及时采取措施，不至于无所适从。在实际中，有些变化是无法预知的，而且随着计划期的延长，这种不确定性也就相应增大，但通过计划工作，进行科学的预测，可以把将来的风险降到最低。

（3）计划是减少浪费、提高效益的方法。计划的一项重要任务就是要使未来的组织活动均衡发展。预先对此进行认真的研究，能够消除不必要的活动带来的浪费，能够避免在今后的活动中由于缺乏依据而进行轻率判断所造成的损失。计划工作要对各种方案进行技术分析，选择最适当的、最有效的方案来达到组织的目标。

此外，由于有了计划，组织中成员的努力将合成一种组织效应，这将大大提高工作效率从而带来经济效益。计划还有助于用最短的时间完成工作，减少迟滞和等待时间，减少盲目造成的浪费，促使各项工作能够均衡稳定的发展。计划工作对现有资源的使用可以经过充分的分析研究，各部门都明确整个组织的现状，减少闭门造车的工作方式，使组织的可用资源充分发挥作用，并降低成本。

（4）计划是管理者进行控制的标准。计划工作包括建立目标和一些指标，这些目标和指标将被用来进行控制。也许这些目标和指标不能直接在控制职能中使用，但他们提供了一种标准，控制的所有标准几乎都源于计划，计划职能与控制职能具有不可分离的联系。计划的实施需要控制活动给予保证，在控制活动中发现的偏差，又可能使管理者修订计划，建立新目标。因此，计划是控制的基础，它为有效控制提供了标准和尺度。没有计划，控制工作也就不复存在。

组织成功与否在于是否运用计划。如果一个组织将计划工作放在第一位，那么工作将得到有效的协调且能够按时完成，员工的努力就会避免重复，将重复率降到最低，部门之间可以实现有效的合作与协调，员工的技能就能很充分地运用，成本得到控制，最终将提高工作质量。

计划是连接我们现在与将来的桥梁。计划使将来可能不发生的事变成可能。计划是一个智慧的过程，拟定可供选择的方案并根据目标做出决策。“三思而后行”就是这个道理。如果我们没有事先的考虑，就很难避免犯错误。总的来说，计划就是预测未来，是未来行动的具体化，并决定未来的行动方案，以达到既定的目标。

四、计划的性质

计划的性质可以概括为5个主要方面，即目的性、首位性、普遍性、效率性和创新性。

（1）计划的目的性。每一个计划及其派生计划都是旨在促使企业或各类组织的总目标和一定时期目标的实现。计划是最明白地显示出管理的基本特征的主要职能活动。

（2）计划的首位性。计划相对于其他管理职能处于首位。把计划工作放在首位的原因，不仅因为从管理过程的角度来看，计划工作先于其他管理职能，而且因为在某些场合，计划工作是付诸实施的唯一管理职能。计划工作的结果可能得出一个决策，即无须进行随后的组织工作、领导工作及控制工作等。例如，对于一个要不要建立新工厂的计划研究工作，如果得出的结论是新工厂在经济上是不合算的，那也就没有筹建、组织、领导和控制这些新的问题了。

计划具有首位性的原因，还在于计划影响和贯穿于组织工作、人员配备、领导工作和控制工作中。

计划对组织工作的影响是，可能需要在局部或整体上改变一个组织的结构，设立新的职能部门或改变原有的职权关系。例如，一个企业要开发一种重要的新产品，可能要为此专门成立一个项目小组，并实行一种矩阵式组织形式和职权关系。

计划对人员配备的影响可能是需要委任新的部门主管，调整和补充关键部门的人员以及培训员工等。而组织结构和员工构成的变化，必然会影响到领导方式和激励方式。

计划和控制工作尤其是分不开的——它们是管理的孪生子。在本节计划的作用部分也提到了这一点。计划的活动是无法控制的，因为控制就是纠正脱离计划的偏差，以保持活动的既定方向。没有计划指导的控制是毫无意义的，计划是为控制工作提供标准的。此外，控制职能的有效行使，往往需要根据情况的变化拟订新的计划或修改原订计划，而新的计划或修改过的计划又被作为连续进行的控制工作的基础。计划工作与控制工作的这种继续不断的关系，通常被称为“计划—控制—计划”循环。

（3）计划的普遍性。虽然计划的特点和范围随各级主管人员职权的不同而不同，但它却是各级主管人员的一个共同职能。所有的主管人员，无论是总经理还是班组长都要从事计划工作。人们常说，主管人员的主要任务是决策，而决策本身就是计划的核心。如果将主管人员的决策权限制过严那就会束缚他们的手脚，使他们无法自由地处置那些本应由他们处置的问题。久而久之，他们就会失去计划工作的职能与职责，养成依赖上级的习惯。这样，他们也就丧失了主管人员的基本特征。

（4）计划的效率性。计划工作的任务，不仅是要确保实现目标，而且是要从众多方案中选择最优的资源配置方案，以求合理利用资源和提高效率。用通俗的语言来表达，就是既要“做正确的事”，又要“正确地做事”。显然，计划工作的任务同经济学所追求的目标是一致的。

计划的效率，是以实现企业的总目标和一定时期的目标所得到的利益，扣除为执行计划需要的费用和其他预计不到的损失之后的总额来测定的。效率这个概念的一般含义是指投入和产出之间的比率。但在这个概念中，不仅包括人们通常理解的按资金、工时或成本表示的投入产出比率，如企业资金利润率、劳动产出和成本利润率；还包括组织成本、个人和群体的动机这一类主观的价值标准。所以，只有能够实现收入大于支出，并且顾及国家、集体和个人三者利益的计划才是一个完美的计划，才能真正体现出计划的效率。

（5）计划的创造性。计划总是针对需要解决的新问题和可能发生的新变化、新机会而做出的决定，因而它是一个创造性的管理过程。计划有点类似于一项产品或一项工程的设计，它是对管理活动的设计。正如一种新产品的成功在于创新一样，成功的计划也依赖于创新。

综上所述，计划工作是一个指导性、预测性、科学性和创造性很强的活动，但同时又是一项复杂而又困难的工作。当前，我国企业正面临着世界市场激烈竞争环境，形势要求我们必须迅速地提高宏观的和微观的管理水平，进而加强计划工作。提高计划工作的科学性是全面提高管理水平的前提和关键。

五、计划的层次体系

计划是多种多样的，哈罗德·孔茨和海因·韦里克从抽象到具体把计划分为一种层次体系（见图 4.1）：目的或使命；目标；战略；政策；程序；规则；方案以及预算。

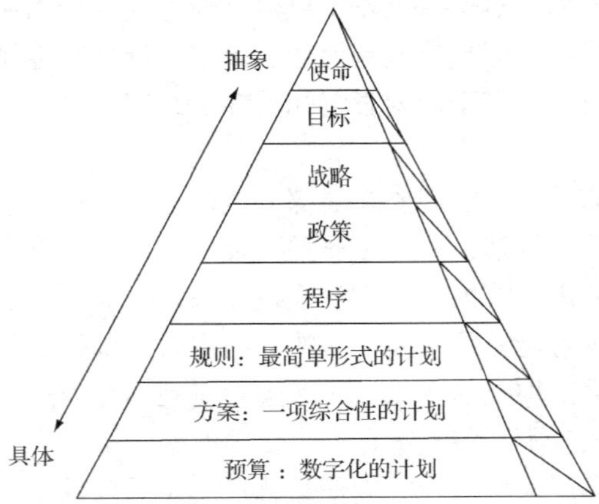

图 4.1　计划的层次体系

孔茨和韦里克的分类对于我们理解计划及计划工作大有裨益，简单介绍如下。

1. 使命

使命描述组织的价值观和核心目标，阐述组织的抱负和组织存在的根本原因，着重表明社会对该组织的基本要求。它指明一定的组织机构在社会上应起的作用，所处的地位。它决定组织的性质，决定此组织区别于彼组织的标志。各种有组织的活动，如果要使它有意义的话，至少应该有自己的目的或使命。

2. 目标

目标是指一个组织在未来一段时间内要实现的计划。组织的目的或使命往往太抽象，太原则化，它需要进一步被具体为组织一定时期的目标和各部门的目标。组织的使命支配着组织各个时期的目标和各部门的目标，并且组织各个时期的目标和各部门的目标是围绕组织存在的使命所为的，并为完成组织使命而努力的。

3. 战略

战略是为了达到组织总目标而采取的行动和利用资源的总计划，是着重为实现组织长远目标所选择的途径。其目的是通过一系列的主要目标和政策去决定和传达指望成为什么样组织的情景。战略并不打算确切地概述这家组织怎样去完成它的目标，其实这些是无数主要的和次要的支持性计划的任务。

4. 政策

政策指明组织的活动范围和方针，为组织规定范围和界限。政策是指导或沟通决策思想的全面的陈述书或理解书。但不是所有的政策都是陈述书，政策也常常会从主管人员的行动中被含蓄地反映出来。政策帮助事先决定问题处理的方法，这减少了对某些例行事件处理的成本。政策支持了分权，同时也支持上级主管对该项分权的控制。政策允许对某些事情有酌情处理的自由，一方面我们切不可把政策当作规则，另一方面我们又必须把这种自由限制在一定的范围内。

5. 程序

程序是制订处理未来活动的一种无须方法的计划，规定了处理问题的例行方法和步骤。它详细列出必须完成某类活动的切实方式，并按时间顺序对必要的活动进行排列。它与战略不同，它是行动的指南，而非思想指南。它与政策不同，它没有给行动者自由处理的权力。出于理论研究的考虑，我们把政策与程序区分开来，在实际工作中，程序往往表现为组织的规章制度。

6. 规则

规则通常是一种简单形式的计划，它为组织的具体工作做出一系列限制和规定，它详细、明确地阐明必须行动或无须行动，没有酌情处理的余地，其本质是它反映了一种必须或无须采取某种行动的管理决策。规则不同于程序，规则也不同于政策。政策的目的是要指导行动，并给执行人员留有酌情处理的余地；而规则虽然也起指导行动的作用，但是在运用规则时，执行人员没有自行处理的权力。

7. 方案

方案是一个综合性的计划，它包括目标、政策、程序、规则、任务分配、要采取的步骤、要使用的资源以及为完成既定行动方针所需要的其他因素。一项方案可能很大，也可能很小。

8. 预算

预算是一份用数字表示预期结果的报表，是一种“数字化”的计划。预算通常是为规划服务的，但其本身可能是一项规划。

六、计划的类型

由于人类活动的复杂性和多元性，计划的种类也变得十分复杂和多样。人们根据不同的背景、不同的需要编制出各种各样的计划，如表 4.1 所示。

表 4.1 计划的类型

分类原则	类型
按计划的时间界限划分	长期计划
	中期计划
	短期计划
按计划的综合性程度划分	战略性计划
	战术性计划
按计划的职能标准划分	业务计划
	财务计划
	人事计划
按计划的约束力划分	指令性计划
	指导性计划
按计划的程序化划分	程序性计划
	非程序性计划

（一）长期计划、中期计划和短期计划

和财务分析人员通常将投资回收期分为长期、中期和短期一样，管理人员也采用长期、中期和短期来描述计划。长期通常指 5 年以上，短期一般指 1 年以内的期间，中期则介于两者之间。

长期计划描述了企业在较长时期（通常为 5 年以上）的发展方向和方针，规定了组织的各个部门在较长时期内从事某种活动应达到的目标和要求，绘制了组织长期发展的蓝图。短期计划具体地规定了组织的各个部门从目前到未来的各个较短的时间阶段，特别是在最近的时段中应该从事何种活动，从事该种活动应达到何种要求，因而为各组织成员在近期内的活动提供了依据。

（二）战略性计划与战术性计划

根据涉及内容的广度及时间的长短的综合性程度标准，计划可以分为战略性计划与战术性计划。

应用于整体组织的、为组织设立总体目标和寻求组织在环境中的地位的计划，称为战略性计划。战略性计划是对组织全部活动所做的战略安排，具有长远性、单值性和较大的弹性，需要通盘考虑各种确定性和不确定性的情况，应宏观地指导组织的全面活动。

战术性计划一般是一种全局性的、阶段性的计划，多用于指导组织内部某些部门的共同行动，以完成某些具体的任务，实现某些阶段性的具体目标。

战略性计划是战术性计划的依据，战术性计划是在战略性计划指导下进行的，是战略性计划的落实。从作用和影响上来看，战略性计划的实施是组织活动能力的形成与创造过程，战术性计划的实施则是对已经形成的能力的应用。

（三）业务计划、财务计划和人事计划

根据计划的职能标准来划分，可以将计划分为业务计划、财务计划和人事计划。

组织是通过从事一定专业活动立身于社会的，业务计划是组织的主要计划。长期业务计划主要涉及业务方面的调整或业务规模的发展，短期业务计划则主要涉及业务活动的具体安排。

例如，作为经济组织，企业业务计划包括产品开发、生产作业以及销售促进等内容。长期产品计划主要涉及产品新品种的开发，短期产品计划则主要与现有品种的结构改进、功能完善有关；长期生产计划安排了企业生产规模的扩张及实施步骤，短期生产计划则主要涉及不同车间、班组的季、月、旬乃至周的作业进度安排；长期营销计划关系到产品、价格、渠道、促销等营销组合的选择与运用等，而短期营销计划则是在现有营销环境下，包括对营销手段或网络营销的充分利用。

财务计划与人事计划是为业务计划服务的，也是围绕着业务计划而展开的。财务计划研究如何从资金（本）的提供和利用上促进业务活动的有效进行，人事计划则分析如何为业务规模的维持或扩展提供人力资源的保证。

例如，长期财务计划要决定为了满足业务规模发展、资金（本）增大的需求，如何建立新的融资渠道或选择不同的融资方式，而短期财务计划则研究如何保证资金的供应或如何监督这些资金的利用效果；长期人事计划要研究如何为了保证组织的发展、提高成员的素质，准备必要的干部力量，短期人事计划则要研究如何将具备不同素质和特点的组织成员安排在不同的岗位上，使他们的能力和积极性得到充分的发挥。

（四）指令性计划与指导性计划

根据计划的明确程度和对执行者的约束力，计划可以分为指令性计划与指导性计划两大类。

其中，指令性计划一般是由上级主管部门向下级下达的具有严格约束力的计划。指令性计划一经下达，计划的执行者就必须遵照计划开展活动，并且要尽一切努力去完成计划。

指导性计划可以是上级主管部门下达的，也可以是同级部门编制的，它对于计划执行者不具有严格的约束力，是一种参考性的计划。对于这种计划，计划执行部门可以根据本部门的具体情况，决定是执行计划还是需要对计划进行必要的修改。这样，实际上计划执行者就是在指导性计划的指导下进行本部门的活动。

（五）程序性计划与非程序性计划

根据计划的程序化程度，可分为程序性计划和非程序性计划。程序性计划是为那些经常重复出现的工作或问题而按既定的程序来制订的计划，是针对于例行活动的程序化决策而言的。非程序性计划是对不经常重复出现的非例行活动所做的计划，是针对于例外问题的非程序化决策而言的。

西蒙把组织活动分为两类。

一类是例行活动，指一些重复出现的工作，如订货、材料的出入库等。有关这类活动的决策是经常反复的，而且具有一定的结构，因此可以建立一定的决策程序。每当出现这类工作或问题时，就利用既定的程序来解决，而不需要重新研究。这类决策叫程序化决策，与此对应的计划是程序性计划。

另一类是非例行活动，不重复出现，如新产品的开发、生产规模的扩大、品种结构的调整、工资制度的改变等。处理这类问题没有一成不变的方法和程序，因为这类问题或在过去尚未发生过，或因为其确切的性质和结构捉摸不定或极为复杂，或因为其十分重要而需用个别方法加以处理。解决这类问题的决策叫作非程序化决策，与此对应的计划是非程序性计划。

W. H. 纽曼指出："管理部门在指导完成既定目标的活动上基本用的是两种计划，即常规计划和专用计划。"常规计划包括政策、标准方法和常规作业程序，所有这些都是准备用来处理常发性问题的。每当一种具体常见的问题发生时，常规计划就能提供一种现成的行动指导。专用计划包括为特殊的情况专门设计的方案、进程表和一些特殊的方法等，它用来处理一次性的而非重复性的问题。

第二节 计划的编制过程

计划编制本身也是一个过程。为了保证编制的计划合理，能实现决策的组织落实，计划编制过程中必须采用科学的方法。计划编制过程包括如下 8 个阶段的工作：确定目标；认清现在；研究过去；预测并有效地确定计划的重要前提条件；拟订和选择可行性行动计划；制订主要计划；制订派生计划；制定预算，用预算使计划数字化。

一、确定目标

确定目标是决策工作的主要任务。制订计划的第一步必须认识我们将要走向何方。目标是指期望的成果。目标为组织整体、各部门和各成员指明了方向，描绘了组织未来的状况，并且作为标准可用来衡量实际的绩效。计划工作的主要任务是将决策所确立的目标进行分解，以便落实到各个部门、各个活动环节，并将长期目标分解为各个阶段的目标。

二、认清现在

计划是连接我们所处的这岸和我们要去的对岸的一座桥梁。目标指明了组织要去的对岸。因此，制订计划的第二步是认清组织所处的这岸，即认清现在。认清现在的目的在于寻求合理有效的通向对岸的路径，也即实现目标的途径。认清现在不仅需要有开放的精神，将组织、部门置于更大的系统中，而且要有动态的精神，考察环境、对手与组织自身随时间的变化与相互间的动态反应。对外部环境、竞争对手和组织自身的实力进行比较研究，不仅要研究环境给组织带来的机会与威胁，与竞争对手相比的组织自身的实力与不足，还要研究环境、对手及其自身随时间变化的变化。

三、研究过去

虽然“现在”不必然在“过去”的线性延长线上，但“现在”毕竟是从“过去”走来。研究过去不仅是从过去发生的事件中得到启示和借鉴,更重要的是探讨过去通向现在的一些规律。从过去发生的事件中探求事物发展的一般规律，其基本方法有两种：一种是演绎法，另一种是归纳法。

演绎法是将某一大前提应用到个别情况，并从中引出结论；归纳法是从个别情况发现结论，并推论出具有普遍原则意义的大前提。

四、预测并有效地确定计划的重要前提条件

前提条件是关于要实现计划环境的假设条件，是关于我们所处的此岸到达我们将去的彼岸过程中所有可能假设情况。预测并有效地确定计划前提条件的重要性不仅在于，对前提条件认识越清楚、越深刻，计划工作越有效；而且还在于，组织成员越彻底地理解和同意使用一致的计划前提条件，企业计划工作就越加协调。

由于将来是极其复杂的，要把一个计划将来环境的每个细节都做出假设，不仅不切合实际甚至不可能的，因而是不必要的。因此，前提条件是限于那些对计划来说是关键性的，或具有重要意义的假设条件，也就是说，限于那些最影响计划贯彻实施的假设条件。预测在确定前提方面很重要。最常见的重要前提条件预测的方法是在第三章第三节提到的德尔菲法。

五、拟订和选择可行性行动计划

拟订和选择行动计划包括 3 个内容：拟订可行性行动计划、评估计划和选定计划。

拟订可行性行动计划要求拟订尽可能多的计划。可供选择的行动计划数量越多，被选计划的相对满意程度就越高，行动就越有效。因此，在可行的行动计划拟订阶段，要发扬民主，广泛发动群众，充分利用组织内外的专家，集思广益，通过他们献计献策，产生尽可能多的行动计划。

评价行动计划，要注意考虑以下几点。

（1）认真考察每一个计划的制约因素和隐患。

（2）要用总体的效益观点来衡量计划。

（3）既要考虑到每一计划的许多有形的可以用数量表示出来的因素，又要考虑到许多无形的不能用数量表示出来的因素。

（4）要动态地考察计划的效果，不仅要考虑计划执行所带来的利益，还要考虑计划执行所带来的损失，特别要注意那些潜在的、间接的损失。

（5）按一定的原则选择出一个或几个较优的计划。

六、制订主要计划

完成了拟订和选择可行性行动计划后，就需要制订主要计划了，也就是将所选择的计划用文字形式正式地表达出来，作为一项管理文件。拟写计划要清楚地确定和描述“5W1H”的内容。

七、制订派生计划

基本计划几乎都需要派生计划的支持。例如，一家公司年初制订了“当年销售额比上年增长 15%”的销售计划，这一计划发出了许多信号，如生产计划、促销计划等。再如，当一家公司决定开拓一项新的业务时，这个决策是要制定很多派生计划的信号，如雇佣和培训各种人员的计划、筹集资金计划、广告计划等。

八、制定预算，用预算使计划数字化

在做出决策和确定计划后，赋予计划含义的最后一步就是把计划转变成预算，使计划数字化。编制预算，一方面是为了计划的指标体系更加明确，另一方面是企业更易于对计划执行进行控制。定性的计划，往往在可比性、可控性和进行奖惩方面比较困难，而定量的计划则具有较多的约束力。

第三节 计划的方法

计划工作的效率高低和质量好坏在很大程度上取决于所采用的计划方法。现代计划方法为制订切实可行的计划提供了手段。在计划的质量方面，现代计划方法可以确定各种复杂的经济关系，提高综合平衡的准确性，能够在众多的方案中选择最优方案，还能够进行因果分析，科学地进行预测；在效率方面，由于采用了现代数学工具并以计算机技术作为基础，大大加快了计划工作的速度，这使得管理人员可以借助于许多量化的和科学的方法来进行计划。总之，现代计划方法具有许多优点，已经逐渐被更多的计划工作所采用。

计划的方法多种多样，下面对几种常见的方法进行介绍。

一、预算法

预算是用于计划组织未来支出的有效工具，是一种具体化的数量化的计划，是用数字来表示预计的结果。它主要包括弹性预算法和零基预算法。弹性预算法的具体形式包括可变预算法、补充预算和选择性预算。零基预算法的基本原理是：在每个预算年度开始时，将所有过去进行的管理活动都看作是重新开始，即以零为基础。

二、甘特图

甘特图（Gantt chart）是在 1917 年首次由亨利 • 甘特提出的，又叫横道图、条状图（Bar chart）。甘特图内在思想简单，即以图示的方式通过活动列表和时间刻度形象地表示出任何特定项目的活动顺序与持续时间。

甘特图是一条线条图，横轴表示已经过去的时间，纵轴表示要安排的工作，线条表示在整个期间上计划和实际的活动完成情况。它直观地表明任务计划在什么时候进行，及实际进展与计划要求的对比。管理者由此可便利地弄清一项任务（项目）还剩下哪些工作要做，并可评估工作进度。

图 4.2 绘出了一个图书出版的甘特图。看图可知，空白线框表示计划活动顺序，涂色的线条则表示实际的进度，整个项目何时开始，何时完成一目了然，并能帮助管理人员及时发现实际进度偏离计划的情况，以便采取措施及时纠正。

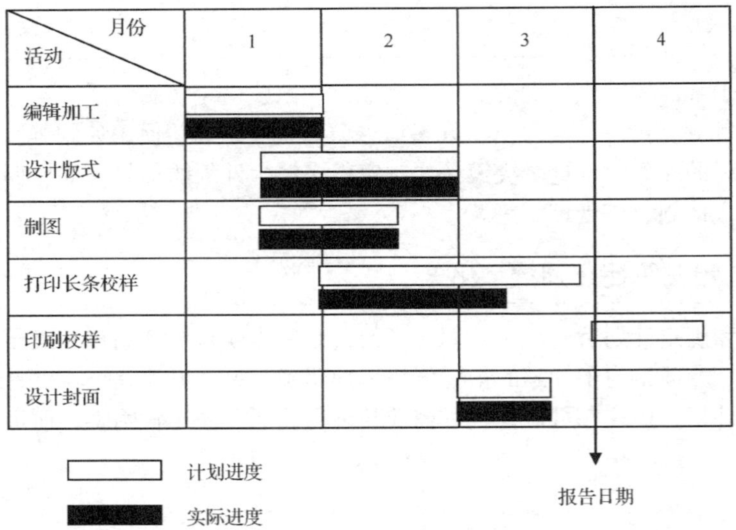

图 4.2　甘特图

三、滚动计划法

（一）滚动计划法的基本原理

滚动计划法实际上是将组织的日常工作计划动态化和连续化，根据组织内部条件和外部环境的变化，围绕组织的整体目标不断地调整修订组织的计划体系。随着时间的发展不断向前推进，是把短期计划和中期计划结合起来的一种计划方法。

滚动计划是一种动态编制计划的方法。它不像静态分析那样，等一项计划全部执行完了之后再重新编制下一时期的计划，而是在每次编制或调整计划时，均将计划按时间顺序向前推进一个计划期，即向前滚动一次。

由图 4.3 可以看出，在计划期的第一个阶段结束时，要根据该阶段计划的实际执行情况和外部与内部有关因素的变化情况，对原计划进行修订，并根据同样的原则逐期滚动。每次修订都使整个计划向前滚动一个阶段。

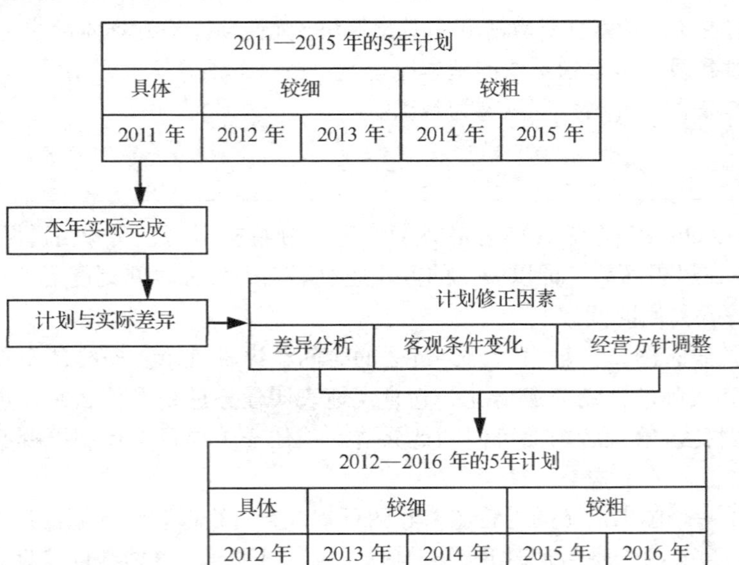

图 4.3　滚动计划法

可见，滚动计划法能够根据变化了的组织环境及时调整和修正组织计划，体现了计划的动态适应性。而且，它可使中长期计划与年度计划紧紧地衔接起来。

滚动计划法既可用于编制长期计划，也可用于编制年度、季度生产计划和月度生产作业计划。不同计划的滚动期不一样，一般长期计划按年滚动；年度计划按季滚动；月度计划按旬滚动等。

（二）对滚动计划法的评价

滚动计划法虽然使得计划编制工作的任务量加大，但在计算机已被广泛应用的今天，其优点十分明显。

第一，把计划期内各阶段以及下一个时期的预先安排有机地衔接起来，而且定期调整补充，从而从方法上解决了各阶段计划的衔接和符合实际的问题。

第二，较好地解决了计划的相对稳定性和实际情况的多变性这一矛盾，使计划更好地发挥其指导生产实际的作用。

第三，采用滚动计划法，使企业的生产活动能够灵活地适应市场需求，把供产销密切结合起来，从而有利于实现企业预期的目标。

需要指出的是，滚动间隔期的选择要适应企业的具体情况，如果滚动间隔期偏短，则计划调整较频繁。滚动计划法的好处是有利于计划符合实际，缺点是降低了计划的严肃性。一般情况是，生产比较稳定的大批量企业宜采用较长的滚动间隔期，生产不太稳定的单件小批生产企业则可考虑采用较短的间隔期。

四、网络计划技术

（一）网络计划技术的产生和基本原理

网络计划技术是于 20 世纪 50 年代后期在美国产生和发展起来的。这种方法包括各种以网络为基础计划的方法，如关键路径法、计划评审技术、组合网络法等。

1956 年，美国的一些工程师和数学家组成了一个专门小组首先开始这方面的研究。1958 年，美国海军武器计划处采用了计划评审技术，使北极星导弹工程的工期由原计划的 10 年缩短为 8 年。1961 年，美国国防部和国家航空署规定，凡承制军用品必须用计划评审技术上报计划。从那时起，网络计划技术就开始在组织管理活动中被广泛地应用。

网络计划技术是一种管理方法，它以网络图的形式制订工程项目的计划，找出最优计划方案，并组织和控制生产，去完成计划提出的目标。网络计划不仅可以用网络图来表示各工序的先后次序和相互关系，而且可以找出关键工序和关键路线，进行统筹安排，合理使用人力、物力、财力，有效地控制和监督计划的执行，从而高效率、高效益地完成任务。

（二）网络图

网络图是网络计划技术的基础。任何一项任务都可被分解成许多步骤的工作，根据这些工作在时间上的衔接关系，用箭线表示它们的先后顺序，画出一个由各项工作相互联系、并注明所需时间的箭线图，这个箭线图就称作网络图。图 4.4 就是一个简单的网络图。

（1）工序，也叫作业或活动，通常用箭线“→”表示。它是一项工作的过程，有人力、物力参加，经过一段时间才能完成，箭尾表示工序的开始，箭头表示工序的终结和传递方向，箭线上方标明工序名称，下方标明完成该项工序所需要的时间。从箭尾到箭头表示该项工序的作业时间。

网络图中有时还要引入一种虚工序。所谓虚工序是指作业时间为零的一种活动，既不占用时间，也不消耗资源，是虚设的，用“---►”表示。网络图中应用虚工序的目的也是避免工序之间关系的含糊不清，以正确表明工序之间先后衔接的逻辑关系。

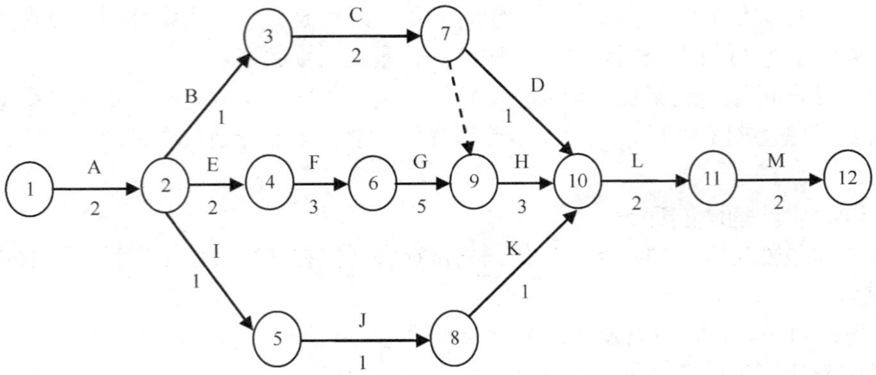

图 4.4 网络图

（2）事项也称结点，是指某一项活动开始或结束的那一瞬间，它不消耗资源和时间，一般用符号“○”表示。在网络图中有始点事项、中间事项和终点事项之分。一个网络图中只有一个始点事项，一个终点事项。

（3）路线。在网络图中，从始点开始顺着箭线的方向连续到达终点为止的通道称为路线。在一个网络图中通常有多条路线，如图 4.4 中，从始点①连续不断地走到终点⑫的路线有 4 条：

- ①→②→③→⑦→⑩→⑪→⑫
- ①→②→③→⑦→⑨→⑩→⑪→⑫
- ①→②→④→⑥→⑨→⑩→⑪→⑫
- ①→②→⑤→⑧→⑩→⑪→⑫

比较各路线的路长，可以找出一条或几条最长的路线。这种路线被称为关键路线。关键路线上的工序被称为关键工序。关键路线的路长决定了整个计划任务所需的时间。关键路线上各工序完工时间提前或推迟都直接影响着整个活动能否按时完工。确定关键路线，据此合理地安排各种资源，对各工序活动进行进度控制，是利用网络计划技术的主要目的。

（三）绘制网络图的规则

绘制网络图的规则，具体有以下几点。

（1）方向性。各项活动顺序排列，从左至右，不能反向。

（2）无回路。即箭线不能从某一结点出发，又回到该结点。

（3）箭线的首尾都必须有结点，不能从一条箭线的中间引出另一条箭线。

（4）两点一线。相邻两个结点之间只能有一条箭线直接相连，如果存在两个以上的活动，其余的应使用虚工序表达。

（5）事项编号，从小到大，从左至右，不能重复使用。

（6）源汇合一。每个网络图中，只能有一个始点事项和一个终点事项。如果出现几道工序同时开始或结束，可用虚箭线同网络始点事项或终点事项连接。

（四）网络计划技术的评价

网络计划技术虽然需要大量而烦琐的计算，但在计算机广泛运用的时代，这些计算已大都被程序化了。这种技术之所以被广泛地运用是因为它有一系列的优点。

（1）该技术能清晰地表明整个工程的各个项目的时间顺序和相互关系，并指出完成任务的关键环节和路线。因此，管理者在制订计划时可以统筹安排，全面考虑，又不失重点。在实施过程中，管理者可以进行重点管理。

（2）该技术可对工程的时间进度与资源利用实施优化。在计划实施过程中，管理者调动非关键路线上的人力、物力和财力从事关键作业，进行综合平衡。这样既可节省资源又能加快工程进度。

（3）可事先评价达到目标的可能性。该技术指出了计划实施过程中可能发生的困难点，以及这些困难点对整个任务产生的影响，准备好应急措施，从而减少完不成任务的风险。

（4）便于组织与控制。管理者可以将工程，特别是复杂的大项目分成许多支持系统来分别组织实施和控制，这种既化整为零又聚零为整的管理方法，可以达到局部和整体的协调一致。

（5）易于操作，并具有广泛的应用范围，适用于各行各业，完成各种任务。

第四节 目标管理

管理者应明确计划与目标是相辅相成的，明确目标管理具有的特征。我们应通过科学的制度和程序，来确立责任明确的目标，而不是通过管理者的随意性或某种妥协来达到。下面就目标管理的内容进行介绍。

一、目标管理产生的背景

目标管理（Management by Objective，MBO），是由美国著名的管理学家彼得·德鲁克在其1954年发表的《管理的实践》一书中首次提出的一种管理方法。其后，彼得·德鲁克又提出“目标管理和自我控制”的主张。德鲁克认为，并不是有了工作才有目标，而是相反，有了目标才能确定每个人的工作。所以，“企业的使命和任务，必须转化为目标”，如果一个领域没有目标，这个领域的工作必然被忽视。因此，管理者应该通过目标对下级进行管理，当组织最高层管理者确定了组织目标后，必须对其进行有效分解，转变成各个部门以及各个人的分目标，管理者根据分目标的完成情况对下级进行考核、评价和奖惩。

目标管理被提出以后，在美国迅速流传。时值第二次世界大战后西方经济由恢复转向迅速发展的时期，企业急需采用新的方法调动员工积极性以提高竞争能力，目标管理遂被广泛应用，并很快被日本、西欧国家的企业所仿效，在世界管理界大行其道。我国企业于20世纪80年代初开始引进目标管理法，并取得较好的成效。

二、目标管理的概念及特点

目标管理就是让具体化展开的组织目标成为组织每个部门、每个成员等行为的方向和激励，同时又使其成为评价组织每个部门、每个成员等工作绩效的标准，从而使组织能够有效运作。

目标管理具有以下4个方面的特点。

（1）目标管理是一种总体的管理，具有目标体系。

（2）目标管理是一种民主的管理，实行参与管理。

（3）目标管理是一种成果管理，注重管理实效。

（4）目标管理是一种自觉的管理，实行自我控制。

三、目标管理的基本条件

实行目标管理，要有以下的基本条件。

（1）推行目标管理要有一定的思想基础和科学管理基础。要教育员工树立全局观念和长远利益观念，正确理解国家、公司和个人之间的关系。因为推行目标管理容易滋长急功近利的本位主义倾向，如果没有一定的思想基础，设定目标时就可能出现不顾整体利益和长远利益的现象。科学管理基础是指各项规章制度比较完善，信息比较畅通，能够比较准确地度量和评估工作成果。这是推行目标管理的基础。而这个基础工作是需要长期的培训和教育才可以逐步建立起来的。

（2）推行目标管理关键在于管理者。管理者对各项指标都要心中有数。如果工作不深入，没有专业的知识，不了解下情，不熟悉生产，不会经营管理是不行的，因而对领导的要求更高。管理者与下属之间不是命令和服从的关系，而是平等、尊重、信赖和相互支持的关系。

管理者要改进作风、提高水平、发扬民主、善于沟通，在目标设立过程和执行过程中，都要善于沟通，使大家的方向一致，目标之间相互支持，同时领导还要和下级就实现各项目标所需要的条件以及实现目标的奖惩事宜达成协议，并授予下级以相应的支配人、财、物和对外交涉等权力，充分发挥下属的个人能动性，使目标得以实现。

（3）目标管理要逐步推行、长期坚持。推行目标管理有许多相关的配套工作，如提高员工的素质、健全各种责任制、做好其他管理的基础工作等一系列的相关措施。这些都是企业的长期任务，因此目标管理只能逐步推行，而且要长期坚持，不断完善，才能达到良好的效果。

（4）推行目标管理要确定好目标。一个好的目标是切合实际的，通过努力可以实现的（不通过努力可以实现的目标，不能算好目标）。而且，一个好的目标，不仅需要具有关联性、阶段性，并兼顾结果和过程，还需要数据采集系统、差距检查与分析、及时激励制度的支撑。这些量化管理方法与目标管理相辅相成，可以帮助管理者在激发员工的主动性和创造性的同时，还能及时了解整个团队的工作进度，不折不扣地完成任务，从而在更大程度上促进员工的主动性，为在日常工作中提高对员工领导力，提供了良性循环的基础。

（5）推行目标管理要注重信息管理。在目标管理体系中，信息的管理扮演着举足轻重的角色，确定目标需要获取大量的信息为依据；展开目标需要加工、处理信息；实施目标管理的过程就是信息传递与转换的过程。信息工作是目标管理得以正常运转的基础。

四、目标管理的过程

孔茨认为，目标管理是一个全面的管理系统，它用系统的方法，使许多关键管理活动结合起来，并且有意识地瞄准目标，有效地和高效地实现组织目标和个人目标。

在理想的情况下，这个过程开始于组织的最高层，并且有总经理的积极支持，他给组织以指导，但是目标设置开始于最高层并不是实质性的，它可以从分公司一级开始，也可以在某职能部门一级甚至更低一级开始。

例如，某一公司的目标管理首先开始在一个分公司建立，然后逐级建立到管理的最底层而形成一个互相联系、互相支持的目标网络。在分公司经理的领导和指导下，无论在获利性、成本降低、改善经营等方面都取得了成功。不久，其他一些分公司经理和企业总经理也产生了兴趣并力图履行类似的目标管理计划。

（一）制定目标

制定目标包括确定组织的总体目标和各部门的分目标。总目标是组织在未来从事活动要达到的状况和水平，其实现有赖于全体成员的共同努力。为了协调这些成员在不同时空的努力，各部门的各个成员都要建立与组织目标相结合的分目标。这样，就形成了一个以组织总体目标为中心的一贯到底的目标体系。在每个部门和每个成员的目标实现之时，上级要向下级提出自己的方针和目标，下级要根据上级的方针和目标制定自己的目标方案，要在此基础上进行协商，最后由上级综合考虑后做出决定。

目标可以设置为任何期限，在大多数情况下，目标设置可与年度预算或主要项目的完成期限相一致。在制定目标时，主管人员也要建立衡量目标完成的标准，如果是定量的、可考核的目标，无论是时间、成本、数量、质量等这些衡量标准，一般都要写到目标中去。在实施目标管理之时，主管人员和下级应该一起行动，而不应该不适合地强制压给下级各种目标。

彼得·德鲁克说："目标并非命运，而是方向。目标并非命令，而是承诺。目标并不决定未来，而是动员企业的资源与能源以便塑造未来的那种手段。"

小链接

新生活从选定方向开始

西撒哈拉沙漠中有一块1.5平方千米的绿洲，绿洲旁有一个叫比塞尔的小村庄。如今，这里是旅游胜地，但曾经的比塞尔是一个封闭落后的地方。当地人告诉英国皇家学院的院士肯·莱文：从这儿无论向哪个方向走，最后都还是转回出发的地方。

肯·莱文很纳闷，他雇了一个比塞尔人阿古特尔，让他带路。他们走了10天，大约800千米的路程，在第11天的早晨，他们果然又回到了比塞尔。肯·莱文明白了，比塞尔人之所以走不出大漠，是因为他们根本就不认识北斗星，因此在浩瀚的西撒哈拉沙漠中完全没有目标地行走只能回到原点。

肯·莱文教阿古特尔识别北斗星，夜晚出发。阿古特尔照着去做，3天之后果然来到了大漠的边缘。阿古特尔也因此成为比塞尔的开拓者，他的铜像被竖在小城的中央。铜像的底座上刻着一行字：新生活是从选定方向开始的。

（二）明确组织的作用

理想的情况是，每个目标和子目标都应该有某一个人的明确责任，然而，几乎不可能去建立一个完美的组织结构以致每一特定的目标都成为某个个人的责任。例如，在制定一种新产品投入的目标中，研究、销售和生产等部门的主管人员必须仔细地协调他们的工作，组织采用设立一名主管人员来统一协调各种职能。

（三）执行目标

组织中各层次、各部门的成员为达成分目标，必须从事一定的活动，活动中必须利用一定的资源。为了保证他们有条件组织目标活动的展开，必须授予相应的权力，使之有能力调动和利用必要的资源。有了目标，组织成员就会明确努力的方向；有了权力，他们就会产生强烈的与权力使用相应的责任心，从而能充分发挥他们的判断能力和创造能力，使目标执行活动有效地进行。

（四）成果评价

成果评价既是实行奖惩的依据，也是上、下、左、右沟通的机会，同时还是自我控制和自我激励的手段。成果评价包括上级对下级的评价，也包括下级对上级、同级关系部门相互之间以及各层次自我的评价。

上下级之间的相互评价，有利于信息、意见的沟通，从而有利于组织活动的控制；横向的关系部门相互之间的评价，有利于保证不同环节的活动协调进行；而各层次组织成员的自我评价，则有利于促进他们的自我激励、自我控制以及自我完善。

（五）实行奖惩

组织对不同成员的奖惩，是以上述各种评价的综合结果为依据的。公平合理的奖惩有利于维持和调动组织成员的工作热情和积极性，奖惩有失公正，则会影响这些成员行为的改善。奖惩可以是物质的，也可以是精神的。

（六）制定新目标并开始新的目标管理循环

成果评价与成员行为奖惩，既是对某一阶段组织活动效果以及组织成员工作成绩的总结，也为下一阶段的工作提供参考和借鉴。在此基础上，为组织成员及其各个层次、部门的活动制定新的目标并组织实施，就展开了目标管理的新一轮循环。

五、目标管理的优缺点

目标管理在全世界产生很大影响，但实施中也出现许多问题，因此必须客观分析其优劣势，才能扬长避短，收到实效。

（一）目标管理的优点

（1）目标管理对组织内易于度量和分解的目标会带来良好的绩效。对于那些在技术上具有可分性的工作，由于责任、任务明确，目标管理常常会起到立竿见影的效果，而对于技术不可分的团队工作则难以实施目标管理。

（2）目标管理有助于改进组织结构的职责分工。由于组织目标的成果和责任力图划归一个职位或部门，容易发现授权不足与职责不清等缺陷。

（3）目标管理启发了自觉，调动了职工的主动性、积极性和创造性。由于强调自我控制、自我调节，将个人利益和组织利益紧密联系起来，因而提高了组织的士气。

（4）目标管理促进了员工间的意见交流和相互了解，改善了人际关系。

（二）目标管理的缺点

在实际操作中，目标管理也存在许多明显的缺点，主要表现在以下几点。

（1）目标难以制定。组织内的许多目标难以被定量化、具体化；许多团队工作在技术上不可被分解；组织环境的可变因素越来越多，变化越来越快，组织的内部活动日益复杂，使组织活动的不确性越来越大。这些都使得组织的许多活动制定量化目标是很困难的。

（2）目标管理的哲学假设不一定都存在。Y 理论对于人类的动机做了过分乐观的假设，在实际运作中的人是有“机会主义本性”的，尤其在监督不力的情况下。因此很多时候目标管理所要求的承诺、自觉、自治气氛是难以形成的。

（3）目标商定可能增加管理成本。目标商定要上下沟通、统一思想是很费时间的；每个单位、个人都关注自身目标的完成，很可能忽略了相互协作和组织目标的实现，滋长本位主义、临时观点和急功近利的倾向。

（4）有时奖惩不一定都能和目标成果相匹配，也很难保证公正性，从而削弱了目标管理的效果。

鉴于上述分析，在实际中推行目标管理时，除了掌握具体的方法以外，还要特别注意把握工作的性质，分析其分解和量化的可能；提高员工的职业道德水平，培养合作精神，建立健全各项规章制度，注意改进领导作风和工作方法，使目标管理的推行建立在一定的思想基础和科学管理基础上；要逐步推行，长期坚持，不断完善，从而使目标管理发挥预期的作用。

案例讨论

保险销售员的故事

有个同学问老师："老师，我的目标是想在一年内赚到 100 万元！请问我应该如何计划我的目标呢？"

老师便问他："你相不相信你能实现这个目标？"他说："我相信！"老师又问："那你知不知到要通过哪个行业来实现这个目标？"他说："我现在从事保险行业。"老师接着又问他："你认为保险行业能不能帮你实现这个目标？"他说："只要我努力，就一定能实现。"

老师说："我们来看看，你要为自己的目标做出多大的努力，根据提成比例，100 万元的佣金大概要做 300 万元的业绩。一年 300 万元业绩，一个月就需要完成 25 万元业绩，那每一天就要完成 8 300 元业绩。""要完成每一天 8 300 元业绩，大概要拜访多少客户？"老师接着问他。

他说："大概要拜访 50 个人。"老师继续说："那么一天要拜访 50 人，一个月就要拜访 1 500 人；一年呢？就需要拜访 18 000 个客户。"

这时老师又问他："请问你现在有没有 18 000 个 A 类客户？"他说没有。"如果没有的话，就要拜访陌生客户。你平均与一个人要谈上多长时间呢？"他说："至少 20 分钟。"老实说："每个人要谈 20 分钟，一天要谈 50 个人，也就是说你每天与客户交谈要花 16 个多小时，还不算赶路时间。请问你能不能做到？"他说："不能。老师，我懂了，目标不是凭空想象的，是凭着一个能达成的计划而定的。"

请同学们思考：

结合此案例，谈谈你对目标和计划的认识和体会。

练 习 题

一、选择题

1. 目标管理概念的最初提出者是（　　）。
   A. 泰勒　　B. 法约尔　　C. 德鲁克　　D. 巴纳德
2. "计划赶不上变化"说明（　　）。
   A. 计划的无效性　　B. 计划不需要精确
   C. 不需要计划　　D. 计划需要灵活性
3. 计划中的滚动计划法是动态的、灵活的，它的主要特点是（　　）。
   A. 按前期计划执行情况和内外环境变化，定期修订已有计划
   B. 不断逐期向前推移，将长、中、短期计划有机结合
   C. 按近细远粗原则来，避免对不确定性远期计划过早过死的安排
   D. 以上 3 个方面都是
4. 实施目标管理的主要难点是（　　）。
   A. 不利于有效地实施管理　　B. 不利于调动积极性
   C. 难以有效地控制　　D. 设置目标及量化存在困难

5. “目标管理”方法最大的缺点是（　　）。

A. 不能很好地激励员工

B. 强调数量或短期目标，而忽略质量或长期目标

C. 对员工绩效评估的公开性和透明

D. 需要的时间短

二、判断题

1. 计划按明确性来分，可分为战略计划和作业计划。（　　）

2. 目标管理就是上级给下级目标，并依照此对下级进行考核。（　　）

3. 计划是一个连续的行为过程，因为只要组织还存在，这个过程就会一直进行下去。即使环境条件有变化，管理者也不应停止原有计划而进行更新和修改。（　　）

4. 计划是决策的前提，决策是计划的逻辑延续。决策为计划的任务安排提供了依据，计划则为决策所选择的目标活动的实施提供了组织保证。（　　）

5. 在管理实践中，虽然长期计划不必对中、短期计划具有指导作用，但中、短期计划的实施要有助于长期计划的实现。（　　）

6. 在计划的前提中，定量化前提因其更为确切而比定性化前提更为重要。（　　）

7. 在组织生命周期的各个阶段，计划的类型并非都具有相同的性质，计划的时间长度和明确性应当在不同的阶段上进行相应的调整。（　　）

8. 确定计划前提是计划的首要的、核心的工作。（　　）

三、简答题

1. 为什么说计划工作有助于降低风险？

2. 计划是开展管理工作的重要工具，但现实生活中常出现为计划而计划的现象。为什么？

3. 目前许多企业的管理人员都认为：“计划赶不上变化，所以计划根本没用。”这样的说法对不对？为什么？

第三篇

组织

第五章　组织概述

【引导案例】

V型飞雁

大雁有一种合作的本能，它们飞行时都呈“V”型。这些大雁飞行时定期变换领导者，因为为首的大雁在前面开路，能帮助两边的大雁形成局部的真空。科学家发现，大雁以这种形式飞行，要比单独飞行多出12%的距离。

合作可以产生一加一大于二的倍增效果。据统计，诺贝尔获奖项目中，因协作获奖的占2/3以上。在诺贝尔奖设立的前25年，合作奖占41%，而现在则跃居80%。

分工合作正成为一种企业中工作方式的潮流被更多的管理者所提倡，如果我们能把容易的事情变得简单，把简单的事情也变得很容易，我们做事的效率就会倍增。倍增合作就是简单化、专业化、标准化的一个关键，世界正逐步向简单化、专业化、标准化的方向发展，于是合作的方式就理所当然地成为这个时代的产物。

一个由相互联系、相互制约的若干部分组成的整体，经过优化设计后，整体功能就会大于部分之和，产生1+1>2的效果。

从管理的角度来看，组织是管理的载体，组织结构设计的主要内容之一就是划分管理层次。管理层次的分权原则：每十人、五十人、百人、千人分为一组，体现出不同的管理层次。在现代管理中，组织日益庞大、复杂，若要有效运转就需要对组织进行层次划分和科学设计。

第一节　组织的概念及职能

组织是管理的基本职能之一，正如哈罗德·孔茨所说：“为了使人们能为实现目标而有效地工作，就必须设计和维持一种职务结构，这就是组织管理职能的目的。”

一、组织的含义

关于组织的概念，学术界从不同的角度形成了多种认识，从管理学的角度可以将组织的含义从静态和动态两个方面进行界定。

从静态角度来看，组织是一个名词，代表一个实体。组织是指人们为实现一定目标互相协作结合而成的集体或团体，如党团组织、工会组织、社团组织、军事组织、公司企业等。

从动态角度来看，组织是一个动词，代表管理的一项活动或工作。组织是指有目的地安排人或事物使之具有一定的系统性或整体性，即人们组成的集体或团体为了达到目标而创建组织结构，为适应环境的变化而维持或变革组织结构并使之发挥作用的活动过程。

根据以上描述，我们将组织的概念界定为：组织是为了达到预定目标，通过权力、责任、利益的分配和结构设置对各种资源进行配置的过程，以及由此产生的协调运转的系统化结构。

在理解组织的概念时，我们应该注意以下几点：第一，组织是由一群人组成的；第二，组织具有特定的目标，目标是任何组织存在的前提，组织的目标是群体成员的共同目标；第三，组织是一个协调运转的系统化结构，组织成员通过分工、协作进行有效组合，使组织协调运转以达成目标。

二、组织的职能

管理的组织职能就是通过建立和维护组织结构，并根据环境的变化不断改进组织结构，以实现有效的分工、合作的过程。

组织能够完成个体独立活动所不能实现的目标，其职能可以概括为：为有效实现组织目标，建立组织结构，配备人员，使组织协调运转的一系列活动。具体而言，组织的职能体现在以下几个方面，如图 5.1 所示。

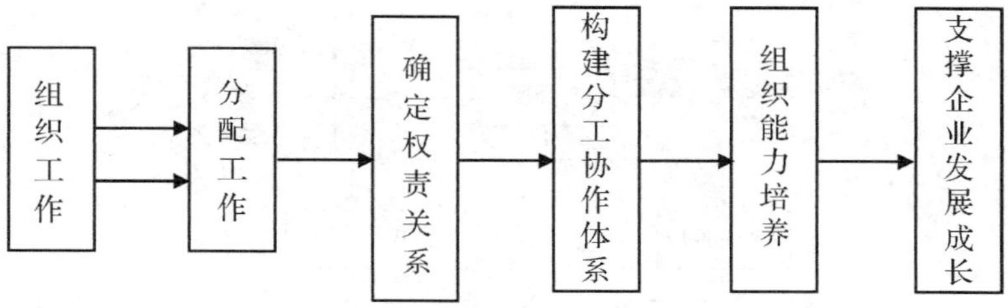

图 5.1 组织管理工作层次结构

（1）分配工作。目标是任何组织存在的前提，而动态的组织工作能够将总体目标进行分解并落实到每位组织成员身上，转化成每位组织成员的具体工作任务。

（2）确定权责关系，促进沟通与协调。权责关系是组织的核心要素，其确定了组织的信息沟通渠道并使领导功能得以体现。组织工作使每位组织成员都明确自身的具体责任，使成员明确在工作中应由谁进行工作分配和实施管理工作，成员又应对谁负责。

（3）构建分工协作体系，提高效率和工作质量。通过组织工作使组织成员相互协作，共同完成工作任务，也就是实现人们常说的“协同效应”，即一个有效的群体共同努力往往要大于群体成员单独努力的效果的总和。

（4）培养能力，促进组织成长。组织工作的深层次功能是为了培养出一种能力，这种能力能够支撑企业成长，这也是组织的核心功能所在。

第二节 组织设计

成功的演出，不仅需要每个演员的出色表演，而且要求有优秀的剧本；同样，组织的高效率运行，首先要求设计合理的组织结构。组织设计是管理者做出明确的组织选择的过程，在进行组织设计时，没有一个最优的组织设计方案，而是要根据不同环境情况予以选择，设计结果直接影响着组织管理效率的高低。

一、组织设计的含义及任务

（一）组织设计的含义

组织设计是指管理者将组织所拥有的各项要素进行合理的组合，建立和实施一种特定组织结构的过程。

组织设计作为进行有效管理的重要手段，是在组织目标已经确定的情况下，将实现组织目标所需进行的各项业务活动进行分类重组划分部门，并根据有效管理幅度的原则划分出不同的管理层次，将监管各类活动所必需的职权授予各层次、各部门的管理人员，以及规定这些层次和部门间的相互协作关系。其目的就是要通过建立一个适合组织成员相互协作、发挥各自才能的良好环境，使组织成员都能在各自的岗位上为组织目标的实现做出应有的贡献。

（二）组织设计的任务

设计组织结构是发挥组织职能的基础性工作。组织设计的任务包括：建立组织结构和明确组织内部的相互关系、提供组织结构系统图、编制职务说明书。

组织结构系统图是用方框表示各种管理职务或相应的部门、用箭线表示权力指向，从而表明各种管理职务或部门在组织结构中的地位以及它们之间的相互关系的图形，如图 5.2 所示。

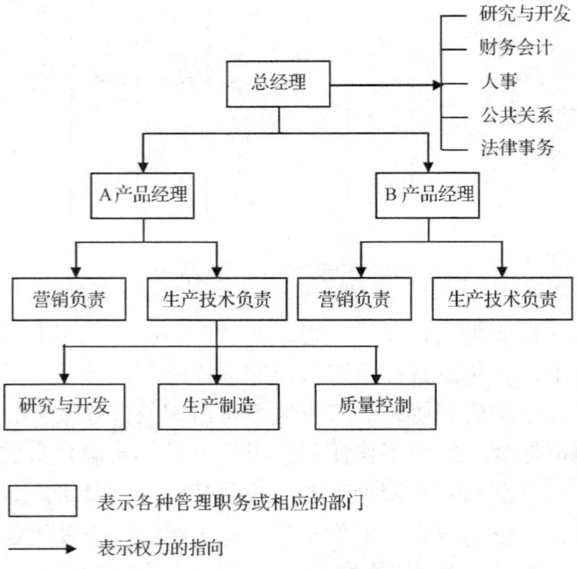

图 5.2　组织结构系统图

职务说明书也称作职位说明书，是说明某一职务的职务性质、责任权力关系、与其他职位或部门的关系、主体任职资格条件等内容的书面文件。职务说明书要求能够简单而明确地指出该管理职务的工作内容、职责与权力、与组织中其他部门和职务的关系，要求担任该项职务者所必须具备的基本素质、技术知识、工作经验、处理问题的能力等条件。

二、组织设计的原则

组织所处的环境、目标、战略、规模各不相同，所以不同组织所需要的部门、职务、权责关系也各不相同，但任何组织在进行组织设计时，都需要遵循一些共同的原则。

（一）目标统一原则

组织是为了实现预期目标而创立的系统，组织成员共同的目标是组织存在的客观条件和基础。没有共同一致的目标，组织就不可能建立并长久生存下去。因此，组织设计必须遵循目标统一的原则，也就是说，组织中的所有部门及成员应具有共同的贡献区，以趋向目标。

（二）分工协作原则

组织设计的前提是劳动分工，分工与协作是组织设计的重要原则。现代组织的管理，工作量较大、专业性较强，合理的分工能够保证管理工作的专业性，各专业部门也只有加强协作才能保证各项专业化的管理工作顺利展开，达到组织的整体目标。遵循分工协作原则，组织可以通过系统管理、设立委员会等手段完成。

（三）统一指挥原则

统一指挥是指组织的各级机构及个人服从且只服从一个上级的命令和指挥，保证政令统一、行动一致，避免多头领导带来的矛盾、命令难以执行、责任相互推诿等问题。统一指挥的原则在早期管理学家的管理思想中就被提出，尽管在现实的项目管理活动中可能打破这一原则，但统一指挥的观点仍是绝大多数企业在设计组织结构时所遵循的。

（四）权责对等原则

权责对等，即权责一致原则，是指一个组织中的成员所拥有的权力应当与其所承担的责任相适应。所谓有权必有责、有责必有权。

权责关系是组织构成要素中的核心内容。在组织设计的过程中，要明确各部门、各职位与整体组织之间的权责关系，如果只有权力没有责任，必然导致权力滥用、腐败滋生的局面；反之，只有责任没有权力则会导致职责无法被履行，甚至产生无权负责、无力负责、无法负责的局面。

（五）有效管理幅度原则

管理幅度是指一名上级领导能够直接有效地控制下属的人数。由于管理者个人精力、知识水平、经验等有限，管理者无法做到事必躬亲地领导所有人，因而设计管理幅度在组织设计中也是必要的。

管理幅度容易受到工作性质、管理者自身能力、下属的成熟度等诸多因素的影响。因此，一个管理人员直属的下级人员数量应当是有限的。古典管理理论认为，每一个上级领导者所管辖的相互之间有工作联系的下属不应超过5～6人。组织设计时需要把握有效的管理幅度，合理处理管理幅度与管理层次的关系，以确保组织的精简高效。

（六）因事设职与因人设职相结合原则

组织设计的根本出发点是为了实现组织目标，使目标活动的每项内容都落实到具体的部门和岗位，做到“事事有人做”。所以，在组织设计过程中，必须首先考虑工作的特点和需要，做到因事设职、因职选人。同时，在组织设计时也要考虑到人的因素，要根据职位的需要配备恰当的人选，确保“有能力的人有机会去做他们真正胜任的工作”。

三、组织设计的程序

组织设计首先要根据组织目标确定相应的工作任务，再根据业务流程、组织规模、技术特点等设置相应的机构和相关职务，并“因事选人”按照职位配置人员。通常情况下，组织的设计工作需要经过以下程序。

（1）确定组织设计的原则。根据组织的性质、特点、目标及组织所面临的内外部环境等因素，确定进行组织设计的具体原则。

（2）确定组织职能。确定组织所需要的管理职能，层层分解到各项管理业务和工作中。

（3）设计组织结构框架。这是组织设计的主要工作，即确定应采用的组织结构的基本形式，进而明确完成组织目标所需的部门，并把性质相同或相近的业务活动划归到恰当的单位和部门，形成层次化、部门化的组织结构体系，最终完成组织结构图的绘制。

（4）设计组织的联系方式。通过设计不同管理层次之间、平行管理部门之间的协调方式和控制手段，从而使组织的各个组成部分联结为一个整体。

（5）人员的配备和培训。根据各单位、部门的业务工作性质和对人员的素质要求，挑选和配备称职的人员及其行政负责人，明确其职务和职称，并进行必要的培训工作。

（6）制定相关规章制度。为了保证组织结构能够正常运行，设计良好的规章制度是极为必要的，包括奖惩制度、考核制度、激励制度等。

（7）反馈与修正。组织设计是一个不断完善的过程，在组织运行过程中，要根据内外部环境的变化及各种反馈信息定期或不定期地对原有组织设计做出修正，不断完善组织设计工作。

四、横向组织设计（部门化）

组织设计的实质是通过对管理劳动的分工，将不同的管理人员安排在恰当的岗位和部门中，通过它们在特定环境、特定相互关系中的管理作业来使整个管理系统有机地运转起来。管理的劳动分工既包括横向分工也包括纵向分工。

横向的分工是指根据不同的标准，将对组织活动的管理劳动分解成不同岗位和部门的任务，横向分工的结果是部门的设置，即组织的部门化。

纵向的分工是指根据管理幅度的限制，确定管理系统的层次，并根据管理层次在管理系统中的位置，规定各层次管理人员的职责和权限。从某种意义上说，纵向的分工是在责任分配基础上对管理决策权限的相对集中或分散。

组织的横向设计指的是组织部门化，即部门划分。部门化是将整个管理系统分解、并再分解成若干个相互依存的基本管理单位，它是在管理劳动横向分工的基础上进行的。分工标准不同，形成的管理部门及其相互关系也不同。组织设计中经常运用的部门化的标准包括人数、时间、职能、产品、地区等。

（一）人数部门化

单纯按人数的多少划分部门是一种最简单的划分方法。最典型的即为军队中军、师、旅、团、营、连、排等单位的划分，其方法是抽取一定数量的人在管理者的指挥下执行相应的任务。

一般来讲，这种划分方法的特点是仅考虑人的数量，因此人数部门化适用于任务活动仅取决于总人数的多少，或每个人的劳动都是单纯无差别的情况。然而，现代管理活动体现出高度专业化的特点，人数部门化的运用有逐渐被淘汰的趋势，但这一方法在诸如班组的基层部门划分中是仍然适用的。

（二）时间部门化

时间部门化也是较为古老的部门划分方法。时间部门化是由于技术、经济等原因，在正常的工作日不能满足工作需要时所采用的一种划分部门的方法。时间部门化的划分适用于最基层的组织。例如，医院、消防队、航空公司和炼钢厂的基层作业常采用轮班制方法加以组织，将人员划分为早班、中班、夜班，所以就设置为 3 个部门。

这种划分方法有利于连续地、不间断地提供服务或进行生产，有利于充分利用设备、设施。但时间部门化的缺点在于难以兼顾监督、效率及协调，且轮班制的人力成本较高。

（三）职能部门化

职能部门化是现代组织采用最广泛的方法。这种方法是根据专业化的原则，以工作或任务的性质为依据划分部门，通俗地讲就是根据业务活动的相似性来设立管理部门。判断某些活动的标准是否相似，这些活动的业务性质是否相近，从事活动所需的业务技能是否相同，这些活动的进行对同一目标（或分目标）的实现是否具有紧密相关的作用。

职能部门化的优点在于：由于遵循分工和专业化原则，有利于提高人员使用效率，同时简化了培训工作；有利于组织的主要基本活动得到重视，从而有利于组织目标的实现；由于最高主管要对最终成果负责，从而为最高层实施严格控制提供了手段。

但职能部门化容易使各职能部门的专业人员产生“隧道视野”，除了自身领域的专业活动，其他的什么都看不见，为部门间的横向协调带来了困难；由于只有最高主管对最终成果负责，因而对部门的绩效和责任很难进行评价；这种结构不利于培养综合全面的管理人才，组织适应环境变化的能力较差。

（四）产品部门化

按产品划分部门是指根据产品或产品系列来组织业务活动。这种划分部门的方法在多元化经营的组织中较为常见。随着组织规模的不断扩大，管理工作越来越复杂，职能部门化的组织中部门主管的工作负担越来越重，而管理宽度的限制使得他们难以通过增加直接下属的办法解决问题。此时，按照产品重新组织业务活动就成为必要，所以说，产品部门是从按照职能部门化的组织中发展而来的。在这种组织结构下，产品分部主管对某产品或产品系列的所有职能活动拥有充分的职权，同时也对产品的利润负很大的责任。

产品部门化能够发挥个人的技能和专长，发挥专业设备的效率，有利于部门内的协调，有利于产品和服务的改进和发展；由于能够明确利润责任，便于最高主管把握各种产品或产品系列对总利润的贡献；有利于锻炼和培养能独当一面的总经理型人才。

但是，这种方法要求部门主管具备更全面的管理能力，各产品部门的独立性较强而整体性较差；由于各产品分部也需保持职能部门或职能人员，从而使部门重叠，管理费用增加。

（五）地区部门化

对于活动地域较为分散的组织而言，地区部门化是采用较为普遍的方法。地区部门化是将某个地区或区域内的业务活动集中起来，委派相应的管理者，形成区域性的部门。

这种方法有利于促进地区活动的协调；有利于调动各个地区的积极性，从而取得地方化经营的优势效益；有利于培养全能型管理人才。

缺点是由于机构重复设置导致费用增加，同时最高主管部门对地方的控制难度也在增加，管理者需要具有全面的管理能力。

（六）顾客部门化

这是一种为了更好地迎合特定顾客群体的要求，再将与某类特定顾客有关的各种活动集中起来划分部门的方法。顾客部门化也是许多不同类型的组织中所普遍采用的。例如，银行为了向不同的顾客提供服务，设立了商业信贷部、农业信贷部和普通消费者信贷部等；零售商店可通过建立特设部门来迎合不同年龄层次顾客的需求，如青少年文化用品部、结婚用品部等；一个制造阀门的工业企业则可以这样分配它的推销人员：一部分负责向原设备制造企业进行销售，而另一部分负责配件市场的销售。

其优点在于重视顾客需求，有利于增加顾客的满意度，有利于形成针对特定顾客的技能和诀窍。但按这种方法组织起来的部门常常要求给予特殊的照顾而造成部门间的协调困难；此外，这种方法有可能使专业人员和设备得不到充分的利用。

（七）技术或设备部门化

技术或设备部门化常和其他方法结合使用。其优点在于能够经济地使用设备、充分发挥设备的功能，便于设备的维修和材料供应，同时也有利于发挥专业技术人员的特长。例如，医院根据技术设备可以划分为放射科、心电图室等。

以上介绍的是部门划分时较为基本的方法。除此之外，还存在其他方法，如工厂中的铸造车间、锻造车间、挤压车间等是按照生产过程或工艺进行部门化的。

组织的横向设计是为保证组织目标的实现而对业务工作进行安排的手段，在实际运用中，每个组织都应根据自己的特定条件，选择能取得最佳效果的部门化。值得注意的是，划分方法的选择不是唯一的，并不一定要求各层次的业务部门都整齐划一。

在很多情况下，组织经常综合采用多种方法进行部门化，即在一个组织内或统一组织层次上采用两种或两种以上的划分方法。例如，一所大学在中层管理层次上，可以按领域划分为系、所；按职能划分为财务处、教务处、人事处等；按服务对象划分为研究生院、成人教育学院等；按设备划分为电化教育中心、计算机中心、实验中心等。这种混合划分部门的方法，常常能够更有效地实现组织的目标。

总之，组织设计的部门化解决了因管理幅度的限制而约束组织规模扩大的问题，同时把业务工作安排到各个部门中去，有利于组织目标的实现。由于业务工作的划分难以避免地带来部门间的不协调，因此在划分部门时必须考虑到这种不协调所带来的消极影响。表 5.1 对各种类型部门化优缺点进行了详细的比较。

表 5.1　　各种类型部门化优缺点比较

依据	意义	优点	缺点
时间	连续不间断的业务	充分利用设备、设施	带来监督、协调问题
职能	专业化分工的原则	专业化分工的好处； 同类专家组合提高效率； 职能部门内部协调、深度专门化	横向协调困难； 容易形成“隧道视野”； 适应环境变化的能力较差； 不利于培养综合型人才
地区	促进地区活动的协调	解决地区独特问题	职能重复设置； 控制难； 需要全面综合型管理人才
产品	产品、服务的改进和发展	促进专门化经营； 经理人能成为行业专家	职能重复设置； 独立性较强而整体性较差； 需要全面综合型管理人才
顾客	提高顾客满意、忠诚度	能由专家来满足和处理顾客的需要和问题	职能重复设置； 人员设备得不到充分利用
技术	充分发挥技术人员、设备能力	有利于设备维修和材料供应	

五、纵向组织设计

纵向组织设计包括两大问题：一是确定管理幅度、划分管理层次；二是将管理权力在不同管理层次之间进行分配。本节重点讨论管理幅度与管理层次的划分，管理权力的分配将在本章第四节进行详细阐述。

（一）管理幅度与管理层次

1. 管理幅度

管理幅度也称管理宽度，是指一名主管人员直接有效地指挥、监督和管理的下属数量。一般而言，上级管理的下级人数多时，管理幅度大；反之，管理幅度小。组织中的任何主管都会受到时间、精力、知识、经验等限制，导致其能够直接有效地指挥和监督的下属数量有限，这就需要委托一定数量的人分担其管理工作，从而减少了主管必须直接从事的业务工作量，保证管理工作的具体、高效。

有效的管理幅度往往受到诸多因素的影响，主要有管理者与被管理者的工作内容、工作能力、工作环境与工作条件等。

（1）管理者与被管理者的素质与能力

当被管理者素质较高、理解能力较强、工作经验丰富时，管理者处理上下级关系所需要的时间和次数就会相应减少，因而有更多时间和精力处理其他事物，可以扩大管理范围；反之，如果委派的任务下级难以胜任，则上级的指导和监督活动增加，管理幅度势必缩小。当管理者的综合能力、表达能力较强、管理经验丰富时，可以迅速把握问题的关键，对下属进行有效的指挥、建议，使下属准确地理解，从而缩短指挥和监督工作的时间，管理幅度可以扩大；反之，管理幅度应当缩小。

（2）工作内容和性质

① 主管所处的管理层次。主管的工作在于决策和用人。处在管理系统中的不同层次，决策与用人的比重各不相同。决策的工作量越大，主管用于指导、协调下属的时间就越少，而越接近组织的高层，主管人员的决策职能就越重要，所以其管理幅度要较中层和基层管理人员小。

② 下属工作的相似性。下属从事的工作内容和性质相近，则主管对每人工作的指导和建议也大体相同。这种情况下，同一主管对较多下属的指挥和监督是不会有什么困难的，有利于扩大管理幅度。

③ 计划的完善程度。下属如果单纯地执行计划，且计划本身做得详尽周到，下属对计划的目的和要求明确，那么，主管对下属指导所需的时间就不多；相反，如果下属不仅要执行计划，而且要将计划进一步分解，或计划本身不完善，那么，主管对下属指导、解释的工作量就会相应增加，从而减小有效管理幅度。

④ 非管理事务的多少。主管作为组织不同层次的代表，往往需要花费相当的时间从事一些非管理性事务，处理这些事务所需时间越多，越不利于扩大管理幅度。

（3）工作条件

① 助手的配备情况。如果有关下属的所有问题，不分轻重缓急，都要主管亲自处理，那么必然要花费大量的时间，他能直接领导的下属数量也会受到进一步的限制。如果给主管配备了必要的助手，由助手去和下属进行一般的联络，并直接处理一些明显的次要问题，则可以大大减少主管的工作量，可增加其管理幅度。

② 信息手段的配备情况。掌握信息是进行管理的前提。利用先进的技术去收集、处理、传输信息，不仅可以帮助主管更早、更全面地了解下属的工作情况，从而可以及时地提出忠告和建议，而且可使下属了解更多的与自己工作有关的信息，进而更能自如、自主地处理分内的事务，有利于扩大主管的管理幅度。

③ 工作地点的相近性。不同下属的工作岗位在地理上的分散，会增加下属与主管以及下属之间的沟通困难，影响主管管理下属的数量，不利于扩大管理幅度。

（4）工作环境

组织环境稳定与否会影响组织活动内容和政策的调整频度与幅度。环境变化越快，变化程度越大，组织中遇到的新问题就越多，下属向上级的请示就越有必要、越经常。与此同时上级能用于指导下属工作的时间和精力就越少，因为主管必须花更多的时间去关注环境的变化、考虑应变措施。因此，环境越不稳定，主管的管理幅度就越受限制。

2. 管理层次

管理层次就是管理者纵向管理的等级。与确定管理幅度的理由相同，由于管理者的管理幅度有限，组织中最高主管的受托人也需将受托担任的部分管理工作再委托给另一些人来协助进行，并依此类推下去，直至受托人能直接安排和协调组织成员的具体业务活动，由此形成组织中最高主管到具体工作人员之间的不同管理层次。格拉丘纳斯的上下级关系理论提出，当下属数目以算术级数增加时，主管领导需要协调的关系数呈几何级数增加，这一原则也要求管理组织必须分为数层。通常，组织规模越大，管理层次越多，也就是说，管理层次与组织规模成正比。

（二）管理幅度与管理层次的关系

管理层次的多少与管理幅度的大小有着密切关系。在一个人数确定的组织中，管理者能直接管理的下属人数越多，该组织内的管理层次就越少，所需要的管理人员也越少；反之，管理幅度越小时，组织内的管理层次就越多，所需要的管理人员也越多。简而言之，当组织规模一定时，管理层次与管理幅度成反比。

管理层次与管理幅度的反比关系决定了两种基本的管理组织结构形态：扁平结构形态和锥形结构形态。

扁平结构是指在组织规模一定的条件下，管理幅度大而管理层次少的结构。这种结构的优点在于：由于管理层次少，有利于缩短上下级距离，密切上下级关系；信息纵向流通速度快，从而可以使高层尽快地发现信息所反映的问题，及时采取纠偏措施，信息失真的可能性也较小；管理费用低；被管理人员有较大的自主性、积极性、满足感；有利于更好地选择和培训下层人员。但由于管理幅度过大，扁平结构也存在一些局限性：如主管不能严密地监督下级，上下级协调较差；主管从下属处获得的信息量过大，影响信息的及时利用；同级间的相互沟通联络较为困难。

锥形结构是管理幅度较小，管理层次较多的高、尖、细的金字塔形态。其优点和局限性刚好与扁平结构相反：较小的管理幅度可以使每位主管更仔细地研究从下属处获得的有限信息，并对每个下属进行详尽指导。具体而言，锥形结构的优点在于：管理严密；分工明确；上下级易于协调。其局限性表现为：管理层次增多，管理人员增加，难以协调；上下级的意见沟通和交流受阻；上层管理人员难以控制下属，易造成一个单位整体性的破裂；信息从基层传递到高层的速度慢，且容易导致信息失真；管理严密，影响下级人员主动性和创造性。

第三节 组织结构的类型

组织结构是组织内的全体成员为实现组织目标，在管理工作中进行分工协作，通过职务职责及相互关系构成的结构体系。组织结构的本质是成员间的分工协作关系，组织结构的内涵是人们的职责、职权关系，因此组织结构又可称为权责结构。在组织权责分配时存在 3 种职权：直线职权，即某个部门或职位所拥有的发布命令、执行决策的指挥命令权；参谋职权，即某个部门或职位所拥有的提供咨询、建议等辅助性的指导权；职能职权，即某个部门或职位所拥有的原属直线主管的部分权力，也就是部分指挥命令权和部分指导权。

一、直线制组织结构

直线制组织结构也称作单线制组织结构，它是一种最简单、最原始的集权式组织结构形式，最初产生于手工作坊，如图 5.3 所示。它的特点是：组织中各种职务按垂直系统直线排列；各级主管人员对所属下级拥有直接的领导职权，即直线职权；组织中每一个下属只能向一个直接上级报告；组织中不设专门的职能机构，高度集权化，主管人员在其管辖范围内有绝对的职权或完全的职权；至多有几名助手协助最高层管理者工作。在这种组织结构中，纵向贯穿的只有直线职权。

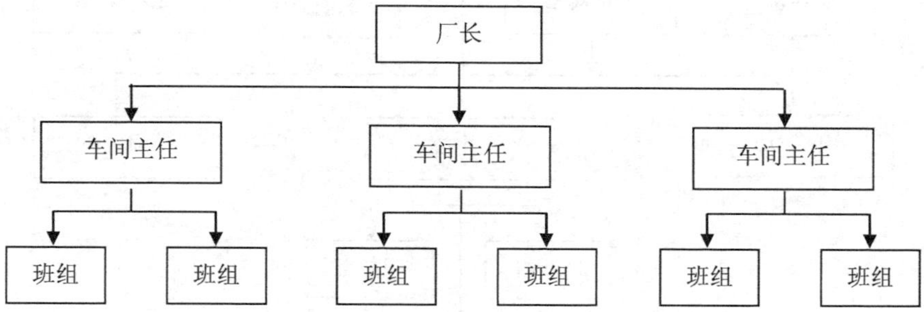

图 5.3　直线制组织结构

直线制组织结构的优点是：组织结构简单明了，所有的人都明白工作中该向谁负责并听命于谁的指挥；权力集中，指挥管理统一，不易发生推诿现象；责任与职权明确；命令统一；决策迅速，容易把握机会。

其缺点是：组织结构较呆板，缺乏弹性；每个部门只关心本部门的工作，不同部门间协调困难；强调下级对上级的绝对服从，一方面容易产生专制，另一方面容易妨碍下属发挥工作的主动性和创造性，使下属墨守陈规；当某些有能力的管理人员突然离职时，很难找到合适的替代者；组织的管理人员需具备全面的管理能力，对管理人员的要求较高，同时，管理者容易陷入日常事务之中，因而不利于集中精力研究与思考企业生存与发展的问题；未设职能机构，不利于专业化管理水平的提高。

一般而言，直线制组织结构形式只适用于那些规模小、任务单一、人员较少的组织，如初创期的小规模组织或现场的作业管理。20 世纪 80 年代时，通用汽车、IBM 和美国政府这样的巨型组织也曾采用过这种组织结构形式，结果最高领导层与工人之间竟有多达 12 级的管理层，事实证明这样的管理层数太多而使整个组织管理失去较高的效率。

二、职能制组织结构

职能制组织结构也称作 U 型组织，它是在直线制组织结构的基础上，为各级领导设置职能机构，如图 5.4 所示。其特点是：按职能进行组织部门分工；以专业分工的管理者代替直线制组织中的全能型管理者；组织内除直线主管外还设立一些组织机构，分担某些职能管理的业务；职能机构有权在自己的业务范围内，向下级单位下达命令和指示；下级直线主管除了接受上级直线主管的领导外，还必须接受上级各职能机构在其专业领域的领导和指示。值得注意的是，组织中的主管和职能部门都拥有直线职权。

职能制组织结构的优点是：能够适应现代组织技术较为复杂和管理分工较细的特点；能够发挥职能机构的专业管理作用，因而专业化管理水平高；能够发挥专家的作用；减轻上层主管人员的负担，有利于上层主管专心于决策工作。

其缺点也较为明显：这种组织结构妨碍了组织中必要的集中领导和统一指挥，形成了多头领导；各部门容易过分强调本部门的重要性而忽视与其他部门的配合、忽视组织的整体目标；

不利于明确划分直线人员和职能科室的职责权限，容易造成管理的混乱；加大了最高主管监督协调整个组织的要求。

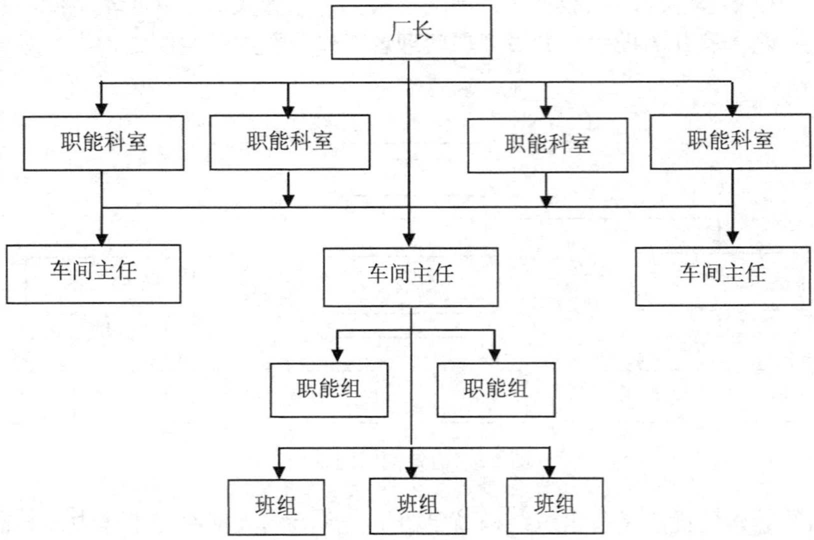

图 5.4　职能制组织结构

职能制组织结构主要适用于产品或技术较为单一、外部环境比较稳定的中小型组织。

三、直线职能制组织结构

直线职能制组织结构又称直线参谋职能制组织结构，它是对职能制组织结构的改进，如图 5.5 所示。它将直接指挥的统一化思想和职能分工的专业化思想结合起来，设置两套系统：一套是按命令统一原则组织的直接指挥系统，另一套是按专业化原则组织的职能部门。其特点是：直线部门和人员在自己的职责范围内拥有决定权，对下属的工作进行指挥和命令，并负全部责任；职能部门和人员仅是直线主管的参谋，只能对下级机构提供建议和业务指导，没有指挥和命令的权力。也就是说在直线职能制组织结构中存在直线主管的直线职权和职能部门的参谋职权。

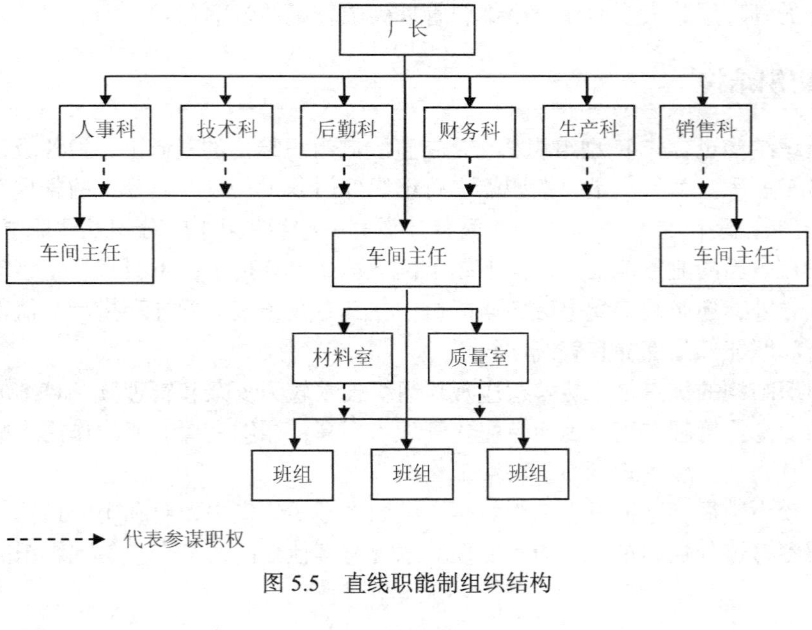

图 5.5　直线职能制组织结构

直线职能制组织结构综合了直线制和职能制组织结构的优点：既集中统一指挥，又能发挥各种专家业务管理的作用；职能高度集中；职责清楚；秩序井然；工作效率较高；整个组织有较高的稳定性。

其缺点是：权力集中于最高层，下级缺乏必要的自主权，下级部门主动性和积极性的发挥受到限制，员工士气低落；各部门自成体系，不重视信息的横向沟通，工作易重复；直线部门与参谋部门易产生矛盾，致使上层主管的协调工作量增大；整个组织系统适应性较差，缺乏弹性，对新情况不能及时做出反应；若授予职能部门权力过大，容易干扰直线指挥命令系统；管理费用高。

这种组织结构适合面临较稳定环境的中小型组织，是目前我国绝大多数企业广泛采用的组织结构形式。

四、事业部制组织结构

事业部制组织结构首创于20世纪20年代，最初是由美国通用汽车公司副总经理斯隆创立，故又称为“斯隆模型”。由于这一组织结构是分权制的形式，也被称为“联邦分权化”。它是在产品部门化或地区部门化的基础上形成的分权管理组织结构，如图5.6所示。

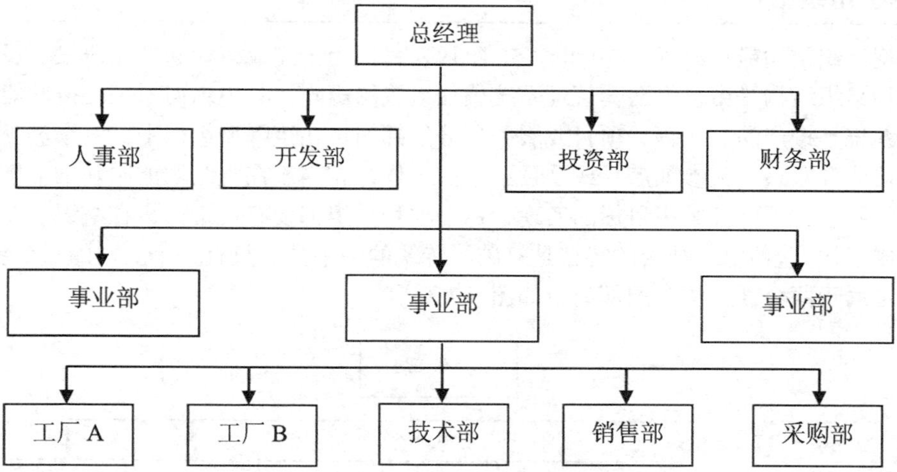

图5.6　事业部制组织结构

事业部制组织结构的优点是：组织最高层摆脱了具体的日常事务管理，有利于集中精力做好战略决策和长远规划；由于组织最高层与事业部的责、权、利划分明确，能较好地调动经营管理人员的积极性，提高了管理的灵活性和适应性，有利于培养管理人才。

其缺点是：事业部麻雀虽小但五脏俱全，机构重复，造成了管理人员的浪费；由于各个事业部独立经营，各事业部之间进行人员交换存在困难，相互支援较差；各事业部主管人员考虑问题往往从本部门出发，各事业部之间独立的经济利益会引起相互之间激烈的竞争，可能发生不必要的内耗；由于分权容易造成组织整体利益的忽视、出现协调困难的情况，甚至可能架空领导，从而减弱总部对事业部的控制。

事业部制结构主要适用于产品多样化和从事多元化经营的组织，也适用于面临市场环境复杂多变或所处地理位置分散的大型组织，甚至巨型组织。近几年，我国一些大型企业集团或公司也引进了这种组织结构形式。

小链接

斯隆模型

美国通用汽车公司成立于 1908 年 9 月 16 日，自从威廉·杜兰特创建了美国通用汽车公司以来，先后联合或兼并了别克、凯迪拉克、雪佛兰、奥兹莫比尔、庞帝亚克、克尔维特等公司，拥有铃木、五十铃和斯巴鲁的股份，使原来的小公司成为它的分部。从 1927 年以来一直是全世界最大的汽车公司。通用汽车公司是美国最早实行股份制和专家集团管理的特大型企业之一，尤其重视质量把关和新技术的采用，因而其产品始终在用户心中享有盛誉。

20 世纪 20 年代初，通用汽车公司合并收买了许多小公司，企业规模急剧扩大，产品种类和经营项目增多，而内部管理却很难理顺。当时担任通用汽车公司常务副总经理的斯隆参考杜邦化学公司的经验，以事业部制的形式于 1924 年完成了对原有组织的改组，使通用汽车公司的整顿和发展获得了很大的成功，成为实行事业部制的典型，因而事业部制又称"斯隆模型"。这一制度的建立与实施对公司员工产生了很大的激励作用。

五、矩阵型组织结构

矩阵型组织结构最早出现在 20 世纪 50 年代末，被用于完成诸如新产品研发、设计等特殊任务。这种组织结构是由横纵两套管理系统叠加组成的矩阵，其中纵向系统是按职能划分的部门，横向系统是按产品、工程、项目或服务划分的部门。在矩阵型组织中，一个员工既与原职能部门保持业务联系，又参加产品或项目小组的工作，相当于在直线职能制基础上增加一层横向的领导关系。为了保证组织目标的实现，每个项目小组都设有负责人，在组织最高主管直接领导下完成工作。这种组织结构的特点是打破了传统的一个员工只有一个上司的命令统一原则，使一个员工属于两个甚至更多的部门，如图 5.7 所示。

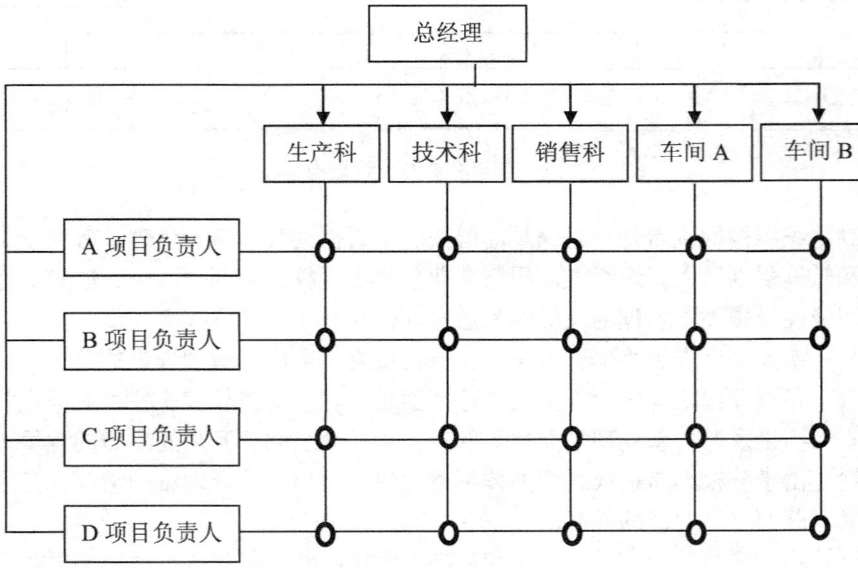

图 5.7 矩阵制组织结构

矩阵型组织结构的优点是：具有较大的机动性和适应性，能克服职能部门相互脱节，各自为政的现象；专业人员和专用设备能够得到充分利用；具有较大的机动性，任务完成即解散，各回原来的部门；各行各业人员为了一个目标在一个组织内共同工作可以互相启发、相互帮助、相得益彰，有利于人才的培养，克服“近亲繁殖”；实现了集权与分权优势的结合。

其缺点是：组织结构稳定性较差，双重职权关系容易引发冲突，同时还可能导致项目经理过多、机构臃肿；实行纵向、横向联合的双重领导，易造成意见分歧产生工作中的冲突和相互推诿；组织关系较复杂，对项目负责人的要求较高。克服缺点的办法有：授予项目经理全面的职权；独立预算；项目经理与职能经理统一进度与确定重点，如有矛盾，提交上一级解决。

这种组织结构主要是用于科研、设计、规划项目等创新性较强的工作或组织。

六、多维立体型组织结构

多维立体型组织结构是由美国道·科宁化学工业公司于 1967 年首先创立的。它是矩阵型和事业部制组织结构的综合发展，又称为多维组织，如图 5.8 所示。多维立体型组织结构通常由 3 个管理维度构成：一是产品利润中心，按产品、项目或服务划分的部门；二是地区利润中心，按地区划分的管理机构；三是职能利润中心，按生产、技术、市场、财务等职能划分的专业参谋机构。

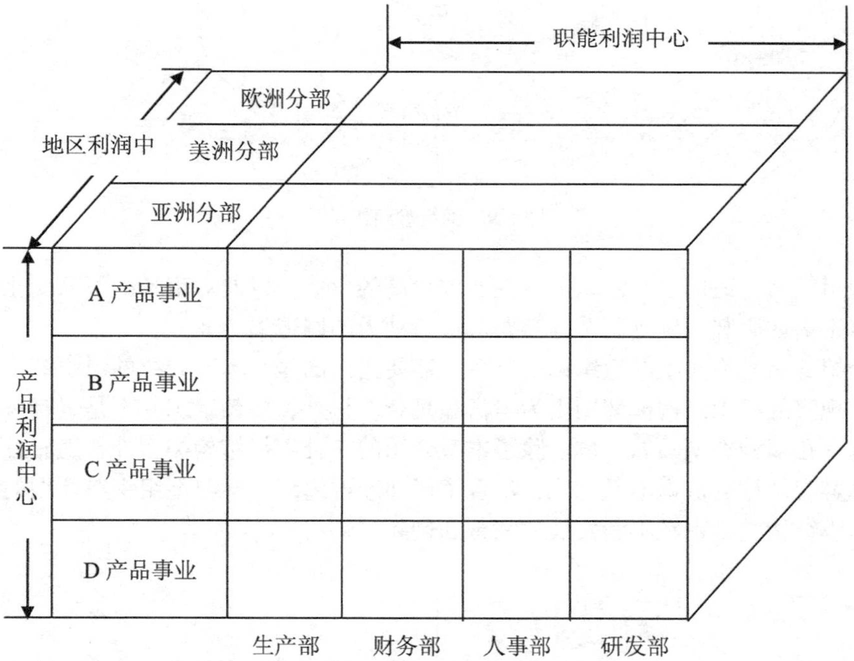

图 5.8　多维立体型组织结构

在这种组织结构形式下，每一系统都不能单独做出决策，任何决策都必须由三方代表共同协调做出并执行。因此，多维立体型组织结构能够促使每个部门都能从整个组织的全局考虑问题，从而减少产品、职能、地区等各部门之间的矛盾。即使出现矛盾，也比较容易统一和协调。这种组织结构形式最适用于跨国公司或规模巨大的跨地区公司。

七、网络型组织结构

网络型组织结构是一种以知识经济为背景，利用现代信息技术而建立和发展起来的新型组织形式，它是虚拟组织的一种，如图 5.9 所示。

网络型组织结构的特点是以契约为基础，仅具有很小的中心组织，该组织的其他经营活动通过业务外包进行，如制造、销售、宣传等大部分职能是从组织外“购买”的。

网络型组织结构是目前较为流行的一种新型组织结构形式。其优点是：组织职能外包不仅给管理层提供了高度的灵活性，也降低了管理成本，提高了管理效率；其次，职能外包实现了社会资源的“强强合作”，也促进了组织在世界范围内的供应链、销售环节的整合；简化了机构和管理层次，实现了企业充分授权时的管理。其缺点主要是需要科技与外部环境的支持。

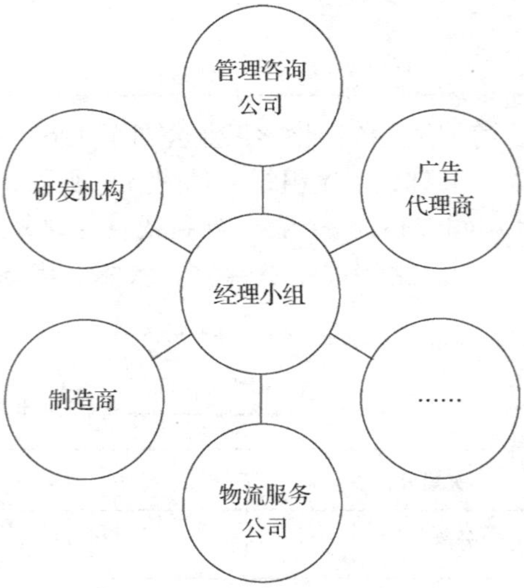

图 5.9　网络型组织结构

网络型组织结构适用于对组织灵活性要求较高的行业，以便对市场的不断变化做出迅速反应，也适合于诸如服装、玩具制造等需要低价劳动力的制造型企业。

以上介绍的是较为典型的组织结构类型，需要指出的是，本节介绍的组织结构类型只是理论的抽象，现实的组织结构框架则更为丰富和复杂。另外，多数组织并不是只有一种组织结构类型，而是存在多种类型的综合体。除了本节介绍的 7 种组织结构类型外，随着社会的发展和人们对管理客观规律的认识不断深化，出现了诸如簇群组织、学习型组织等新型的组织结构类型，可见组织结构类型也在不断发展、完善和创新。

第四节　集权与分权

正如本章第二节所讲，组织的纵向设计还需要考虑权力的配置问题。组织的不同部门拥有的权力范围不同，会导致部门之间、部门与最高指挥者之间以及部门与下属单位之间的关系不同，从而组织的结构不同。

一、权力的性质与特征

设计一个集权或分权的组织，以及分析某个组织主要是集权还是分权的，需要解决的第一个问题是界定权力的含义。

作为政治学、社会学、领导科学等多学科研究的共同课题，“权力”通常被描述为组织中人与人之间的一种关系，是指处在某个管理岗位上的人对整个组织或所辖单位与人员的一种影响力，或简称管理者影响别人的能力。定义为影响力的权力主要包括 3 种类型：专长权，指管理者因具备某种专门知识或技能而产生的影响能力；个人影响权，指因个人的品质、社会背景等因素而赢得别人的尊重与服从的能力；制度权，也称为法定权，指与管理职务有关、由管理者在组织中地位所决定的影响力。与个人品质、社会背景、知识、技能有关的影响力显然不会成为集中或分散的对象，因此，这里讨论的主要是制度权力。作为赋予管理系统中某一职位的权力，制度权的实质是决策的权力，即决定干什么的权力、决策如何干的权力以及决定何时干的权力。制度权的这 3 个方面从本质上来说是不可分割的：只有决定干什么的权力，而不需决定行动的内容和方式，会影响决策者对目标实现的可行性研究，从而可能导致决策的盲目性；相反，如果只有决定如何干、何时去完成的权力而无权确定行动的方向，则会影响决策的积极性，降低决策的动力。

制度权力与组织中的管理职位有关，而与占据这个职位的人无关。生产经理一旦调任营销或财务主管，对原部门的管理人员就不再具有命令或控制的权力。赋予某一职位的权力，也并不意味着在某个时期占据该职位的管理人员对本系统的任何较低层次的员工都能直接指挥和命令。生产经理负责整个企业的产品制造活动的统一组织指挥，但这并不意味着他可以不通过车间主任或工长而直接向某个工人分配任务。制度权力只赋予某个职位的管理人员向直接下属发布命令的权力。

二、集权与分权的相对性

集权是指决策权在组织系统中较高层次的一定程度的集中；与此相对应，分权是指决策权在组织系统中较低管理层次的一定程度的分散。

集权和分权是一个相对的概念。绝对的集权意味着组织中的全部权力集中在一个主管手中，组织活动的所有决策均由主管做出，主管直接面对所有的实施执行者，没有任何中间管理人员，没有任何中层管理机构。这在现代社会经济组织中显然是不可能的。而绝对的分权则意味着全部权力分散在各个管理部门，甚至分散在各个执行者、操作者手中，没有任何集中的权力，因此主管的职位显然是多余的，一个统一的组织也不复存在。

所以，在现实社会中的组织，可能是集权的成分多一点，也可能是分权的成分多一点。我们需要研究的不是应该集权还是分权，而是哪些权力宜集中，哪些权力宜分散，在什么样的情况下集权的成分应多一点，何时又需要较多的分权。

三、组织中的集权倾向

集权与分权虽然同样必不可少，但组织中几乎普遍存在一种集权的倾向。

（一）集权倾向的产生原因

集权倾向主要与组织的历史和领导的个性有关，但有时也可能是为了追求行政上的效率。

1. 组织的历史

如果组织是在自身较小规模的基础上逐渐发展起来、发展过程中也无其他组织的加入，那么集权倾向可能更为明显。因为组织规模较小时，大部分决策都是由最高主管（层）直接制定和组织实施的。决策权的使用可能成为习惯，一旦失去这些权力，主管便可能产生失去了对“自己的组织”的控制感。因此，即使事业不断发展，规模不断扩大，最高主管或最高管理层仍然愿意保留着不应集中的大部分权力。

2. 领导的个性

权力是赋予一定职位的管理人员的，它是地位的象征。权力的运用可以证实、保证、并提高其使用者在组织中的地位。组织中个性较强和自信的领导者往往喜欢所辖部门完全按照自己的意志来运行，而集中控制权力则是保证个人意志绝对被服从的先决条件。当然，集中地使用权力，统一地使用和协调本部门的各种力量，创造比较明显的工作成绩，也是提高自己在组织中的地位、增加升迁机会的重要途径。

3. 政策的统一与行政的效率

从积极方面来看，集权化倾向的普遍存在有时也是为了争取更大的贡献。集权至少可以带来两个方面的好处：一是可以保证组织总体政策的统一性；二是可以保证决策执行的速度。集中的权力制定出组织各单位必须执行的政策，可以使整个组织统一认识、统一行动、统一处理对内对外的各种问题，而防止政出多门，互相矛盾；同时，集权体制下，决策的制定可能是一个缓慢的过程，但任何问题一经决策，便可借助高度集中的行政指挥体系，使多个层次“闻风而动”，迅速组织实施。

（二）过分集权的弊端

一个组织，当它的规模还比较小的时候，高度集权可能是必须的，而且可以充分显示出其优越性。但随着组织规模的发展，如果将许多决策权过度地集中在较高的管理层次，则可能表现出种种弊端，其中最主要的几种如下。

1. 降低决策的质量

大规模组织的主管远离基层，基层发生的问题经过层层请示汇报后再做决策，则不仅影响决策的正确性，而且影响决策的及时性。高层主管了解的信息在传递过程中可能被扭曲，而根据被扭曲的信息制定的决策是很难保证其质量的；即使制定的决策正确，但由于信息多环节的传递需要耽误一定的时间，从而可能导致决策迟缓，等到正确方案实施时，问题可能已给组织造成了重大的危害或者形势已经发生了变化，问题的性质已经转换，需要新的解决方法。

2. 降低组织的适应能力

作为社会细胞的组织，其整体和各个部分与社会环境有着多方联系。随着组织的发展，这种联系变得更频繁、更复杂。而与组织有联系的外界环境是在不断发展和变化的。处在动态环境中的组织必须根据环境中各种因素的变化不断进行调整。这种调整既可能是全局性的，也可能是且往往是局部性的。过度集权的组织，可能使各个部门失去自我适应和调整的能力，从而削弱组织整体的应变能力。

3. 降低组织成员的工作热情

权力的高度集中使得组织中的大部分决策均由最高主管或高层管理人员制定，基层管理人员和操作人员的主要任务，甚至唯一任务在于被动地、机械地执行命令。长此以往，他们的积极性、主动性、创造性会被逐渐磨灭，工作热情消失，劳动效率下降，从而使组织的发展失去基础。

上述主要弊端的任何一项任其发展，都会对组织造成致命性的危害；同时，由于集权是一种方便的行为、普遍化的现象，因此应着重研究其对应面：非集权化或权力的分散。

四、分权及其实现途径

（一）分权的标志

要研究和指导组织的分权，首先要确定组织是否实行了分权以及分权程度。

1. 决策的频度

组织中较低管理层次决策的频度或数目越大，则分权程度越高。

2. 决策的幅度

组织中较低层次决策的范围越广，涉及的职能越多，则分权程度越高。例如，按地区划分的管理单位，如果只有权力对生产问题做出决策，则组织的分权程度较低；相反，如果对市场营销、甚至财务问题也有一定的决策权，则企业是一个分权化组织的可能性就较大。

3. 决策重要性

决策的重要性可以从两个方面来衡量：一是决策的影响程度，二是决策涉及的费用。如果组织中较低层次的决策只影响该部门的日常管理，而不影响部门今后的发展，从而决策对整个组织的影响程度较小，则组织的分权程度较低，反之则高；类似地，低层次管理部门决策涉及的费用越大说明其分权程度越高。

4. 对决策的控制程度

如果高层次对较低层次的决策没有任何控制，则分权程度极高；如果低层次在决策后要向高一级管理部门报告备案，则分权程度次之；如果低层次在决策前要征询上级部门的意见，向其“咨询”，则分权程度更低。

（二）分权制的影响因素

尽管组织活动及其管理在诸多方面要求分权，组织中也存在诸多因素会影响分权，其中既包括有利因素也包括不利因素。

1. 组织中促进分权的因素

（1）组织的规模。组织的规模越大，管理的层次越多。多层次管理人员为了协调和指挥下属的活动，必然要求相应的权力。因此，权力往往随着组织规模的扩大和管理层次的增加而与职责一起逐层分解。同时，组织规模达到一定程度以后，决策权仍高度集中，则可能导致“规模不经济”。因此，分权往往是处于发展中的组织避免或至少是推迟达到“最佳规模”的手段。

（2）活动的分散性。组织的某个工作单位如果远离总部，则往往需要分权。这是因为对总部来说，不在现场的指挥难以正确、有效地指挥现场的操作；同时，分散在各地区的单位主管往往表现出强烈的自治欲望，这种欲望如果不能得到一定程度的满足，则可能破坏组织的效率。

（3）培训管理人员的需要。低层次管理人员如果很少有实践权力的机会、或只有实践很少权力的机会，则难以被培养成为能够统御全局的人才，从而不能使组织在内部造就高层管理的后备力量。相反，独当一面的分权化单位主管可以非常迅速地适应总经理的工作。

2. 不利于分权的因素

（1）政策的统一性。组织作为一个统一的社会单位、要求内部的各方面政策是统一的。如果一个企业在同一产品销售给不同用户的价格上、在职工的报酬标准等方面采取不同的政策，则可能导致统一组织的解体。分权可能对组织的统一性起到某种破坏作用。

（2）缺乏受过良好训练的管理人员。分权与管理人员的培训是互为因果的。现有组织的重新设计不能不考虑组织现有管理人员的素质：分权化导致的基层决策权力的增加，要求这些权力被正确、有效地运用。唯有此，才符合分权的初衷，才能促进组织效率的提高。

然而，正确地运用权力，要求管理人员具有相应的素质。现有组织如果缺乏足够的符合要求的低层次管理人员，则往往对进一步分权造成限制。缺乏受过良好训练的管理人员，也往往成为组织的主管不愿分权的借口。

（三）分权制的优缺点

分权制对组织也是一把双刃剑，因此需要在掌握分权制的优缺点的基础上进行适度分权。

分权制的优点主要有：（1）由于控制权分散到各处，因而具有灵活性，能够很好地满足局部不断变化的需求；（2）由于能够发挥自己的主动性和判断力，管理者和员工们能感受到工作的价值，从而提高工作满足感；（3）它为管理者提供了极好的管理经验，促进管理者个人发展，使管理者的服务对组织具有更高的价值；（4）虽然有必要更多地向总部控制机构进行汇报，但分权制可以将操作层上的文档类工作降到最低水平。

分权制的缺点主要有：（1）由于各部分可能并不遵循同样的程序模式，因而总部控制很困难；（2）分权制可能比集权制需要进行更多的汇报或视察性工作；（3）由于实际上组织是以一系列小单位的形式经营，因而难以享受批量购买、集中会计制度和其他类似的集中式管理所带来的好处，会提高经营成本；（4）某些分权后的部门可能会以狭隘的目光和短浅的观点来看待整个组织，从而导致与其他部门的关系紧张。

（四）分权的途径

权力的分散可以通过两个途径来实现：组织设计中的权力分配，即制度分权；主管人员在工作中的授权。

制度分权，是在组织设计时，考虑到组织规模和组织活动的特征，在工作分析、职务和部门设计的基础上，根据各管理岗位工作任务的要求，规定必要的职责和权限。而授权则是担任一定管理职务的领导者在实际工作中，为充分利用专门人才的知识和技能，或出现新增业务的情况下，将部分解决问题、处理新增业务的权力委任给某个或某些下属。

制度分权与授权的含义不同，决定了它们具有下述区别。

（1）制度分权是在详细分析、认真论证的基础上进行的，因此具有一定的必然性；而工作中的授权则往往与管理者个人的能力和精力、拥有的下属的特长、业务发展情况相联系，因此具有很大的随机性。

（2）制度分权是将权力分配给某个职位，因此，权力的性质、应用范围和程度的确定，需根据整个组织构造的要求；而授权是将权力委任给某个下属，因此，委任何种权力、委任后应做何种控制，不仅要考虑工作的要求，而且要依据下属的工作能力。

（3）分配给某个管理职位的权力，如果调整的话，不仅影响该职位或部门，而且会影响组织与其他部门的关系。因此，制度分权是相对稳定的。除非整个组织结构重新调整，否则制度分权不会收回。相反，由于授权是某个主管将自己担任的职务所拥有的权限因某项具体工作的需要而委任给某个下属，这种委任可以是长期的，也可以是临时的。长期的授权虽然可能制度化，在组织结构调整时成为制度分权，但授权并不意味着放弃权力。

（4）制度分权主要是组织工作的一条原则，以及在此原则指导下的组织设计中的纵向分工；而授权则主要是领导者在管理工作中的一种领导艺术，一种调动下属积极性、充分发挥下属作用的方法。

另外，有必要指出，作为分权的两种途径，制度分权与授权是互相补充的：组织设计中难以详细规定每项职权的运用，难以预料每个管理岗位上工作人员的能力，同时也难以预测每个管理部门可能出现的新问题，因此，需要各层次领导者在工作中的授权来补充。

案例讨论

削藩的治理技巧

历史上的“削藩”等同于公司治理上的调整，往往伴随着权力的重组，组织架构的变革，稍有不慎，则腥风血雨，兵祸连年。

在中国古代，夏商周朝基本上属于联盟组织，类似于现在的代理商制度。秦始皇统一六国后，正式建立了秦国集团，下设事业部、分公司以及办事处（郡县制）。只有集团有法人资格，其他机构则没有，财权、人权全部收归到总公司，实现了高度集权化，这是当时的一个重大制度变革。

之后是汉朝集团，继续实施之前的代理商制还是事业部制，是集团 CEO 刘邦伤脑筋的问题。最后，他采取了一朝两制：对总部附近即京畿地区的势力范围按照子公司的模式运行，而偏远的地方则采取代理商制度，让其他人去开拓，给足优惠政策。

这些子公司掌握着属地地方赋税和官员的任免权力，有法人资格，被称为“藩国”。“藩”就是篱笆，藩篱意思就是说这些子公司像篱笆一样，在京师周围保卫中央总部。这些子公司老总都称为“藩王”，刘邦规定必须是刘姓子弟才能当子公司老总。但当这些子公司老总势力坐大、不听总公司话的时候，就需要抑制他们。为何叫“削”呢？就是慢慢来，今天切一点，明天再切一点，一点点把他的势力切小，这就叫“削藩”。如果变成了“砍藩”，挥起大刀猛砍，那就有可能被子公司反噬，两败俱伤。

汉景帝就是因为听信了智囊晁错的建议而“砍藩”，引发了 8 位子公司老总的造反，差点连 CEO 的宝座都坐不稳了。

汉景帝的莽撞

汉朝集团自刘邦创立，后被其妻吕氏夺取大权，任用自己娘家人搞得总公司鸡飞狗跳。最后被主管销售的高级副总裁、元老周勃拨乱反正，迎接刘氏后人刘恒重掌大权，史称汉文帝。

当刘家、吕家内讧的时候，各子公司的发展却蓬勃向上。当汉文帝坐上 CEO 的宝座后，基本上已经形成了“弱总部强地方”的格局，子公司的强大使他们对总公司的政令阳奉阴违。虽然有不少朝臣不断建议削藩，但汉文帝深知时候未到，多次驳回了此类条陈。等到汉景帝继位，总部的势力已经开始有所恢复，但仍不具备削藩的实力。

这时，晁错出现了。此人学贯儒法，知识渊博，时任 CEO 高级助理。他做了一番市场调查后，向汉景帝提交了一份调查报告《削藩策》，建议马上削藩。比起自己的父亲，汉景帝对大势的把握要差得多，他糊里糊涂地就同意了这个建议，并任用晁错做这个项目的负责人。

上面要削藩，下面的子公司老总肯定不愿意，发生冲突和矛盾是必然的。但晁错和汉景帝没有意识到该问题的重要性，导致子公司的老总造反。汉景帝只有让该项目负责人晁错作为“替罪羊”，将矛盾暂时缓解下来。

宋朝的苏东坡写了一篇《晁错论》，指出了这次削藩的失败原因。他认为，削藩这件事情是正确的，否则非常不利于整体的长治久安。但是，汉景帝的削藩却犯了 3 个错误：一是选错了削藩的时间；二是选错了削藩的人；三是选错了削藩的方法。他认为要想此事成功，必须使用“前知其当然，事至不惧，而徐为之图”3 条策略。

对苏东坡的思想领会最深的要数清朝帝国的康熙。他在平三藩的过程中，充分运用了这 3 条策略，和自己的祖母孝庄文皇太后筹划了 5 年左右的时间，想到了所有可能发生的结果，然后从最弱的藩王尚可喜打开突破口，徐徐图之。最后面临吴三桂势如破竹的造反，不慌不忙，御驾亲征，在内忧外患的情况下取得了圆满的成功。

汉武帝的渐进法

自己的父亲因为削藩郁郁而终，汉武帝刘彻牢记这个教训。当16岁的刘彻坐上CEO宝座的时候，经过文景之治的汉朝集团已经步入了良性发展轨道，社会安定，人心思安。但子公司日益做大，总部对地方的控制力越来越弱，总部的高管们却醉心于表面的太平盛世，开始奢华腐败。对此，刘彻充分吸取了父亲的失败经验，集聚了足够民心和人才后，才开始破局的第一步——推出推恩令。

在当时藩国，藩王去世后，嫡长子作为继承人继承他父亲的所有领土和权势，其他孩子是得不到任何好处的。汉武帝的高级助理主父偃提出了一个新政策，内容是经过报请皇帝同意，诸侯王可以把自己封地的领土，划分为若干部分，封立他的子弟为侯。这些侯国的名分要由中央确定，而侯国的领土来自于原来的诸侯王国。这些侯国一旦确立，就不再隶属于原来的王国所有，而转属附近的郡，也就是说改属中央直辖领导。起名为推恩令——就是把皇帝的恩泽推广开来。在这样一个好听的名义下，各藩王名义上没有任何损失，但却使他们的绝对领土很快由大变小，从根本上解决了一股独大的问题。

请同学们思考：

通过该案例总结出管理者在进行组织设计和变革时应该注意的问题。

练　习　题

一、选择题

1. 部门的设置属于（　　）。
   A. 横向分工　B. 纵向分工　C. 斜向分工　D. 不一定
2. 没有实行管理分工的组织结构是（　　）。
   A. 直线型　B. 矩阵型　C. 职能型　D. 事业部型
3. 容易产生多头领导，不能实行统一指挥的组织形式是（　　）。
   A. 直线制　B. 职能制　C. 直线职能制　D. 事业部制
4. 职能制的优点是（　　）。
   A. 权力集中　B. 命令统一
   C. 解决主管负责人对专业指挥的困难　D. 决策迅速
5. 组织中管理部门从上到下的各级职权越明确，则在重大的决策和组织沟通上越有效，此原则是（　　）。
   A. 等级原则　B. 责权对等原则
   C. 统一命令原则　D. 责任不能委任原则
6. 某公司设有：一名总经理，一名主管生产的副总经理，一名主管营销的副总经理和一名主管财务的总经理。则该公司的组织结构是按（　　）。
   A. 区域划分部门　B. 职能划分部门
   C. 顾客划分部门　D. 生产工艺划分部门
7. 在组织规模一定的条件下，管理层次越少，其管理幅度就会（　　）。
   A. 越大　B. 越小　C. 不变　D. 不一定

8. 斯隆模型指的是（　　）。
   A. 直线制　　B. 职能制　　C. 直线职能制　　D. 事业部制
9. 当代管理机构变革的一大趋势是（　　）。
   A. 管理层次复杂化　　B. 组织结构扁平化
   C. 管理幅度日益减少　　D. 锥型结构更受欢迎
10. 在下述那种情况下管理幅度可以适当加大（　　）。
   A. 所处管理层次较高的主管人员　　B. 工作环境不稳定
   C. 计划完善　　D. 不同下属工作岗位的分布比较分散

二、判断题

1. 组织结构的设计必须按统一的标准模式来搞。（　　）
2. 直线参谋制使直线和参谋间建立了十分有效但有时也有冲突的相互关系。（　　）
3. 在部门化过程中，为了有利于协作，可考虑合并不同的职能。（　　）
4. 过程部门化不利于充分利用专业技术与技能。（　　）
5. 管理幅度越宽，组织层次越多，组织结构呈狭长形态。（　　）

第六章 人员配备

【引导案例】

美国空军的考评制度

美国空军所采用的考评制度是美国许多公共事务机构绩效评价的典型代表。这套考评制度要求，每位官衔在将军以下的军官的直接上级，每年一次为各位军官做出书面报告。评估报告的格式设计是统一的，适用于不同的军种和级别。表格留出的空白处较小，评估人员只能用精练的语言总结各个军官的业绩。20 世纪 70 年代中期，这套评估制度受到了广泛的批评，因为它对员工的工作指派缺乏专业化的定义，导致了评估的主观性和不合理性，如对参谋人员领导才能的评估，这种方法的作用就不大。

评估导致了评估制度的修改。在每个单位内部，对业绩高低的评价比例进行了硬性规定，而且对评估程序也做了修改，每位军官要接受其主要上司以及一位附加评估人和一位审核人的共同评估。

在一个组织里，员工配备、评价等制度不合理，将不能够有效地调动员工的工作积极性和对组织的忠诚度，而这样的组织更无效率可言。让员工有序工作，让组织高效率运转，这就需要有效人员配置评价和培训制度。

第一节 人员配备的任务、程序和原则

要使职务安排和设计的目标得以实现，让组织结构真正成为凝聚各方面力量，保证组织管理系统正常运行的有力手段，必须把具备不同素质、能力和特长的人员分别安排在适当的岗位上。只有使人员配备尽量适应各类职务的性质要求，从而使各职务应承担的职责得到充分履行，组织设计的要求才能实现，组织结构的功能才能发挥出来。

一、人员配备的任务

管理学中的人员配备，是指对人员进行恰当而有效地选拔、培训和考评，其目的是配备合适的人员去充实组织机构中所规定的各项职务，以保证组织活动的正常进行，进而实现组织的既定目标。因此，人员配备即是为每个岗位配备适当的人，人员配备的任务可以从组织和个人这两个不同的角度去衡量。

（一）从组织需要的角度衡量

组织的正常运行离不开人员的合理配备，人员各司其职才能够保证组织有序运行，稳步发展。首先，通过人员配备使组织系统能够顺利开发运转，保证了组织系统的每个岗位都能够完

成相应职责；其次，人员配备的另一个主要任务应着眼于组织的未来，为组织发展准备干部力量，保证人才可以源源不断地满足企业的需求；最后，合理的人员配备应该是维持成员对组织忠诚度的重要方法，降低企业人才流失和招聘培训成本的有效途径。

（二）从组织成员配备的角度衡量

传统的观点一般把人员配备作为人事部门的工作，而现代的观点则认为，人员配备不但要包括选人、评人、育人，而且还包括如何使用人员，以及如何增强组织凝聚力来留住人员，这又同指导与领导工作紧密联系起来。

人员配备是对组织中全体人员的配备，既包括主管人员的配备，也包括非主管人员的配备。二者所采用的基本方法和遵循的基本原理是相似的。从组织人员配备的角度考察，首先，通过人员配备，可以使每个人的知识和能力得到公正的评价；其次，通过人员配备，使每个人的知识和能力得到不断发展，素质得到不断提高；最后，通过人员配备，可以增强每个人对自己职位和组织的归属感，从而增强组织的凝聚力。

二、人员配备的程序

（一）确定人员需要量

人员配备是在组织设计的基础上进行的。人员需要量的确定主要以设计出的职务数量和类型为依据。职务类型指出了需要什么样的人，职务数量则告诉我们每种类型的职务需要多少人。

构成组织结构基础的职务可以分成许多类型。例如，全体职务可分成管理人员与生产作业人员；管理人员中可分成高层、中层、基层管理人员；每一层次的管理人员又可分成直线主管与参谋或管理研究人员；生产操作人员可分成技术工人与专业工人，基本生产工人与辅助生产工人等。

如果是为一个新建的组织选配人员，那么只需利用上述职务设计的分类数量表去直接在社会上公开招用、选聘。然而，我们遇到的往往是现有组织的机构与人员配备重新调整的问题，所以在通常情况下，在进行了组织的重新设计后，还需检查和对照企业内部现有的人力资源情况，两相对比，找出差额，确定需要从外部选聘的人员类别和数量。

小链接

不拉马的士兵

一位年轻的炮兵军官上任后，到下属部队视察操练情况，发现有几个部队操练时有一个共同的情况：在操练中，总有一个士兵自始至终站在大炮的炮筒下，纹丝不动。经过询问，得到的答案是：操练条例就是这样规定的。原来，条例因循的是用马拉大炮时代的规则，当时站在炮筒下的士兵的任务是拉住马的缰绳，防止大炮发射后因后座力产生的距离偏差，减少再次瞄准的时间。现在大炮不再需要这一角色了，但条例没有及时调整，出现了不拉马的士兵。这位军官的发现使他受到了国防部的表彰。

公司是发展的，管理者应当根据实际动态情况对人员数量和分工及时做出相应调整。否则，队伍中就会出现“不拉马的士兵”。如果队伍中有人滥竽充数，给企业带来的不仅仅是工资的损失，而且会导致公司工作效率整体下降。

（二）选配人员

对人员的需求分析除了数量以外，在质量上也有明确的要求。为了保证人员与职位的匹配，必须恰当地确定人员的来源，即确定是从外部招聘还是从内部重新调配人员。根据岗位要求对组织内外的候选人进行考察、筛选，确定备选人员。在人力资源管理活动中，往往通过招募和甄选选配人员。

招募是指组织按照一定的程序和方法吸引具备相应素质要求的求职者担任岗位工作的活动。甄选是指依据既定的用人标准和岗位要求，对应聘者进行评价和选择，从而获得合格的上岗人员的活动。通过招募与甄选，组织为相应的岗位配备合适人员。

（三）实施人员培训计划

培训是指组织为了实现组织自身和员工个人的发展目标，有计划地对员工进行辅导和训练，使之认同组织理念、获得相应知识和技能，以适应岗位要求的活动。培训计划具体包括岗前培训计划、在职培训计划、干部培训计划等。

组织处于不断的发展过程中，对于组织在发展中所产生的人力资源需求，除了以招聘方式从外部吸引合适人员加以补充外，更主要的是通过开发组织现有的人力资源来加以满足。人的思想的统一、技能的提高，需要一定的时间过程，组织未来发展所需要的人员和技能需要在当下就加以培训，培训是组织开发现有的人力资源、提高员工的素质和同化外来人员的基本途径。同时，它为员工提供学习机会，使其看到在组织中的发展前景，是维持成员对组织忠诚的一个重要方面；因此，培训的最终目的既是适应组织发展的需要，也是员工个人素质得到充分提高的途径。

（四）绩效考核与评价

绩效考核与评价，是指按照一定的方法及程序对现职人员的工作情况做出客观评价，从而为员工改进工作提供指导，为培训、奖惩和人事晋升提供客观依据。

通过考核与评价，企业不仅能了解员工与岗位的匹配情况，也能促使员工随着组织的发展不断成长，从而始终保持人与事的动态最佳组合，最终达到组织发展和员工成长的双重目的。

三、人员配备的原则

为求得人与事的优化组合，人员配备过程中必须遵循一定的原则。人员配备是企业为了实现生产经营的目标，采用科学的方法，根据“岗得其人、人得其位、适才适所”的原则，实现人力资源与其他物力、财力资源的有效结合而进行的一系列管理活动的总称。常用原则包括以下几个方面。

（一）职务要求明确，确权确责原则

职务要求明确原则，是指对主管职务及其相应人员的要求越明确，培训和评价管理人员的方法越完善，管理人员工作的质量也就越有保证。

首先，由于人员配备的目的是以合适的人员承担组织结构中所规定的各项任务。若职务不明确，则人员配备缺乏依据，不能以合适的人员充实这些职务，也就不能做到因事设人、发挥各个管理人员的特长，不能做到量才录用、人尽其才、才尽其用。其次，职务不明确，也无法了解管理人员在组织中某个特定职务的相对重要性及其任务，无法考评他所取得的成绩，也无法对管理人员进行有目的的培训。

（二）因事择人，适应发展原则

事是组织中各种各样的任务。组织中配备人员的目的在于希望其能够做好组织所分配的任务，从而为实现组织目标做出其应有的贡献。为此就要求在人员配备过程中，根据工作需要配备具有相应知识技能和能力的人员。

同时，为了适应组织发展的需要，在岗位设置和人员配备过程中，要留有一定的余地。不能仅根据组织目前的需要配备人员，以至于当组织发展需要员工履行更多的职责或需要进一步提高技能时，现有的员工难以胜任或提高，从而延缓组织的发展。在人员配备过程中，要做好人力资源储备，或在配备某些岗位的人员时给其留出一定的学习和培训时间。

（三）因才施用，客观公正原则

在人员配备过程中，根据一个人的特长和兴趣爱好来分配不同的工作，以最大限度地发挥其才能和调动其积极性。不同的工作需要不同才能的人可以胜任，而不同的人因为具有不同的素质与能力，能够从事不同的工作。所以，从人的角度来考虑，只有根据人的特点来安排工作，才能使人的潜能得到最充分的发挥，使人的工作热情得到最大限度的激发。因此，要根据不同的人的兴趣爱好和才能结构，分配其合适的工作内容，在条件允许的情况下，尽可能地把一个人所从事的工作与其兴趣爱好、能力特长结合起来。

客观公正原则要求在人员配备过程中，明确表明组织的用人理念，为员工提供平等的就业、上岗和培训机会，对素质能力和工作绩效进行客观的评价，以最大限度地获得社会和员工的理解和支持。

（四）合理匹配，动态平衡原则

合理匹配是指人员配备要根据各个岗位职责要求配备相应的符合岗位素质要求的人员以外，还要合理配置同一部门中不同岗位和层次的人员，以保证同一部门中的人员能协调一致地开展工作，充分发挥群体功能。

同一部门中人员的合理配置，一是要考虑到能级问题，二是要考虑互补问题。为了保证组织具有高效率和高可靠性，不仅要合理划分组织中人员的能级，而且要使不同能级的人员有一个合理的组合。一般来说，稳定的能级结构应是正立三角形；即较少的高级人员、较多的中级人员、更多的低级人员。一个组织中人员能级分布如果不是这样，就会显得不稳定。

能级问题是从纵向考虑人员配置，要求形成一个合理的等级。而互补问题是从横向考虑人员的配置，认为同一层次的人员相互之间应是能力互补的。若成员相互之间能力互补，各有所长，又有共同语言，就能较好地进行分工协作；若各成员虽各有所长，但无共同语言，则不易合作；若各成员之间能力相似，则容易相互争斗，形成内耗。

处在动态环境中的组织是在不断发展的。工作中人的能力和知识的适应性以及组织对其成员素质的认识也在不断地发展变化，因此，人与事的配合也需要不断地调整。动态平衡原则要求组织根据组织和员工的变化，对人与事的匹配进行动态调整。补充组织发展所需要的人员，辞退多余的或难以适应组织发展需要的人员；将能力提高并得到充分证实的员工提拔到更高层次、需要承担更多责任的岗位上去；将能力平平、不符合现在岗位要求的人通过轮岗或培训使其有机会从事力所能及的工作。通过人与工作的动态平衡，使绝大多数员工能够得到合理使用，确保组织目标所需要开展的工作都有合适的人来承担。

第二节 管理人员的选聘

人是组织活动的关键资源，组织中的其他物力或财力资源需要通过人的积极组合和利用才能发挥效用。人在组织中的地位决定了人员选拔和配备在管理工作中的重要性。

一、管理人员数量的确定

由于每一个具体的组织成员都是在一定的管理人员的领导和指挥下展开工作的，因此管理人员的选拔成为企业人力资源管理的核心。选拔管理人员，首先需要确定组织目前和未来需要的管理人员的数量。一般来说，确定管理人员的数量，要考虑下述几个因素。

（一）组织现有的规模、机构和岗位

管理人员的配备首先是为了指导和协调组织活动的展开，因此首先需要参照组织结构系统图，根据管理职位的数量和种类，来确定企业每年平均需要的管理人员数量。

（二）管理人员的流动率

不管组织做了何种努力，在一个存在劳动力市场，且市场机制发挥作用的情况下，总会出现组织内部管理人员外流的现象。此外，由于自然力的作用，组织中现有的管理队伍会因病老残退而减少。确定未来的管理人员需要量，要有计划对这些自然或非自然的管理人员减员进行补充。

（三）组织发展的需要

随着组织规模的不断发展，活动内容的日益复杂，管理工作量将会不断加大，从而对管理人员的需要也会不断增加。因此，计划组织未来的管理人员队伍，还需预测和评估组织发展与业务扩充的要求。

综合考虑上述几种因素，便可大致确定未来若干年内组织需要的管理人员数量，从而为管理人员的选聘和培养提供依据。

二、管理人员的来源

（一）外部招聘

外部招聘是根据一定的标准和程序，从组织外部的众多候选人中选拔符合空缺职位工作要求的管理人员。外部招聘管理人员具有以下优点。

（1）被聘管理人员具有“外来优势”。所谓“外来优势”，主要是指被聘者没有“历史包袱”，组织内部成员（部下）只知其目前的工作能力和实绩，而对其历史，特别是职业生涯中的失败记录知之甚少。因此，如果他的确有工作能力，那么便可迅速地打开局面。相反，如果从内部提升，部下可能对新上司在成长过程中的失败教训有着非常深刻的印象，从而可能影响后者大胆地放手工作。

（2）有利于平息和缓和内部竞争者之间的紧张关系。组织中空缺的管理职位可能有好几个内部竞争者希望得到。每个人都希望有晋升的机会。如果员工发现自己的同事，特别是原来与自己处于同一层次具有同等能力的同事提升而自己未果时，就可能产生不满情绪，懈怠工作，不听管理，甚至拆台。从外部选聘可能使这些竞争者得到某种心理上的平衡，从而利于缓和他们之间的紧张关系。

（3）能够为组织带来新鲜空气。来自外部的候选人可以为组织带来新的管理方法与经验。他们没有太多的框框束缚，工作起来可以放开手脚，从而给组织带来较多的创新机会。此外，由于他们新近加入组织，与上级或下属没有历史上的个人恩怨关系，从而在工作中可能很少顾忌复杂的人情关系。

小链接

鲶鱼效应

挪威人爱吃沙丁鱼，尤其是活鱼，挪威人在海上捕得沙丁鱼后，如果能让它活着抵港，卖价就会比死鱼高好几倍。但是，由于沙丁鱼生性懒惰，不爱运动，返航的路途又很长，因此捕捞到的沙丁鱼往往没到码头就死了，即使有些活的，也是奄奄一息。只有一位渔民的沙丁鱼总是活的，而且很生猛，所以他赚的钱也比别人的多。该渔民严守成功秘密，直到他死后，人们才打开他的鱼槽，发现只不过是多了一条鲶鱼。原来鲶鱼以鱼为主要食物，装入鱼槽后，由于环境陌生，就会四处游动，而沙丁鱼发现这一异己分子后，也会紧张起来，加速游动，如此一来，沙丁鱼便活着回到港口。这就是所谓“鲶鱼效应”。

运用这一效应，通过个体的“中途介入”，对群体起到竞争作用，它符合人才管理的运行机制。

外部招聘也有许多局限性，主要表现在以下几个方面。

首先，外聘管理人员不熟悉组织的内部情况，同时也缺乏一定的人事基础，因此需要一段时期的适应才能进行有效的工作。

其次，组织对应聘者的情况不能深入了解。虽然选聘时可借鉴一定的测试、评估方法，但一个人的能力是很难通过几次短暂的会晤、几次书面测试而得到正确反映的。被聘者的实际工作能力与选聘时的评估能力可能存在很大差距,因此组织可能聘用一些不符合要求的管理人员。这种错误的选聘可能给组织造成极大的危害。

最后，外聘管理人员的最大局限性莫过于对内部员工的打击。大多数员工都希望在组织中有不断发展的机会，都希望能够担任越来越重要的工作。如果组织经常从外部招聘管理人员，且形成制度和习惯，则会堵死内部员工的升迁之路，从而会挫伤他们的工作积极性，影响他们的士气。同时，有才华、有发展潜力的外部人才在了解到这种情况后也不敢应聘，因为一旦应聘，虽然在组织中工作的起点很高，但今后提升的希望却很小。

由于这些局限性，许多成功的企业强调不应轻易地外聘管理人员，而主张采用内部培养和提升的方法。

（二）内部竞聘

内部竞聘是指组织内部成员的能力增强并得到充分地证实后，被委以承担更大责任或更高职务，填补组织中由于发展或伤老病退而空缺的管理职务的方式。内部竞聘具有以下优点。

（1）利于鼓舞士气、提高工作热情，调动组织成员的积极性。内部竞聘给每个员工带来希望。每个组织成员都知道，只要在工作中不断提高能力、丰富知识，就有可能被分配担任更重要的工作。这种职业生涯中的个人发展对每个人都是非常重要的。职务提升的前提是要有空缺的管理岗位，而空缺的管理岗位的产生主要取决于组织的发展。只有组织发展了，个人才可能有更多的提升机会。

因此，内部竞聘能更好地维持成员对组织的忠诚，使那些有发展潜力的员工能自觉地、更积极地工作，以促进组织的发展，从而为自己创造更多的职务提升的机会。

（2）有利于吸引外部人才。内部竞聘表面上是排斥外部人才，不利于吸收外部优秀的管理人员。其实不然。真正有发展潜力的管理者知道，加入这种组织中，担任管理职务的起点虽然比较低，有时甚至需要一切从头做起，但是凭借自己的知识和能力，可以花较少的时间便可熟悉基层的业务，从而能迅速地提升到较高的管理层次。内部竞聘为新来者提供了美好的发展前景，因此外部的人才会乐意应聘到这样的组织中工作。

（3）有利于保证选聘工作的正确性。已经在组织中工作若干时间的候选人，组织对其了解程度必然要高于外聘者。候选人在组织中工作的经历越长，组织越有可能对其做全面深入的考察和评估，从而使得选聘工作的正确程度就越高。

（4）有利于使被聘者迅速展开工作。管理人员能力的发挥要受到他们对组织文化、组织结构及其运行特点的了解。在内部成长提升上来的管理人员，由于熟悉组织中错综复杂的机构和人事关系，了解组织运行的特点，所以可以迅速地适应新的管理工作，工作起来要比外聘者显得得心应手，从而能迅速打开局面。

同外部招聘一样，内部竞聘也可能带来某些弊端，主要表现为以下几个方面。

（1）引起同事的不满。在若干个内部候选人中提升一个管理人员，可能会使落选者产生不满的情绪，从而不利于被提拔者展开工作。

避免这种现象的一个有效方法是不断改进管理人员考核制度和方法，正确地评价、分析、比较每一个内部候选人的条件，努力使组织得到最优秀的管理人员，并使每一个候选人都能体会到组织的选择是正确、公正的。

（2）可能造成“近亲繁殖”的现象。从内部竞聘的管理人员往往喜欢模仿上级的管理方法。这虽然可使老一辈管理人员的优秀经验得到继承，但也有可能使不良作风得以发展，从而不利于组织的管理创新，不利于管理水平的提高。

要克服这种现象，必须加强对管理队伍的教育和培训工作，特别是要不断组织他们学习管理的新知识。此外，在评估候选人的管理能力时，必须注意对他们创新能力的考察。

三、管理人员的选聘程序与方法

（一）公开选聘、发布招聘信息

当组织中出现需要填补的管理职位时，应根据职位所在的管理层次，建立相应的选聘工作委员会或小组。工作小组既可是组织中现有的人力资源管理部门，也可是由各方面代表组成的专门或临时性机构。

选聘工作机构要以相应的方式，通过适当的媒介，公布待聘职务的数量、性质以及对候选人的要求等信息，向企业内外公开“招标”，鼓励那些自认为符合条件的候选人应聘。

公开招聘是向组织内外公布招聘信息。半公开招聘是只对组织内部公布补充空缺位置的信息。内部选拔一般由人力资源管理部门主持，公开招聘可由人力资源管理部门负责全部工作，也可为此成立临时性的机构。选聘工作机构应通过适当的媒介，公布待聘职务的数量、待聘职务要求的条件、给予聘用者的待遇、报名时间等信息，达到广开“才源”的目的。

（二）初次选拔

初次选拔即对应聘者的初选工作，一般可以通过两种形式完成。

1. 对报名应聘者进行初步资格审查

外部招聘，要根据回收的应聘者填写的表格资料进行资格审查，初步认定合乎招聘条件的候选人。对内部选拔人员，在选聘工作机构可根据日常对重点培养对象和管理人员的工作业绩考核档案，由人力资源管理部门和领导初步确定候选人。其方法如下。

（1）有意识、有目的的培养。其主要指对有发展前途的基层管理人员，有意识地给他（她）加担子，压任务，派到能锻炼人的岗位上，让其接受考验，经受锻炼，增长能力。

（2）人才自荐。人才自荐指在组织内部通过公开招聘的方式选拔管理人员。它类似于外求制，但又不同于外求制，它的备选对象只能是组织内的员工。

2. 面试

这是一种直观的初步鉴定评价人员的形式。根据人力资源管理部门设定的谈话范围，目测候选人的仪表、举止、言谈，初步了解其语言表达能力、逻辑思维和思维敏捷的程度，以及知识的广度和对问题认识的深度。面谈可以比较直观地接触了解对方，形成初步印象，但需注意不要由第一印象产生偏见。无论是组织有意识的培养，还是人才自荐，都少不了这样几个步骤。

（1）专家评价。前面已经提出，对一个管理人员，特别是直线主管，知识、能力及素质的要求都是比较高的。一个人是否达到了这些方面的要求，应该进行科学的评价。备选对象所具备的专业方面的知识和能力，尤其要经过专家确认。

（2）员工评议。组织内部选任的管理人员，具有较快适应工作的优点，但其前提是员工基础好。对已确定的选拔对象，有必要进行员工评议，了解群众对备选对象的看法和评价。

（3）组织考核。组织考核指组织通过规定的程序对备选对象的各个方面进行考核。如果采用外求制，步骤相对简单，主要是要做好对应聘对象的考试、考查。考试可实行笔试、专家组面试、实验式面试等方式。考查则包括对备选对象在试用期中的知识、能力和素质等的考查。

（三）对初选合格者的测定和考核

对初选合格者可以通过测验、竞聘演讲和答辩，以及实际能力考核等不同形式来测定和考核其综合素质。

1. 测验

这是通过考试和测试的方法评价候选人的智力、专业技术、适应性等基本水平和能力。该测验包括如下两个方面。

（1）智力测验。智力测验目的是衡量候选人的思维能力、记忆力、思想的灵敏度和观察复杂事物的能力等，以便日后委以更适当的工作。

（2）对受聘者必备条件的测试。必备条件包括承担某项工作的人员应具备的知识、必备经验和必备技能。

必备知识指应具备的文化知识和专业技术知识，这是工作人员必备条件的基础；必备经验是应具备的实际经验和操作能力，是必备条件的中心；必备技能是在上述两方面的基础上，特定工作环节的工作人员应具备的应变能力、创造革新能力和综合处理能力。

2. 竞聘演讲与答辩

这是知识与智力测验的补充。测验可能不足以完全反映一个人的基本素质，更不能表明一个人运用知识和智力的能力。发表竞聘演讲，介绍自己任职后的计划和打算，并就选聘工作人员或与会人员的提问进行答辩，可以为候选人提供充分展示才华、自我表现的机会。

3. 案例分析与候选人实际能力考核

竞聘演说使每个应聘者介绍了自己“准备怎么干”，使每个人表明了自己“知道如何干”。但是，“知道干什么或怎么干”与“实际干什么或会怎么干”不是一回事。因此，在竞聘演说与答辩以后，还需对每个候选人的实际操作能力进行分析。

测试和评估候选人分析问题和解决问题的能力，可借助“情景模拟”或称“案例分析”的方法。这种方法是将候选人置于一个模拟的工作情景中，运用多种评价技术来观测考察他的工作能力和应变能力，以判断他是否符合某项工作的要求。

（四）信息交流

在招聘和应聘工作中，应注意充分交流信息。交流信息有两个方面：企业向求职者提供有关公司和职位的情况；求职者向企业提供有关他们自己工作能力的情况。

某些企业和单位力图树立一个好的形象，在招聘过程中会强调个人得到发展和培养的机会，突出潜在的挑战，并指出提升的可能性。他们也会提供关于工资、福利待遇和工作岗位可靠程度的情况。其间如果言过其实，会引起求职者不现实的向往。从长远看，这一做法可能有不好的副作用，新入职员工容易对工作不满，或产生无法实现的梦想，造成人员大量流动。当然，企业应该介绍自己有吸引力的好的方面，但更应该实事求是地谈论机会的问题，并指出工作的局限性，甚至不利的方面。

另一方面，管理部门应该为应聘者客观地显示他们的知识、才能、能力、天赋以及为过去的业绩搭建平台。要了解这些情况，有很多方法和手段。但如果不当地收集应聘者的材料，可能会侵犯应聘者的隐私。另外，应聘人选只能忍受一定程度的面试、测评和公开个人情况。这就要求管理者必须懂得克制，只询问对工作必要的和与工作有关的情况。

（五）选定管理人员

挑选管理者是从人选中选出一个最符合职位要求的人。挑选可能是为补充一个特定的空缺职位，也可能是为今后储备管理人员的需要。因此，我们可以区别使用补充组织职位的挑选方法或是安置方法。用挑选方法时，招聘申请人用来补充需要相当特殊条件的职位；用安置方法时，对个人的优缺点加以评估，为他找到合适的职位或甚至专门设计一个新的职位。

提升是在本单位范围内从前任职位调到需要更多才能、担负更大责任的职位上去。一般来说，伴之而来的是更高的地位和更多的工资。提升可能是对工作表现突出者的报偿，也可能是企业为了更好地使用员工个人的才能和能力。前面提到的挑选法，一般也可应用于提升。

挑选人才时，还有许多重要的因素要考虑。管理职位需要有技术上、概念上以及解决问题等方面的才能，因为一个人不可能具备全部所需要的能力，可能要挑选其他人来弥补其不足之处。例如，一个具有卓越的概念才能和设计才能的高级管理人员，可能需要得到有技术才能的人帮助。同样，一个具有较多营销和财务经历的管理人员，可能需要有一位经营方面的专家来帮助。

挑选管理人员时，还必须考虑年龄问题。我们经常会发现公司内所有副总经理和中层管理人员都在同一年龄段的情况，这样就会产生几位在差不多层次的管理人员同时退休的情况。然而挑选人员时，不得非法地在年龄方面予以歧视。而应有计划地对劳动力进行科学规划，在组织结构范围内合理地分配不同年龄段的管理人员。

在上述各项工作的基础上，利用加权的方法，算出每个候选人知识、智力和能力的综合得分，并考虑到民意测验反映的受群众拥护的程度，并根据待聘职务的性质，选择聘用既有工作能力，又被同事和部属广泛接受的管理人员。

第三节 管理人员的考评

管理人员考评不论次数形式如何，每次考评必须事先计划，确定考评目的。任何考评其最终目的是改善员工的工作表现，发现管理中存在的问题，以达到企业的经营目标，提高员工对工作和企业的满意程度和成就感。

一、管理人员考评的目的

美国组织行为学家约翰·伊凡斯维奇认为绩效考评可以达到以下 8 个方面的目的：第一，为员工的晋升、降职、调职提供依据；第二，组织对员工的绩效考评的反馈，达到取长补短的目的；第三，对员工和团队对企业的所做贡献进行评估；第四，为员工的薪酬决策提供依据；第五，对招聘选择和工作分配的决策进行评估；第六，了解员工和团队的培训和教育的需要；第七，对培训和员工职业生涯规划效果的评估；第八，对工作计划、预算评估和人力资源规划提供信息。

二、管理人员考评的内容

（一）贡献考评

贡献考评是指考核和评估管理人员在一定时期内担任某个职务的过程中对实现组织目标的贡献程度，即评价和对比组织要求某个管理职务及其所辖部门提供的贡献与该部门的实际贡献。

贡献的大小往往与努力程度和能力大小成正比，因此，贡献考评可以成为决定管理人员报酬的主要依据。这种绩效评价有两个前提：第一是目标管理成为组织的一种管理制度；第二是对管理工作及管理原理，以及应用管理知识和原理的能力有清楚的认识。对管理人员的贡献考评，包括两个方面，前者称为达标绩效评价，后者称为管理绩效评价。

贡献考评时，应首先注意尽可能把管理人员的个人努力与部门的成就区别开来，即力求在所辖部门的贡献或问题中辨别出有多大比重应归因于主管人员的努力，这是非常困难也是非常重要的。与此同时，贡献考评既是对下属的考评，又是对上级的考评。

（二）能力考评

能力考评是指通过考察管理人员在一定时间内的管理工作，评估他们的实际能力和发展潜力，即分析他们是否符合现任职务的岗位要求，任现职后素质和能力是否有所提高，能否担任更重要的工作。

由于管理人员的工作能力要通过日常的具体工作来表现，能力考评中一般可从决策能力、用人能力、沟通能力、创新精神等几个方面来描述。

如果仅从抽象的概念去考评管理者的能力，容易出现偏颇。美国管理学家孔茨等人认为，应该根据组织对不同管理人员的基本要求，借助管理学的知识，将管理工作进行分类，然后用一系列具体的问题说明每项工作，来考评管理人员在从事这些工作中所表现出来的能力。

例如，为了考评管理人员的计划能力，可以提出以下几个问题：第一，他是否为本部门制定了与公司目标有明确关系的可考核的长期和短期的目标？第二，他是否理解公司政策在其决策中的指导作用，并确保下属也这样做？第三，他是否定期检查计划的执行情况，以确保部门的实际工作与计划要求相一致？为了尽可能地得到客观的评价意见，上述问题应力求设计成是非判断题的形式。在难以设计是非题的情况下，应努力给可供选择的多种答案给予明确界定。

三、考评对管理人员积极性的影响

管理人员考评应经历如下流程：第一，确定考评内容；第二，选择考评者；第三，分析考评结果，辨识误差并进行修正；第四，传达考评结果；第五，根据考评结论，建立企业的人才档案。

考评对管理人员工作积极性会产生很直接的影响。一方面，考评结论直接反映了组织、上级、部属、同行对员工的评价，从而反映了组织对员工努力的承认程度，可以对员工产生正向的激励或者负向的鞭策，使员工的积极性得到提升。另一方面，组织根据考评结论而进行的分配或晋升方面的决策，会影响员工在组织中的地位和发展前景，直接决定着员工未来的职业发展，因此必然受到员工高度的关注。

第四节 管理人员的培训

管理人员培训，不仅可以为组织的发展储备后备干部，而且对管理人员自己来说也是非常重要的：通过培训，不仅可直接丰富个人的知识，增强个人的素质，提高个人的技能，而且可以辨识个人的发展潜力，为培训后有更多的机会被提拔担任更重要的工作创造条件。

一、管理人员培训的目标

由于培训为个人发展和职务晋升提供了很好的平台，使个人未来在一定程度上有了保障，增强了管理人员在职业方面的安全感，因此，它有利于提升管理人员对组织的忠诚度，能够促进管理队伍的稳定。管理人员培训旨在提高管理队伍的整体素质，开展员工培训工作，必须实现以下四个方面的具体目标：传递信息、改变态度、更新知识以及发展能力。

第一，传递信息是管理人员培训的基本目标，使管理人员了解企业在一定时期内的生产特点、产品性能、工艺流程、营销政策、市场状况等方面的情况，熟悉公司的生产经营业务。

第二，改变态度，特别是对新聘管理人员，管理人员培训可以使其逐步了解组织文化，接受组织的价值观念，按照组织中普遍的行动准则来从事管理工作，与组织同化。

第三，更新知识，管理者必须掌握与企业生产经营有关的专业知识，通过及时更新的培训内容，可以使管理者掌握最新最有效的前沿动态，优化管理方法，做到与组织与时俱进。

第四，管理人员培训的一个主要目的，便是根据管理工作的要求，努力提高他们在决策、用人、激励、沟通、创新等方面的管理能力。

二、管理人员的培训方法

（一）工作轮换

工作轮换法是针对重点培养人员，定期改变管理人员的工作部门，让他们到不同部门去丰富工作经验，扩大对企业各个工作环节的了解。这样做还可以使中层管理者更好地理解相互间的问题，改善部门间的合作关系。具体形式可以是只在每个部门做观察员，但更有效的方式是让受训者实际介入所在部门的工作，通过实际去做来了解所在部门的业务，包括销售、生产、财务和其他业务，使职能管理人员“通才化”。

（二）有计划多层次参与管理

将企业各个部门中有发展前途的管理人员集合起来，让他们就高层次管理问题，如组织结构、经营管理人员的奖酬机制、部门之间冲突的协调等提出自己的建议，供总经理参考。这种方法为管理人员提供了分析和处理整个企业范围内的高层决策问题的机会和经验。

（三）在职辅导

由较有经验的现任管理人员负责对其直接下属的辅导，给下属下放职权，提供学习管理的机会，提供帮助和指引。这种方法有助于当现任管理人员因退休、提升、调动、辞职等原因离开岗位而出现职位空缺，企业能有训练有素、熟悉业务进展情况的人员及时顶替，避免人员衔接问题影响组织正常运转。

（四）多样化培训

通过参与典型交流会、参加专题理论、实践培训班，并召开全体讨论会，目标是提高管理者的知觉性、理解力，以促使其各项技能的提高。

（五）评价中心

这是一个结构化的测量方法，建立相应的模型评分标准，用以测量领导相关的知识和技能，通过这种方法可以在选拔过程中激发管理者的潜力。由组织中具有较高领导地位和水平的人担任指导者，对参与者进行集中性的技能培训。

（六）集体研讨会

集体研讨会是指有关人员在一起对某些问题进行讨论或决策的会议。它可以是组织内成员的定期聚会，对组织的日常事务进行决策或安排的会议，也可以是组织内外一些专家在一起针对某个具体问题进行商讨的会议。这类会议可定期或不定期召开。下级管理人员参加集体研讨会，可观察和学习上级管理人员在处理各类事务和解决各种问题特别是重大问题时所采用的管理方法。这种培训方法的好处是下级管理人员可通过参加讨论，活跃思想，加深对管理基本原理的理解，学会利用集体智慧解决各种问题。

（七）提升

提升是指从较低岗位提拔到较高岗位。它的意义绝不体现在职位的变迁，而在于管理人员由低到高晋升的过程中可学到不同层次的管理方法。如果将岗位轮换看作是一个横向的培训的话，则提升可称为垂直的培训。

1. 有计划的提升

有计划的提升就是管理人员按计划的途径，经过锻炼，有目的地由低层做起，直至培养到较高层次的主管位置。这种有计划的提升，不仅上级管理人员知道，受训者本人也知道。这种方法的目的在于重点培养那些看来有发展前途的管理人员。

这种方法不仅有利于上级领导对下级进行有目的的培养和观察，也有利于受训人员通过各级“台阶”逐级上升，打下扎实的基础。不足之处在于这种方法会使受训者一旦未被提升或提升较晚时，容易产生不满情绪或由此泄气。

2. 临时性提升

临时性提升是指，当某个管理人员因某些原因，如度假、生病或因出差而出现职务空缺时，组织指定某个下级管理人员为代理人。这种提升的原因虽然主要不是为了培训，但对作为代理人的下级管理人员来说，却是一个很好的实践机会。同时，组织也可借此机会考察其潜能。

三、管理人员培训内容

第一，业务培训。让管理人员熟悉所在部门的业务性质和基本流程，是进行有效管理的前提之一。

第二，管理理论培训。任何层次的管理者都应该掌握一定的管理理论。

第三，管理能力培训。管理能力包括决策能力、组织协调能力、领导活动能力等。管理者的管理能力可以通过科学的培训而得到提高。

第四，交际能力及心理素质培训。管理者与人打交道必须有较强的交际能力。同时，管理者还要具备良好的心理素质。

案 例 讨 论

科宁公司的职前培训

美国科宁公司的新雇员常常一开始工作就感到十分沮丧，工作第一天往往杂乱无章、不知所措。公司认为，需要找出一种更好的途径帮助新雇员正确地起步——去学习做什么、怎样做和为什么这样做，去了解公司的文化和信条。为此，他们制订了一整套职前教育体系，其目标是：降低职工主动辞职率，缩短新雇员学习和掌握本职工作的时间，在新雇员中培养一种对于公司的目标、原则、战略和对职工的期望的高度统一的认识，建立起一种对于公司及其外围团体的亲善、合作的态度。

这里是科宁公司职前教育的工作日程表。

——材料分发

在做出了录用决策之后，应及早下发职前教育材料：新雇员的主管人员领到一本《主管人指南》的小册子，新雇员领到职前教育计划。

——报到前

在此阶段，由主管人员与新雇员保持接触，帮助他们解决住房问题，并在同他们讨论之后，进行工作设计和草拟基本的目标管理清单。同时为新雇员准备好办公地点，一切就绪后，通知公司。最后，与新雇员约好下次会面的时间。

第 1 天

在这重要的一天里，新雇员将与他们的主管人共进早餐，然后办理人事部门所要求的一系列手续。在这之后，他们要参加一个主题为“科宁公司与你”的讨论会并与讨论会主持人共进午餐。他们还要阅读为新雇员准备的《工作手册》，参观公司并被引见给他们各自的同事们。

第 1 周

在这周内，新雇员要与主管人、同事及专家进行一对一的面谈；学习在工作中做什么、怎么做和为什么做；回答《工作手册》中的问题；加入某一团体；参与并付诸实施主管人帮助的目标管理计划。

第 2 周

新雇员开始承担正式任务。

第 3 周和第 4 周

新雇员要参加一个社团的讨论会和关于新雇员福利的讨论会（他们的配偶可能也会应邀参加）。

从第 2 个月到第 5 个月

在此期间，工作任务的密度和强度逐渐加大，新雇员的主管人员要对他们的工作进步情况每两周做一次检查，新雇员还要参加 6 次两小时的讨论会（有关质量和产量、技术、工作绩效管理和工作报酬计划、财务和战略、雇员关系、平等就业机会及各种社会变化）；新雇员还要回答《工作手册》和讨论会上的问题，并将答案交与主管人员检查。

第 6 个月

新雇员已找到《工作手册》中问题的全部答案；他们和主管人员一起检查目标管理清单，参与工作绩效检查，获得了第一阶段职前教育结业证书，并着手做第二阶段职前教育计划。

第 7 个月到第 15 个月

在此期间要完成第二阶段职前教育，各分部门职前教育，各种专业培训，目标管理检查，工作绩效检查和工资检查。

请同学们思考：

1. 科宁公司职前教育体系的特点是什么？
2. 请参照科宁公司的做法为一家信息服务公司制定一个职前教育日程表。

练 习 题

一、选择题

1. 以职位的空缺和实际工作的需要为出发点，以职位对人员的实际要求为标准，选拔、录用各类人员。这就是人员配备的（　　）原则。

A. 因事择人　B. 因人择事　C. 量才使用　D. 经济效益

2. 人员招聘的最终目的是（　　）。

A. 人力成本最低　B. 选择素质高、质量好的人才

C. 招聘到最优的人才　D. 达到组织整体效益的最优化

3. 面试开始时应从应聘者的（　　）开始发问。

A. 可以预料到的问题　B. 最预想不到的问题

C. 最难以回答的问题　D. 简历中有疑问的地方

4. 述职报告是对管理人员进行考评的一种方式，它属于（　　）。

A. 上级考评　B. 群众考评　C. 专家考评　D. 自我考评

5. 有计划地安排管理人员担任同一层次不同的管理职务，以此全面培养管理人员的能力，这是管理人员在职培训的方法之一，即（　　）。

A. 有计划的提升　B. 职务轮换　C. 委以助手职务　D. 临时提升

6. 选拔主管人员的方式，既可以考虑从内部提升，也可以考虑从外部招聘，但无论从内部提升，还是从外部招聘，都要鼓励（　　）。

A. 首先搞好群众关系　B. 毛遂自荐

C. 尽展所能　D. 公开竞争

7. 下列（　　）不是外部招聘所具有的优点。

A. 被聘者具有“外部竞争优势”

B. 能够为组织输送新鲜血液

C. 有利于使被聘者迅速开展工作

D. 有利于平息和缓和内部竞争者之间的紧张关系

8. 采取工作轮换的方式来培养管理人员，其最大的优点是有助于（　　）。

A. 提供受训者的业务专精能力　B. 减轻上级领导的工作压力

C. 增强受训者的综合管理能力　D. 考察受训者的高层管理能力

9. 只从内部提升主管人员的做法存在着若干弊端。在下面所列出的几条中，那一条并不属于内部提升制度的弊端（　　）。

A. 可能造成“近亲繁殖”　B. 组织对晋升者的情况不能深入了解

C. 会造成同事之间的紧张关系　D. 会引起同事的不满

10. 管理人员考评的内容主要包括（　　）。

A. 贡献考评和能力考评　B. 决策能力

C. 创新精神　D. 用人能力

二、判断题

1. 管理人员的工作主要是从事资源协调和管理，没有必要掌握具体的业务知识。（　　）

2. 采用外部招聘的方式选拔管理人员，有利于鼓舞士气，调动组织成员的积极性。（　　）

3. 贡献考评是决定管理人员报酬大小的主要依据。（　　）

4. 考评方法和考评系统设计的合理与否，直接影响了管理人员考评结果的合理与否。（　　）

5. 管理人员考评时，由上级填写的考评表主要是考核管理者的领导能力。（　　）

第七章 组织力量的整合

【引导案例】

参谋的力量

在我国几千年的历史中，出现过许多著名的门客、谋士、军师、谏臣。例如，“田忌赛马”中孙膑向田忌献策战胜了齐威王；赤壁之战中诸葛亮以“草船借箭”之策立下奇功；张良提出“聚集三王，方可与霸王一战”的计策成功，帮助刘邦击败了楚汉战争中最强劲的对手西楚霸王项羽。他们用自己的专长和智慧实现了目标。

近代组织中出现的参谋的概念来自军事系统。1807 年，普鲁士军事改革家香霍斯特（G.J.D.Sharnhorst），创建了军事参谋本部体制。所有军事统帅的决策过程，必须依赖参谋部集体智慧的支持来完成。后来，德国、美国等军队也相继建立了参谋组织，并成为军队中不可缺少的一部分。

随着社会的发展，管理问题的日益复杂，“多谋善断”由独自一人来完成已不可能。不仅在军事上，在政治、经济等组织中都需要出谋划策的参谋人员或参谋机构。专业参谋部门的出现，是时代发展的产物，它聚合了一些专家，运用集体智慧，协助直线主管进行工作，以便更好地实现组织目标。

因此，组织机构中的各个部分要能协调地为组织目标服务，就要求组织的全体成员能和谐一致地进行工作。为此，需要整合组织中的各种力量，建立高效的信息沟通网络，处理好组织的不同成员之间的各种关系，使分散在不同层次、不同部门、不同岗位的组织成员的工作，朝向同一方向、同一目标努力。

第一节 正式组织与非正式组织

长期以来，人们对组织存在着误解：即不少人以为，组织仅仅是指具有固定的结构、明确的层次和清晰的部门的正式组织。事实上，人们忽视了非正式组织的存在。然而，当代管理学界已经清楚地意识到，在正式组织中，超越工作关系之外的社会关系而形成的非正式组织同样是组织理论研究中不容忽视的重要因素，管理者应当在关注正式组织的同时也重视非正式组织的管理和引导。

一、正式组织的活动与非正式组织的产生

组织设计的目的是建立合理的组织机构和结构，规范组织成员在活动中的关系。设计的结果是形成所谓的正式组织。这种组织有明确的目标、任务、结构、职能以及由此而决定的成员间的责权关系，对个人具有某种程度的强制性。

但是，不论组织设计的理论如何完善，设计人员如何努力，人们都无法规范组织成员在活动中的所有联系，都无法将所有这些联系纳入正式的组织结构系统。一般在社会经济单位中，

还都存在着一种非正式的组织。

非正式组织是伴随着正式组织的运转而形成的。在正式组织展开活动的过程中，组织成员必然发生业务上的联系。这种工作上的接触会促进成员之间的相互认识和了解。他们会渐渐发现在其他同事身上也存在一些自己所具有、所欣赏、所喜爱的东西，从而相互吸引和接受，并开始工作以外的联系。频繁的非正式联系又促进了他们之间的相互了解，一些无形的、与正式组织有联系，但又独立于正式组织的小群体便慢慢地形成了。这些小群体形成以后，其成员由于工作性质相近、社会地位相当、对一些具体问题认识基本一致、观点基本相同，或者在性格、业余爱好以及感情相投的基础上，产生了一些被大家所接受并遵守的行为规则，从而使原来松散、随机性的群体渐渐成为趋向固定的非正式组织。

正式组织的活动以成本和效率为主要标准，要求组织成员为了提高活动效率和降低成本而确保形式上的合作，并通过对他们在活动过程中的表现予以正式的物质与精神奖励或惩罚来引导他们的行为。因此，维系正式组织的主要是理性的原则。而非正式组织主要以情感和融洽的关系为标准，要求其成员遵守共同的、不成文的行为规则。不论这些行为规范是如何形成的，非正式组织都有能力迫使其成员自觉或不自觉地遵守。对于那些自觉遵守和维护规范的成员，非正式组织会予以赞许、欢迎和鼓励，而那些不愿就范的成员，非正式组织则会通过嘲笑、讥讽、孤立等手段予以惩罚。因此，维系非正式组织的主要是接受与欢迎或孤立与排斥等感情因素。

由于正式组织与非正式组织的成员是交叉混合的，人们感情的影响在许多情况下要甚于理性作用。因此，非正式组织的存在必然要对正式组织的活动及其效率产生影响。

二、非正式组织的影响

非正式组织的存在及其活动既可对正式组织目标的实现起到积极促进的作用，也可能对后者产生消极的影响。

（一）非正式组织的积极作用

（1）可以满足员工的需要。非正式组织是自愿性质的，其成员甚至是无意识地加入进来。他们之所以愿意成为非正式组织的成员，是因为这类组织可以给他们带来某些需要的满足。

例如，工作中或工作之余的频繁接触，以及在此基础上产生的友谊，可以帮助他们消除孤独的感觉，满足他们“被爱”以及“施爱之心于他人”的需要，基于共同的认识或兴趣，对一些共同关心的问题进行谈论，甚至争论，可以帮助他们满足“自我表现”的需要；从属于某个非正式群体这个事实本身，可以满足他的“归属”“安全”的需要等。组织成员的许多心理需要是在非正式组织中得到满足的。而他们已经知道，这类需要能否得到满足，对人们在工作中的情绪，以及对工作的效率有着非常重要的影响。

（2）人们在非正式组织中的频繁接触会使相互之间的关系更加和睦、融洽，从而易于产生加强合作的精神。这种非正式的协作关系和精神如能带到正式组织中来，则无疑有利于促进正式组织的活动协调进行。

（3）非正式组织虽然主要是发展一种工作之余的、非工作性的关系，但是他们对其成员在正式组织中的工作情况往往也是非常重要的。对于那些工作的困难者、技术不熟练者，非正式组织中的伙伴往往会给予自觉地指导和帮助。同伴的这种自觉、善意的帮助，可以促进他们技术水平的提高，从而可以帮助正式组织起到一定的培训作用。

（4）非正式组织也是在某种社会环境中存在的，就像对环境的评价会影响个人的行为一样，社会的认可或拒绝也会左右非正式组织的行为。非正式组织为了群体的利益，为了在正式组织中建立良好的形象，往往会自觉或自发地帮助正式组织维护正常的行动秩序。虽然有时也会出现非正式组织的成员犯了错误互相掩饰的情况，但为了不使整个群体在公众中留下不受欢迎的印象，非正式组织对那些严重违反正式组织纪律的害群之马，通常会根据自己的规范，利用自己特殊的形式予以惩罚。

（二）非正式组织可能造成的危害

（1）非正式组织可能与正式组织产生冲突。非正式组织的目标如果与正式组织冲突，则可能对正式组织的工作产生极为不利的影响。例如，正式组织力图利用员工之间的竞争关系调动积极性，提高产量与效益；而非正式组织则可能认为竞赛会导致竞争，造成非正式组织成员的不和，从而设法阻碍和破坏竞争的展开，其结果必然是影响企业竞争的气氛。

（2）非正式组织可能束缚组织成员的发展。非正式组织一致性的要求可能不允许有才华和有能力的人冒尖，从而使个人才智不能得到充分发挥，对组织的贡献不能增加，这样便会影响整个组织工作效率的提高。

（3）可能影响组织的变革。非正式组织的压力还会影响正式组织的变革，发展组织的惰性。这并不是因为所有非正式组织的成员都不希望改革，而是因为其中大部分人害怕变革会改变非正式组织赖以生存的正式组织结构，从而威胁非正式组织的存在。

三、对非正式组织的管理策略

正式组织与非正式组织对于组织目标的实现都有不同的影响，因此要实现组织目标就要积极利用正式组织和非正式组织的贡献，尤其需要对非正式组织进行有效管理，克服和消除非正式组织的不利影响。

（一）思想上要正确对待非正式组织

对非正式组织要坚持实事求是的态度，既不能夸大非正式组织的作用，也不能对非正式组织持漠视态度，要敢于正视、承认非正式组织的存在，并把它与“小宗派”“小集团”区分开来。对非正式组织的积极作用要进行鼓励和支持，对其消极作用要进行积极引导，争取把非正式组织的作用引到正式组织的目标上来。

（二）对非正式组织进行目标引导

对于非危害性的非正式组织，领导者不必对其限制过严，事事干预，应该尊重他们的集体性，引导他们逐步向更高的目标发展。但需要注意的是引导不是妥协、退让、迁就，引导的目的就是要把非正式组织引导到有利于组织目标、任务的实现及完成，有利于正式组织建设的轨道上来。引导是要使非正式组织的积极因素得到发挥，消极因素转化为积极因素。

（三）对非正式组织进行感情维系

领导者应尊重员工的感情，沟通正式组织与非正式组织之间的信息，不断消除二者之间的矛盾，使二者保持平衡。在制定工作目标和标准时，不能只考虑效率，不顾感情，要使领导者与职工之间平等相待，密切协作。

（四）对非正式组织进行核心控制

非正式组织的“核心人物”对非正式组织的结构、性能和行为方式产生至关重要的影响。控制非正式组织的“核心人物”是控制非正式组织的关键。因此，领导者应做好“核心人物”的工作，在实现正式组织目标的过程中取得他们的支持，调动他们的积极性，利用他们的影响力、威信和能量来引导非正式组织。

第二节 直线与参谋

组织中的管理人员是以直线主管或参谋两类不同身份来从事管理工作的。这两类管理人员，或更准确地说与此相应的管理人员的两种不同作用，对组织活动的展开和目标的实现都是必须的。

一、直线、参谋及其相互关系

企业中的最高主管，由于时间和精力的限制，不可能直接地、面对面地安排和协调每一个成员的活动，需要委托若干副手来分担管理的职能，各个副手又需委托若干部门经理或车间主任，后者再委托若干科长或工段长来分担自己受托担任的管理工作。依此类推，直至组织中的基层管理人员能直接安排和控制员工的具体活动。这种由管理幅度的限制而产生的管理层次之间的关系便是所谓直线关系。

从直线关系形成的过程来看，由于低层次的主管是受高层次主管的委托来进行工作的，因此，必须接受他的指挥和命令。所以说，直线关系是一种命令关系，是上级指挥下级的关系。这种命令关系自上而下，从组织的最高层，经过中间层，一直延伸到最基层，形成一种等级链。链中每一个环节的管理人员都有指挥下级工作的权力，同时又必须接受上级管理人员的指挥，这种指挥和命令的关系越明确，即各管理层次直线主管的权限越清楚，就越能保证整个组织的统一指挥。直线关系是组织中管理人员的主要关系，组织设计的重要内容便是规定和规范这种关系。

参谋关系是伴随着直线关系而产生的。组织的规模越大，活动越复杂，参谋人员的作用就越重要，参谋的数量就越多，从而参谋与直线的关系就越复杂。

现代企业在运营中，企业活动的过程越来越复杂。组织和协调这个活动过程的管理人员，特别是高层次的主管人员越来越感到专门知识的缺乏。由于企业很难找到精通各种业务的“全才”，直线主管也很难使自己拥有组织本部门活动所需的各种知识，人们常借助设置一些助手，利用不同助手的专门知识来补偿直线主管的知识不足，来协助他们的工作。这些具有不同专门知识的助手通常称为参谋人员。

因此，参谋的设置首先是为了方便直线主管的工作，减轻他们的负担。虽然随着组织规模的扩大，参谋人员的数量会不断增加，参谋机构会逐渐规范化，为了方便这些机构的工作，直线主管也会授予他们部分职能权力，但是，他们的主要职责和特征，仍然是同层次直线主管的助手，主要任务仍然是提供某些专门服务，进行某些专项研究，以提供某些对策建议。

从上面的分析中可以看出，直线与参谋是两类不同的职权关系。直线关系是一种指挥和命令的关系，授予直线人员的是决策和行动的权力；而参谋关系则是一种服务和协助的关系，授予参谋人员的是思考、筹划和建议的权力。

区分直线与参谋的另一个标准是分析不同管理部门和管理人员在组织目标实现中的作用。人们把那些对组织目标的实现负有直线责任的部门称为直线机构，而把那些为实现组织基本目标协助直线人员有效工作而设置的部门称为参谋机构。根据这个标准，人们通常把企业中致力于生产或销售产品与劳动的部门称为直线机构，而把采购、人事、会计等部门列为参谋部门。

这种分类方法虽然有直观明确的好处，而且可在一定程度上与职权关系角度的分类有某种吻合。例如，企业中生产、销售部门的主管，他们的主要工作内容是组织所辖部门的生产或销售活动，因此，主要精力是处理部门内与直线下属的关系；而会计、人事等部门及其主管的主要活动内容则是记录生产与销售部门的资金运动或指导这些部门活动中的财务、人事政策，因此，主要精力是处理与这些直线部门发生的关系，为他们提供建议或服务。

但是，根据在组织目标实现中的作用来分类，可能会引起某些混乱。例如，企业中的物资后勤部门，显然不是主要部门，不直接参与企业的产品制造或销售服务活动。因此，根据在目标实现中的作用的标准来衡量，他们不能列为直线部门。毫无疑问，这些部门是为直线部门服务的。但把他们列为参谋部门也是不适宜的，因为他们只是提供工作或生活上的服务，并无参谋与建议的任务。为了避免这种混乱，我们认为应该主要从职权关系的角度来理解直线与参谋。

直线管理人员拥有指挥和命令的权力，而参谋则是作为直线的助手来进行工作的。

二、直线与参谋的矛盾

设置作为直线主管的助手的参谋职务，可以保证直线的统一指挥，还能够适应管理复杂活动需要多种专业知识的要求。然而在实践中，直线与参谋的矛盾往往是组织缺乏效率的原因之一。考察这些低效率的组织活动，通常可以发现两种不同的倾向：

（1）虽然保持了命令的统一性，但参谋作用不能充分发挥；

（2）参谋作用发挥失当，破坏了统一指挥的原则。

因此，在实际工作中，直线与参谋都有可能产生对对方不满的情绪。

从直线经理这方面说，他们需要对自己所辖部门的工作结果负责。因此，对那些必须在工作中与之商量、倾听意见的上级参谋人员和部门，当他们对与自己有关的工作发表议论和评论甚至指手画脚时，就有可能认为是干预了自己的工作，从而可能对他们产生不满。由于参谋人员只有服务和建议的权力，对直线人员的工作没有任何约束力，因此后者对他们的建议完全可以不予重视，只根据自己的认识和判断行事，并以所谓“参谋不实际”“参谋不了解本部门的特点”“参谋们只知纸上谈兵”等作为借口。直线人员对参谋作用的敌视和忽视，使得后者的专业知识不能得到有效利用。

从参谋人员的角度来看，会因为直线主管的轻视而产生不满。由于专门从事研究和咨询的参谋人员往往要比同层次的直线管理人员年轻，且受过更高水平的正规教育，组织重视他们的目的是利用他们的某些专业知识，因此，他们理所当然地希望通过提出有见解的、能够被采纳的建议来证明自己的价值，作为进取的途径。当有人告诉他们，决策是直线管理的职能，他们的作用只是支持性的、辅助性的，从而是第二位的时，他们自然会感觉到受到了挫折甚至侮辱，从而会产生对直线人员的不满。

参谋人员为了克服来自低层直线管理者的抵制，往往会不自觉地寻求上级直线经理的支持。在许多情况下，他们能够得到这种支持，并使之产生一定作用。上级主管会对直线下属施加一定压力，要求他们认真考虑参谋人员的建议。这样，有可能使得直线与参谋的矛盾朝向有利于参谋的方面变化。但是，这时可能会出现另外一种倾向，参谋们借助上级直线主管的支持，不是向低层次的直线管理人员推荐自己的建议、“推销”自己的观点，而是以指挥者的姿态强迫他们接受自己的观点，从而可能重新激起低层直线管理人员的不满，重新激化直线与参谋的矛盾。这时，高层次的直线主管可能会面临这样一个两难选择：是支持自己在工作中必须依赖的主要下属直线负责人，还是继续支持没有把活动限于调查研究，提供咨询的参谋人员。在这个两难问题的解决中，参谋人员往往是牺牲者，因为高层主管几乎只有选择支持直线下属的可能。

引起直线与参谋矛盾的另一个可能原因是参谋人员过高估计了自己的作用。某些正确的建议被直线经理采纳并取得了积极的成果以后，参谋人员会沾沾自喜，“贪天功为已有”，认为组织活动的成绩主要应归功于自己。相反，如果建议在实施过程中遇到困难，没有取得预计的有利结果，这时有些参谋人员又会迫不及待地推诿责任，声明之所以未能取得有利结果，是因为直线主管曲解了他们的建议，或者没有完全按照他们的说法去做；建议是合理的，方案是正确的，但执行过程中变了样。既然这样，成绩要归功于参谋，失误要怪罪于直线主管，那么直线主管漠视参谋的建议与作用也就不足为怪了。

三、正确发挥参谋的作用

解决直线与参谋的矛盾，综合直线与参谋的力量，要在保证统一指挥与充分利用专业人员的知识这两者之间实现某种平衡。解决这对矛盾的关键是要合理利用参谋的工作，参谋的作用发挥不够或过分，都有可能影响直线，从而影响整个组织活动的效率。合理利用参谋的工作，要求明确直线与参谋的关系，授予参谋机构必要的职能权力，同时，直线经理也必须向参谋人员提供必要的信息条件。

（一）明确职权关系

无论是直线经理或是参谋人员都应认识到，设置参谋职务、利用参谋人员的专业知识是管理现代组织的复杂活动所必须的。但是，直线与参谋的职责、权限以及工作目的是不同的。直线经理需要决策，安排所辖部门的活动，并对活动的结果负责；而参谋人员则是在直线经理的决策过程中，进行研究，提供建议，指明采用不同方案可能得到的不同结果，以供直线经理在运用决策权力的过程中参考。只有明确了各自工作的性质与职权关系的特点，直线与参谋才有可能防止相互之间矛盾的产生或以积极的态度去解决已产生的矛盾。

（1）对直线经理来说只有了解参谋工作，才有可能自觉地发挥参谋的作用，利用参谋的知识，认真对待参谋的建议，充分吸收其中合理的内容，并勇于对这种吸收以及据此采取的行动的结果负责，而不是在行动中出现了问题后去责怪参谋人员由于缺乏经验做了理论脱离实际的计划。

（2）对参谋人员来说，只有明确了自己工作的特点，认识到参谋存在的价值在于协助和改善直线的工作，而不是去削弱他们的职权，才有可能在工作中不越权争权，努力地提供好的建议，推荐自己的主张，宣传自己的观点，以说服直线经理乐于接受自己的方案，并在方案实施、取得成绩以后不居功自傲；认识到没有直线经理的接受，再好的方案也只能是纸上谈兵。而直线经理采纳何种方案，采取何种行动，是要担负一定的风险的，因此活动的成绩应首先归功于直线的经营管理人员。

总之，直线与参谋，越是明确各自的工作性质，了解两者的职权关系，就越有可能重视对方的价值，从而自觉地尊重对方，处理好相互间的关系。

（二）授予必要的职能权力

明确了参谋人员对管理复杂活动的必要性以后，直线经理会在理智上意识到必须充分利用参谋的专业知识和作用。但是，人并不是单纯的理性动物，也不是在任何时候、任何条件下都是理智的，影响人的行为还有许多非理性的因素。为了确保参谋人员作用的合理发挥，授予他们必要的职能权力往往是必须的。

授予职能权力是指直线主管把原本属于自己的指挥和命令直线下属的某些权力授给有关的参谋部门或参谋人员行使，从而使这些参谋部门不仅具有研究、咨询和服务的责任，而且在某种职能范围内（如人事、财务等）具有一定的决策、监督和控制权。

组织中参谋人员发挥作用的方式主要有以下 4 种。

（1）参谋专家向他们的直线上司提出意见或建议，由后者把建议或意见作为指示传达到下级直线机构。这是纯粹的参谋形式，参谋与低层次的直线机构不发生任何联系。

（2）直线上司授权参谋直接向自己的下级传达建议和意见，取消自己的中介作用，以减少自己不必要的时间和精力消耗，并加快信息传递的速度。

（3）参谋不仅向直线下属传达信息、提出建议，而且告诉后者如何利用这些信息，应采取何种活动。这时，参谋与直线的关系仍然没有发生本质的变化。参谋仍然无权直接向直线下属下命令，只是就有关问题与他们商量，提出行动建议。如果直线下属不予理睬或不予重视，则需要由直线上司来发出行动指示。

（4）上级直线主管把某些方面的决策权和命令权直接授予参谋部门，即参谋部门不仅建议下级直线主管应该怎么做，而且要求他们在某些方面必须怎么做。这时，参谋的作用发生了质的变化，参谋部门不仅要研究政策建议或行动方案，而且要布置方案的实施，组织政策的执行。

必须指出，参谋部门职能权力的增加虽然可以保证参谋人员专业知识和作用的发挥，但也有带来多头领导、破坏政令统一性的危险。参谋部门有了职能权力以后，企业中的分厂厂长或事业部经理除了有一个直线上司（总经理或副总经理）以外，可能同时还要接受好几个职能部门负责人的指导甚至是领导。这些职能上司的存在虽然是由解决复杂问题所必需的专业知识所决定的，但同样不可忽视的是，多头领导往往会造成组织关系的混乱和职责不清。因此，组织中要谨慎地授予职能权力。

谨慎地使用职能权力，包括两个方面的含义，首先要认真地分析授予职能权力的必要性，只在必要的领域中使用它，以避免削弱直线经理的地位；其次要明确职能权力的性质，限制职能权力的应用范围，规定职能权力主要用来指导组织中较低层次的直线经理怎么干，而不是用于决定干什么的，主要用于解决“如何”“何时”等问题，而不能用于解决“什么”“何地”“何人”等问题。

为了避免命令的多重性，组织中较高层次的直线主管还应注意，在授予某些职能权力后，要让相应的参谋人员放手展开工作，而不能仍然频繁地使用已经授予的权力。

（三）向参谋人员提供必要的条件

虽然直线与参谋的矛盾往往主要是由于参谋人员的过分热心所造成的，因此缓和他们之间的关系首先要求参谋人员经常提醒自己“不要越权”“不要篡权”，但同时直线经理也应认识到，参谋人员拥有的专业知识正是自己所缺乏的，因此必须自觉地重视他们的工作。要取得参谋人员的帮助，必须首先帮助参谋人员的工作，向参谋人员提供必要的工作条件，特别是有关的信息情报，使他们能及时地了解直线部门的活动进展情况，从而能够提出有用的建议。一方面埋怨参谋部门不了解直线活动的复杂性，提出的建议不切实际，同时又不愿为参谋人员研究情况、获得信息提供必要的方便，这显然是直线经理们应该注意避免的态度。

小链接

帕金森定律

英国历史学家、政治学家西里尔·诺斯古德·帕金森在《帕金森定律》一书指出：在行政管理中，行政机构会像金字塔一样不断增多，行政人员会不断膨胀，每个人都很忙，但组织效率却越来越低下。这条定律又被称为“金字塔上升”现象。帕金森认为一个不称职的官员，可能有3条出路：第一是申请退职，把位子让给能干的人；第二是让一位能干的人来协助自己工作；第三是任用两个水平比自己更低的人当助手。这第一条路是万万走不得的，因为那样会丧失许多权力；第二条路也不能走，因为那个能干的人会成为自己的对手；看来只有第三条路最适宜。于是，两个平庸的助手分担了他的工作，他自己则高高在上发号施令。两个助手既无能，也就上行下效，再为自己找两个无能的助手。依此类推，就形成了一个机构臃肿、人浮于事、相互扯皮、效率低下的领导体系。

第三节 委员会

作为集体工作的一种形式，组织中存在着多种多样的委员会。这些委员会，有些为解决某个专项问题而临时成立，而另一些则在组织中长期存在；有些只涉及某个专门职能，而另一些则是综合性质的；有些只是执行性的，而另一些则属于决策机构；有些只存在于组织中的较高层次，而另一些则大量地活跃于组织的中间层或较低管理层。

一、运用委员会的理由

虽然我们在本篇结构的逻辑中是把委员会当作整合组织力量的手段来研究的，但是由于委员会的性质和形式多种多样，因此它们存在的理由也往往各自相异。

（一）综合各种意见，提高决策的正确性

这通常是采用委员会的工作方式的主要理由。集体决策的质量要优于个人决策，这是由多种原因所决定的。

（1）集体讨论可以产生数量更多的方案。个人的知识、经验和判断能力总是有限的。从而能够提出的解决特定问题的方案数量也是有限的。而集体讨论则可增加方案的数量。可供选择的方案数量越多，被选方案的正确程度或满意程度就可能越高。

（2）委员会工作可以综合各种不同的专门知识。组织中需要解决的问题往往很少只涉及某一个方面的职能。企业的经营决策通常同时需要生产、营销、财务、人事等各个方面的专业知识。决策的层次越高，对知识的要求越广，从而越宜采用集体决策的方式，因为集体决策能够运用比个人更多、更广泛的经验和知识。

（3）集体讨论，可以互相启发，从而可以完善各种设想以及决策的质量。通过讨论，可以启发和活跃人的思维，开阔人的思路，促进人们思考，使新设想不断产生、补充和完善。讨论中别人提出意见，不论是赞同还是反对自己的观点，都会促进每一个与会者去认真思索赞同或反对、坚持或修正的理由，从而使他们及时地放弃自己的不合理的设想，或在充分吸收他人意见的基础上不断完善自己的观点。

（二）协调各种职能，加强部门间的合作

组织内的许多工作都要打破部门的界限，部门经理的决策不仅影响到本部门的工作，而且会对其他部门的活动产生影响，例如，销售部门与客户商定的交货日期，要求制造部门在生产进度上予以配合，同时它对市场情况的了解又会对生产部门的任务安排或设计部门的产品开发提供一定指导。由于各职能部门的活动相互影响、相互依存，加上企业目标的实现有赖于这些不同职能部门的共同努力，因而，组织中常通过建立由主要职能部门经理组成的执行委员会或管理委员会来协调不同部门的活动、组织信息的交流。通过委员会的定期或不定期会议，可使各个部门经理交换情报，了解关系部门的工作计划、存在的问题以及相互要求，以保证取得或提供相互间的必要配合。

（三）代表各方利益，诱导成员的贡献

组织是由不同成员构成的。他们分属于不同的利益集团。如果各利益集团在组织的决策机构中没有自己的代表，不能及时反映自己的要求，或者认为组织目标没有考虑到本集团的利益，那么，他们对这些目标和政策就会采取一种抵制的态度。委员会的运用，往往也是为了使组织内的不同利益集团能够派出自己的代表，发出自己的呼声。企业中的最高决策机构——董事会就是各利益集团的代表所构成的，虽然从理论上来说董事会主要是代表股东来行使资本所有权的，但由于企业活动离不开管理人员和工人的努力，因此，在今天西方企业的董事会的构成中，往往都包括这两个方面的代表。组织在处理涉及不同部门的关系或同一部门内部的各种纠纷时，往往也根据这个标准来选择委员会的成员。

（四）组织参与管理，调动执行者的积极性

委员会工作不仅有利于决策，而且有利于决策的执行。通过委员会来研究和决定解决某个问题的方案，不仅可以使更多的人（包括计划执行者的代表）参与整个决策过程，使他们了解信息，增加知识，从而为计划的执行提供了更好的条件；而且参与本身就是一种重要的激励方式，能够推动人们在执行过程中的更好合作。

我们知道，上级的实际权威往往在很大程度上取决于下级的接受。仅仅担任纯粹的执行职能的组织成员在组织活动中对上级的决策并不总是积极响应的，有时甚至采取抵制的态度。在下属没有参与决策的情况下，为了取得他们在执行过程中的合作和贡献，上级决策者需要去解释和说服。但这种解释或说服并不总是有效的。下属也许会被迫地、勉强地去执行这类决策，但同时也会在执行过程中找出一大堆不能达到目标要求的理由。相反，人们通常愿意接受自己帮助制定的决策。

二、委员会的局限性

由于委员会是由一组人来执行某种管理职能的，委员会的决策要在这一组人的意见基本一致的基础上才能做出，因而运用委员会的工作方式也有可能带来时间上的延误、决策的折中以及职责的不清等局限性。

（一）时间上的延误

为了取得大体一致的意见，做出各方面基本上都能接受的决策，委员会需要召开多次会议。这些会议通常要消费大量的时间。委员会是一个讲坛，所有成员都有权得到发言的机会，以阐明自己的观点，说服别人，或向别人提出质询。只有在充分讨论的基础上，才有可能得到基本一致的集体决议。综合了各种知识和意见的集体决策的正确性往往伴随着时间上的迟缓性。这种时间上的延误，往往需要组织付出极大的代价，因为行动的最好时机可能会在委员会的无休止的争论中已悄悄溜去。

（二）决策的折中性

委员会的工作方式降低决策质量的可能性几乎与促进决策完善的机会一样多。委员会的成员既是不同利益集团的代表，同时也有自己个人的利益，他们往往把委员会视为充分表现自己、实现个人或集团目标的手段。

在这种情况下，委员会难以发挥积极的促进合作的功能。只要某个利益集团或其代表的利益未能得到满足，委员会就难以做出任何决策，因为任何一方的代表都能以拒绝支持将要实施的计划来破坏委员会的统一行动。充分考虑了各个方面的利益，满足了各个委员的要求后，委员会也许最终能得到全体一致的决策，那么这种决策与其说是集体的意见，不如说是各种利益冲突的结果，是各种势力妥协、折中的产物，决策的质量是有限的，甚至没有实质性的内容。

（三）权力和责任的分离

同组织中任何其他机构或职务一样，当委员会被授予一定的权限时，必须对相应的权力使用的结果负责。因此，从理论上来说，作为集体中的每个成员都必须对委员会的每项决策及其执行情况负责。

了解了委员会决策可能是各种利益集团相互妥协的结果后，可以认为，这种“集体决策”是没有任何意义的：委员会的决策可能反映了每个人的意见，但并未反映任何人的所有意见，而任何人都不会愿意对那些只代表了自己部分利益和观点的决策及其行动负完全的责任——委员会的普通成员如此，对委员会的工作只起协调作用的委员会主席也如此。职权与责任的分离是委员会的主要缺陷之一，它可能导致没有任何委员会成员去关心委员会的工作效率。

三、提高委员会的工作效率

委员会的工作形式对于协调不同利益集团的关系，调动各方面的积极性，促进不同职能部门和管理层次的沟通和协作是非常重要的。但是，如果应用不当，则有可能影响决策的速度和质量，增加决策的成本。因此，要求我们不断探索改进这些缺点，提高委员会工作效率的方法。

（一）审慎使用委员会工作的形式

由于委员会的工作需要消耗大量的时间和费用，因而对于那些琐碎、繁杂、具体的日常事务，不宜采用委员会的形式去处理。这些日常业务，不仅数量多，而且时间要求往往非常高。如果利用委员会去处理，则可能经常产生决策延误的危险。相反，处理那些对组织的全局影响更重要、更长远，从而对时间要求往往不是很严格，组织可以且必须进行详细论证的问题，则可利用作为提供咨询的参谋机构，甚至作为政策的决策机构的委员会的工作方式。

另外，由于委员会通常可用来作为协调的工具，因此，当处理的问题只涉及一个职能或一个利益群体的内部时，利用委员会的工作似乎是多余的，而对于处理那些涉及不同部门的利益和权限的问题，委员会的形式往往是比较有效的。

（二）选择合格的委员会成员

根据委员会的性质来选择恰当的委员，运用委员会的目的在于进行专门研究，提供咨询意见和建议，那么，委员会成员应具有问题所涉及的不同专业的理论和实际知识。

如果运用委员会的目的是协调各方面的利益和权限，那么委员会的成员就应是相关职能部门的负责人或利益群体的代表。如果委员会作为一个决策机构来工作，那么委员会的成员就不仅应掌握必要的专门知识，能够代表不同方面的利益，而且应具备相当的综合、分析能力和合作精神。在任何性质的委员会中，成员都应有较强的表达能力和理解能力，不仅善于表达自己的观点，而且能正确把握其他成员的思想。因为决定委员会工作效率的一个重要因素是成员间的相互沟通，而改善沟通的必要前提是这些在一起工作的人具有较强的沟通能力。

（三）确定适当的委员会规模

委员会的规模主要受到两个因素的影响：沟通的效果以及委员会的性质。在确定委员会的规模时，要努力在追求“沟通效果”与“代表性”这两者之间取得适当的平衡。

（四）发挥委员会主席的作用

委员会主席是一个重要的角色，委员会的工作成效无疑要在很大程度上受到其主席的领导才能的影响。为了避免时间的浪费和无聊的争论，委员会主席应在每次会议之前列出详细的工作计划，选择恰当的会议主题，安排好议事日程，为与会者准备必要的、能够帮助他们熟悉情况的有关议题的背景材料；在讨论过程中，要善于组织和引导，既能公正地对待每一种意见，不偏袒任何一种观点，尊重每一个成员，给他们以平等的自由发表意见的机会；同时，也能从总体的角度出发，综合各种意见，提出易于被大部分成员所接受的新观点。

（五）考核委员会的工作

要提高委员会的工作效率，必须了解委员会的工作情况，对委员会的工作效率进行考核。由于委员会主要是通过会议来进行工作的，因此考核委员会的工作必须检查它的会议效率。会议的效率与召开会议所得到的有利结果以及为取得该有利结果而支付的费用有关。虽然我们难以计算委员会的决策带来的直接的货币收益，特别是难以对会议本身带来的协调、沟通和激励的作用进行量化处理，但是我们可以很方便地利用下述公式来计算委员会召开的会议的直接成本：

$$C=A\times B\times T$$

公式中，C表示会议的直接成本，A表示与会者平均小时工资率，B表示与会人数，T表示会议延续的时间。显然，在委员会成员数量与工资水平不变的情况下，减少为取得特定结果而所需的会议时间，是减少会议直接成本，从而提高委员会工作效率的重要途径。

案例讨论

失败的计划

常平大学毕业后，被分到某工厂的企管科工作。这一年厂里推行“承包责任制”，常平毛遂自荐，要求承包二车间。他的改革方案写得周密具体，富有创新性，党委会顺利通过。于是，常平走马上任，当上了二车间主任。

二车间是加工轴套的车间，共 108 名职工，其中女工 26 人，平均文化程度初中。这是全厂有名的先进集体，“生产技术先进”“设备保养先进”“产品质量先进”等各种各样的锦旗挂满了车间主任办公室的墙壁，这更激发了常平的雄心壮志，他决定在这里大显身手，使二车间的工作更上一层楼。

第一个月很快过去了。虽然该车间运行正常且人员对常平也很恭敬，但总让常平感到他这个主任只是个摆设，他对任何事情都插不上手，压根就没有人真正注意他、接纳他。他有话无处说，有火不能发，只好端着主任的架子走出办公室到车间四处转转。

后来，他从调度员的口中，了解到车间工作现如今运行周密，人员自觉工作的具体原因：二车间有一个貌似不起眼，实则举足轻重的人物，人称八师傅。八师傅是建厂的元老，二车间的车床都是他亲手安装的，他的技术是一流的，车钳铣刨样样精通。厂子里历年的先进工作者李师傅是八师傅的徒弟，侯调度又是李师傅的徒弟，侯调度也有自己的徒弟卷毛。这样，全车间的人都是他的徒弟或徒弟的徒弟，不是他徒弟的人也都争着拜他为师。“师徒如父子”，八师傅对徒弟比儿子还亲。谁家的生老病死、婚丧嫁娶没有他都不行。八师傅虽然没当过一官半职，但说话就是算数。八师傅的徒弟中，也有在市里做官的，他们几次请八师傅出来当书记、厂长、主任什么的，八师傅一概不干。他只当他的师傅，人们对他言听计从。

多年来，八师傅按着自己的理想苦心经营着二车间，使二车间像一个温暖、自在的家园。这里没有竞争、没有勾心斗角、生产上没有冒尖的也没有落后的，大家和和气气，互相关心，不论谁遇到什么难事，集体的力量总能帮他解决。所有这一切都是早成惯例的自动程序，根本无须常平这个主任操心，就是在这种情况下，车间定额也照例按时完成，年终二车间再次被评为先进集体。

但二车间也有二车间的难处。由于工资低奖金少，人们普遍贫困。了解到了这些情况，常平决定采取行动。常平首先拜访了八师傅。他把心里的计划和盘托出，中心意思是实行计件超额奖，刺激生产力，引进竞争机制。只要挖出二车间的潜力，大家也就不缺钱了。然而意见遭到八师傅的反对。

但不论八师傅态度如何，常平认定二车间大有潜力可挖，因此开始实施他的改革计划。他写了“时间就是金钱，效率就是生命”的大幅标语，高悬在车间的穹顶下，并设计了一张个人生产进度表挂在了办公室最显眼的墙壁上。他召开全车间大会，宣布实行计件超额奖，强调每个人的价值、工资收入将从图标上体现出来。

可是二车间所有的人神态安详，无动于衷。最终常平的计划流产了。

请同学们思考：

请用学过的相关理论分析常平计划失败的原因及对策。

练　习　题

一、选择题

1. 下列关于非正式组织不正确的说法是（　　）。

A. 非正式组织主要以感情和融洽为主要的标准
B. 正式组织与非正式组织是交叉混合的
C. 非正式组织的危害要大于积极作用
D. 非正式组织会发展组织的惰性

2. 下列关于委员会的说法中不正确的是（　　）。

A. 委员会能够综合各种意见，提高决策的正确性
B. 委员会一般只活跃于组织的中间层和较低管理层
C. 委员会容易导致时间上的延误
D. 日常事务管理不宜采用委员会的管理方式

3. 下列哪一种情况最不应该采取群体决策方式（　　）。

A. 确定长期投资于哪一种股票　　B. 决定一个重要副手的工作安排
C. 选择某种新产品的上市时间　　D. 签署一项产品销售合同

4. 如果你是一家公司的经理，当你发现公司中存在许多小团体时，你的态度是（　　）。

A. 立即宣布这些小团体为非法，予以取缔
B. 深入调查，找出小团体的领导人，向他们发出警告，不要再搞小团体
C. 只要小团体的存在不影响企业的正常运行，可以对其不闻不问，听之任之
D. 正视小团体的客观存在性，允许乃至鼓励小团体的存在，对其行为加以积极引导

5. 解决直线与参谋间冲突的一个主要方法是（　　）。

A. 赋予直线管理人员参谋职权　　B. 让直线人员更多地依靠参谋人员的知识
C. 允许直线人员压制参谋人员　　D. 把直线与参谋的活动结合起来

6. 企业管理者对待非正式组织的态度应该是（　　）。

A. 设法消除　　B. 严加管理　　C. 善加引导　　D. 积极鼓励

7. 如果你是公司的总经理，你将授予哪种人以决策和行动的权力（　　）。

A. 参谋人员　　B. 直线人员　　C. 咨询人员　　D. 一线员工

8. 在组织中，直线与参谋两类不同职权在确保企业有效运动上存在以下哪种关系（　　）。

A. 领导与被领导　　B. 一般协作同事
C. 负直接责任与协助服务　　D. 命令与服从

9. 车间主任老王最近发现，质检员小林一有空就与机关的小柳、设计室老张和门卫老杨等一起谈足球，个个眉飞色舞，而参加工作例会却没精打采，对此，你认为老王最好采取什么措施（　　）。

A. 批评小林，并对他提出要求，以后不许在厂里和别人谈论足球
B. 严格执行车间工作，对擅自违反规定者严加惩罚
C. 在强调必须遵守工作的同时，在车间搞一个球迷会，并亲自参加协会活动
D. 对上述情况不闻不问，任其自由发展

10. 一般来说，非正式组织最不可能满足下列哪种需要（　　）。

A. 生理的需要　　B. 归属的需要　　C. 自尊的需要　　D. 自我实现的需要

二、判断题

1. 设置参谋职务，是管理现代组织的复杂活动所必须的。(　　)

2. 对于企业中存在的非正式组织，企业的领导通常采用不闻不问的态度。(　　)

3. 在管理实践中，参谋的作用发挥失当时，管理者应该予以取消。(　　)

4. 委员会的工作需要消耗大量的时间和费用，因此对琐碎、繁杂、具体的日常事务，不宜采用委员会的形式。(　　)

5. 为确保参谋人员发挥其作用，组织中的直线经理必须向参谋人员提供必要的条件。(　　)

第四篇

领导

第八章 领导与领导者

【引导案例】

只管3个人

美国著名的艾森豪威尔将军是第二次世界大战中盟军的指挥官，在诺曼底登陆以前，一次他在英国打高尔夫球，新闻记者采访他：“前线战事紧急，您怎么还有心情在这里打球啊？”艾森豪威尔说：“我不忙，我只管3个人：大西洋有蒙哥马利，太平洋有麦克阿瑟，喏，在那边捡球的是马歇尔。”其实艾森豪威尔手下有百万大军，诺曼底登陆也是事关重大，是第二次世界大战的转折点。难道他真的只管3个人吗？不是。他是懂得启发、教育下属，培养下属的能力，并让下属参与管理。

艾森豪威尔在放心授权于他所谓“只管”的“3个人”之前，恐怕也必须要像个驾驶教练那样，“必须陪着新手上路，指导他如何加减挡，如何踩油门”。即使放权之后，也还是需要不断地深入第一线，更多地掌握第一手信息。

做领导“事必躬亲”不可取，做“撒手大掌柜”的更不可取！

第一节 领导概述

领导是组织的重要职能之一，是一个组织发展与衰落的关键因素。领导职能往往贯穿于整个管理活动的始终，领导职能发挥的如何也会影响到管理活动的最终效果。

一、领导的概念

关于领导的概念，历来有不同的解释。传统的管理理论认为领导是组织赋予一个人的职位和权力，以率领其部下实现组织的目标。但更多的管理学者认为领导是一种行为和影响力，这种行为和影响力可以引导和激励人们去实现组织目标。领导是在一定条件下实现组织目标的行为过程。

这种行为和影响力包含有行使组织所赋予的权力，实行监督和控制，但更主要的是通过领导者依据组织环境，运用领导技能，采取正确的领导方式和领导行为，团结和带领员工高效地实现组织目标。领导是指领导者为实现组织的目标而运用权力向其下属施加影响力的一种行为或行为过程。有效的领导往往表现为对下属较强的影响力，或者说，表现为下属对领导者强烈的追随和服从倾向。

正确理解领导的概念，需要把握以下几点。

（1）领导者必须有部下或追随者。没有部下的领导者谈不上领导。

（2）领导者拥有影响追随者的能力或力量。这些能力或力量包括由组织赋予领导者的职位和权力，也包括领导者个人所具有的影响力。

（3）领导的目的是通过影响部下来达到组织的目标。

二、领导的作用

在带领、引导和鼓舞部下为实现组织目标而努力的过程中，领导者要具体发挥指挥、激励、协调、沟通 4 个方面的作用。

（一）指挥作用

领导在组织中的作用犹如指挥对整个乐队的作用。在人们的集体活动中，需要有头脑清晰、胸怀全局，能高瞻远瞩、运筹帷幄的领导者帮助人们认清所处的环境和形势，指明活动的目标和达到目标的途径。领导者只有站在群众的前面，用自己的行动带领人们为实现企业目标而努力，才能真正起到指挥作用。

（二）激励作用

在现代企业中，尽管大多数人都具有积极工作的愿望和热情，但是也未必能自动地长久保持下去。这是因为劳动是谋生的手段，人们需求的满足还受到种种限制。如果一个人的学习、工作和生活遇到了困难、挫折或不幸，某种物质的或精神的需要得不到满足，就必然会影响工作的热情。

在复杂的社会生活中，企业的每一个员工都有各自不同的经历，怎样才能使每一个员工都保持旺盛的工作热情，最大限度地调动他们的工作积极性？这就需要有通情达理和关心群众的领导者来为他们排忧解难，激发和鼓舞他们的斗志，发掘和加强他们积极进取的动力。

（三）协调作用

在许多人协同工作的集体活动中，即使有了明确的目标，也因各人的才能、理解能力、工作态度、进取精神、性格、作风、地位等不同，加上外部各种因素的干扰，人们之间在思想上发生各种分歧，行动上出现偏离目标的情况是不可避免的。因此，就需要领导者来协调人们之间的关系和活动，把大家团结起来，朝着共同的目标前进。

（四）沟通作用

领导者是组织的各级首脑和联络者，在信息传递方面发挥着重要作用，是信息的传播者、监听者、发言人和谈判者，在管理的各层次中起到上情下达、下情上述的作用，以保证管理决策和管理活动顺利地进行。

引导不同的员工努力地朝向同一个目标，协调这些员工在不同时空的贡献，激发员工的工作热情，促使他们在企业经营活动中保持高昂的积极性，沟通联络组织各个层级，这便是领导者在组织和率领员工为实现企业目标而努力工作的过程中必须发挥的作用。

三、领导权力的构成

领导者之所以能够实现对下属的领导，基础是权力。领导是由权力派生而来的。

（一）权力的含义

所谓权力是指一个人主动影响他人行为的潜在能力。这里所说的“潜在”指权力可以处于一种潜伏状态，也就是说，一个人可能拥有一定的权力，但可能根本没有行使这种权力，不一定会实际用以影响他人。另外，权力还表现为一种依赖关系。一个人对另一个人依赖越大，受其影响的程度就越大，即后者对前者的权力越大。管理者只要更多地控制了下属所要做的事，就会使下属对他产生依赖，进而对下属形成更大的影响力。

（二）权力的来源

领导者的权力主要来自两个方面：一是职位权力，这种权力是组织授予的，随职位的变化而变化，包括法定权、奖励权和强制权。职位权力给下属带来了权力影响力，人们往往迫于压力和习惯不得不服从这种职位权力。二是个人权力，这种权力来自领导者自身，由于自身的某些特殊条件才具有的，包括专长权和个人影响权。尽管这种权力所产生的影响力是非权力影响力，但它不会随职位的消失而消失，其影响是长远的。权力的构成如表 8.1 所示。

表 8.1　　领导者权力的构成

职位权力（权力影响力）			个人权力（非权力影响力）	
法定权	奖励权	强制权	专长权	个人影响权

1. 法定权

法定权，指组织内各领导职位所固有的合法的、正式的权力。不同组织成员因其所处的地位不同，享有的法定权力也不同。这种权力可以通过领导者利用职权向下属发布命令、下达指示直接体现出来，也可以借助组织内部的政策、程序和规则直接体现出来。

2. 奖励权

奖励权，指提供奖金、提薪、升职、赞扬、理想的工作安排和其他任何会令人愉悦的东西的权力。它来自下级追求满足的欲望，由于被领导者感到领导有能力使他的需要得到满足，因而预期难以对领导表现为追随和服从。领导者控制的奖励手段越多，这些奖励对下属越重要，拥有的影响力就越大。

3. 强制权

强制权也被称为惩罚权，是领导者对其下属具有的绝对强制其服从的力量。下属不服从领导者的命令或指示，将会受到惩罚。换句话说，强制权是指给予扣发奖金、降职、批评以至开除等惩罚性措施的权力。它来自于下级的恐惧感。这种权力的行使与领导者担负的工作和职位相关。

4. 专长权

专长权是由个人的特殊技能或某些专业知识而形成的权力。它来自下级的信任。即下级感到领导者具有专门的知识、技能，能够帮助他们排除障碍，克服困难，实现组织目标和个人目标，因此愿意跟随。

5. 个人影响权

个人影响权指与个人的品质、魅力、资历、背景等相关的权力。它来自于下级的尊敬，即领导者具有良好的品质和作风，受到下级的敬佩，进而使下级愿意接受其影响。

对于任何一个领导者来说，职位权力无论何时都是必要的，但仅拥有职位权力的领导者只会是一个指挥官，而不能成为令人信赖和敬佩的领导。领导者还应加强个人素质的修炼，更自觉地培养自身的影响力，把领导者的影响力建立在群众自愿接受和支持的基础上，即在拥有职位权力的同时，获得更大的个人权力，将有助于提高领导的有效性。

四、领导与管理的关系

领导是一种普遍的管理行为。对于领导和管理的关系，目前有不同的观点，有的人甚至认为“管理就是领导”。我们认为，领导工作是管理工作的一部分，这两者之间既有联系也存在着明显的区别。

首先，从工作的主体方面来看，领导人员是管理人员的一部分，是担负领导职务并拥有决策指挥权的那一部分管理人员。其次，从工作的客体方面看，管理的对象通常包括人、财、物等多种生产要素，而领导工作的对象往往只能是人。最后，从工作的手段和方法来看，管理包括计划、决策、组织、协调和控制等，而领导工作则主要是确定大致方针政策、人事安排和对于各种活动的协调等。

第二节 领导方式及其理论

领导与其他管理职能一样，是任何组织普遍存在的管理活动。对于领导及其效能的问题，目前有各种各样的解释或理论，内容十分丰富。本节将介绍领导方式的划分和相关的领导理论。

一、领导方式的一般分类

近几十年来，国内外学者对领导行为方式问题做过大量的调查和研究工作，形成了许多有价值的理论成果。其中最常见的是以领导者运用权力的范围和被领导者自由活动程度为标准，把领导行为方式划分为专权式、民主式和放任式 3 种类型的理论。

（一）专权式领导方式

专权式领导方式又被称为独裁式、专制式、集权式领导方式。就是领导者单独做决策，然后发布指示和命令，明确规定和要求下属或部门做什么和怎么做。对于决策，下属没有参与权和发言权。这种领导方式，又可以具体区分为命令式和说服式两种。

命令式领导的特征是：领导者采取单向沟通方式，以命令的形式向下属布置工作任务和完成任务的程序和方法；下属不了解或无法了解组织的整体目标和最终目的；领导者和被领导者相分离，领导者一般不参加集体活动；领导者凭个人的经验和了解，对下属的工作表现做出评价。这种领导方式，在领导者与被领导者之间，纯粹是一种命令与服从、指挥与执行的关系。

说服式领导与命令式领导的不同之处在于：领导者做出决策后，不仅向下属人员发出指令，而且还要做说明工作，即所谓“推销其决策”。也就是说，通过双向沟通方式进行宣传和教育，使下属了解工作任务要求，了解组织的整体目标。这样有利于提高他们的积极性。

（二）民主式领导方式

民主式领导方式又叫作参与型领导方式，是在决策工作中，领导者让下属人员以各种形式参与决策。这种领导方式的特点表现在：在领导者与被领导者之间进行双向沟通；员工的民主权力受到尊重，他们的意见能够影响决策；能提高决策的科学水平，减少决策工作的失误；有利于决策的实施和执行。

（三）放任式领导方式

放任式领导方式，又称为宽容型领导方式、分权型领导方式。就是领导者极少运用权力，而是向下属人员或部门进行高度授权，让下属相对独立地去完成任务和处理问题。

在管理实践中，我们发现放任式领导方式工作效率最低，只能达到组织成员的社交目标，但完不成工作目标。专权式领导方式虽然通过严格管理能够达到目标，但组织成员没有责任感，情绪消极、士气低落。民主式领导方式工作效率最高，不但能够完成工作目标，而且组织成员之间关系融洽、工作积极主动、有创造性。

二、典型的领导理论

在西方国家，有很多学者从不同角度研究了关于领导的理论。按理论出现的时间顺序，可以把现有的领导理论大体分为三类：领导者特质理论（Trait Theory）；领导行为方式理论（Behavioral Pattern Theory）；权变领导理论（Contingency Situational Theory）。表 8.2 对 3 种领导理论进行了详细的比较。

表 8.2　三种领导理论的比较

领导理论	基本观点	研究目的	研究结果
领导特质理论	领导的有效性取决于领导者个人特性	好的领导者应当具备怎样的素质	各种优秀领导者的描述
领导行为理论	领导的有效性取决于领导行为和风格	怎样的领导行为和风格是最好的	各种最佳的领导行为和风格描述
领导权变理论	领导的有效性取决于领导者、被领导者和环境的影响	在不同的情况下，哪一种领导方式是最好的	各种领导行为权变模型描述

（一）领导者特质理论

早期领导理论的主要研究内容就是试图区分领导者和一般人的不同特点，并以此来解释人们成为领导者的原因。换句话说，领导者品质理论研究的核心问题是良好的、有效的领导者应该具有什么样的品质特征。

传统的领导特质理论认为，一个企业的成功或失败取决于领导者的品质和特性，而这些品质或特性并不为大多数人所拥有，也就是说，“伟人”是天生的，不是后天培养和学习可造就的。即使某些品质特征可以通过“学习”得来，但人们学习能力的差异也是与生俱来的。

对于领导者应具备哪些品质特征，有的研究将其归纳为身体特征（如外貌、身高、精力等）、背景特征（如教育、经历、社会地位、社会关系等）、智力特征（如知识、智商、判别能力、语言能力等）、性格特征（如热情、开朗、自信、机敏、果断、独立性等）、与工作相关特征（如进取心、忍耐力、创造性等）以及社交特征（如指挥能力、合作性、人际技巧、声望等）。

现代领导特质理论则反对传统观点，认为只强调遗传、先天特质是片面的，领导者的品质和特征是后天的实践、培养和训练造就的。

美国学者鲍莫尔（W. J. Baumol）提出的领导者品质包括 10 项。

（1）合作精神：能同人合作，用感化和说服的方法赢得人心。

（2）决策才能：实事求是地决策，并能做到高瞻远瞩。

（3）精于授权：善于授权，把适当的职权授予下属，自己抓大政方针和重要事项。

（4）善于组织：善于把人力、物力、财力组织起来，充分调动下级的积极性。

（5）善于应变：灵活机动，权宜应变，不墨守成规和生硬僵化。

（6）勇于负责：责任心强，对自己要求严格。

（7）勇于求新：富于对新鲜事物的敏感，愿意创新。

（8）敢担风险：勇于负责，敢担风险，敢于承担改变组织现状时遇到的风险，并有创造新局面的雄心和信心。

（9）尊重他人：谦虚谨慎，尊重别人，重视和采纳别人的合理化建议。

（10）品德超人：自持严格，品德上受到别人认可和尊重。

20 世纪 60 年代，著名的心理学家吉赛利在《管理才能探索》一书中研究探索了 8 种个性特征和 5 种激励特征。

8 种个性特征如下。

（1）才智：语言与文字方面的才能出众。

（2）首创精神：有开拓创新的愿望和能力。

（3）督察能力：有指导监督别人的能力。

（4）自信心：自我评价高、自我感觉好。

（5）适应性：善于与下属沟通信息，交流感情。

（6）判断能力：决策判断能力较强，处事果断。

（7）性别：男性与女性有一定的区别。

（8）成熟程度：经验、工作阅历较为丰富。

5 种激励特征如下。

（1）工作稳定性的需要。

（2）对物质金钱的需要。

（3）对地位权力的需要。

（4）对自我实现的需要。

（5）对事业成就的需要。

吉赛利的研究成果表明，这些特性对领导者成功管理的影响可分为 3 个层次，即最重要的是：才智、地位权力需要、督察能力、事业成就的需要、自我实现的需要、自信心、判断能力等；比较次要的是：首创精神、工作稳定的需要、适应能力、物质金钱的需要、成熟程度等；最后才是性别的区别。即一个有效的领导者，首先是才智和自我实现及对事业成功的追求等对能否取得成功关系较大，而物质金钱的追求、工作经验等关系不大。其次，一个有效领导者的督察能力和判断能力也是十分重要的。最后，男性与女性的区别与事业成功与否关系不大。

对有效领导者的品质特征的归纳，不同国家不同学者各不相同，正如哈罗德·孔茨教授所说，“研究工作给我们提供了这么一张据说能说明领导者品质的五花八门的品质清单”。时至今日，关于领导者应具备的特质讨论仍在进行，随着时代的发展，观点也在不断进步。

（二）领导行为方式理论

20 世纪 40～60 年代，学界对领导理论的研究重点从领导者品质理论转向领导方式的研究。所谓领导行为方式就是指领导者运用权力对下属施加影响的方式。下面介绍几种著名的领导行为方式理论。

1. 领导方式的连续统一体理论

1958 年，美国加利福尼亚大学管理学家罗伯特·坦南鲍姆（Robert Tannenbaum）和瓦伦·施米特（W.H.Schmidt）在《哈佛商业评论》上发表的文章《怎样选择一种领导模式》指出，对命令型和参与型的领导方式要采取随机制宜的态度，领导者到底采取哪种领导方式更有效，应取决于多种因素，在这两种极端的领导方式中间，存在着多种过渡型的领导方式，这些不同的领导方式构成了一个连续不断的统一体，如图 8.1 所示。

坦南鲍姆和施米特认为，对上述 7 种领导方式，不能说哪一种正确哪一种错误，领导者在选择具体的领导方式时应考虑相关因素的影响。这些相关因素主要指领导者、下属和环境 3 个方面的条件。在全面考虑以上各方面条件之后，确定一种适当的领导方式。

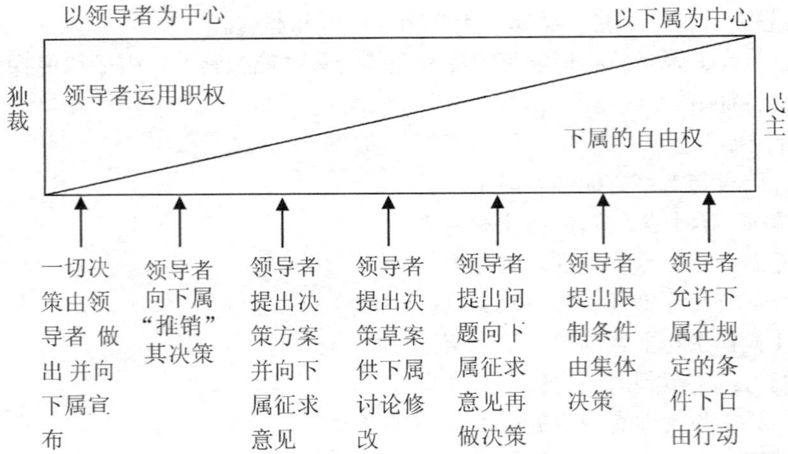

图 8.1　领导方式连续统一体

2. 领导行为四分图理论

以美国俄亥俄州立大学企业研究所的拉菲·斯托格第（Ralph M.Stogdill）和卡罗尔·沙特尔（Carrol L.Shartle）为核心的研究小组对企业的领导方式进行了一系列调查研究。他们发放了含有 15 个问题的"领导行为描述问卷"调查表，收集到大量对于领导行为的描述，列出了 1 000 多个因素，最后分析确认了领导行为的两个独立维度——以工作为中心的"定规维度"（Initiating Structure）和以人为中心的"关怀维度"（Consideration）。

定规维度是指领导者运用组织构架所形成的强制力和约束力进行领导的倾向，在领导中强调规章制度、强制命令和规范约束。关怀维度是指领导者在领导行为中对于组织成员的信任、尊重和关怀的倾向，所强调的是领导者对下属的需求、健康、地位、成长的关心，强调领导者和被领导者之间关系的融洽与满意。

斯托格第和沙特尔发现，以人为中心和以工作为中心这两种领导方式在一个领导者身上交织存在，只是所占比例不同，它们有时是一致的，有时是不一致的。这两种领导方式并非相互排斥，而应当结合起来，并且结合形式有多种。领导者应当在组织的需要和个人的需要之间加以适当调节，找出最有效的领导行为方式。斯托格第和沙特尔首次以四分图形式来研究领导行为方式，所以这种理论又称"四分图理论"，如图 8.2 所示。

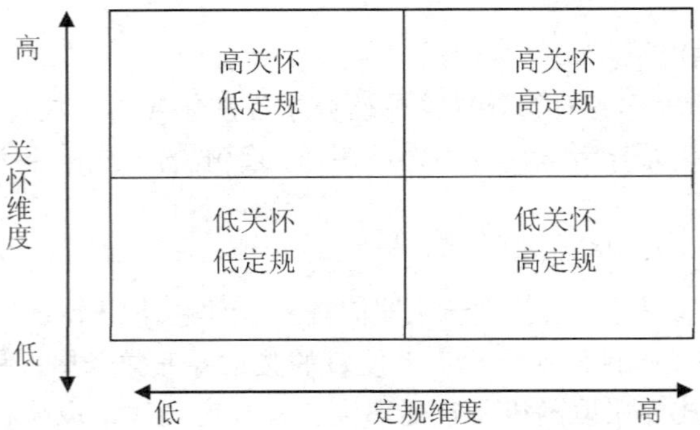

图 8.2　四分图理论

从图 8.2 可看出有四种不同的领导方式，即高定规和低关怀；低定规和低关怀；低定规和高关怀；高定规和高关怀。一般来说，低定规和低关怀的领导方式效果不好，而高定规和高关怀的领导方式效果最佳。

3. 管理方格理论

1964 年，美国得克萨斯大学的罗伯特·布莱克（Robert Black）和简·穆顿（Janes S. Mouton）在《管理方格》一书中提出了“管理方格”理论。

该理论将领导行为分解为“对工作的关心”和“对人的关心”两个方面，布莱克和穆顿将这两个方面再细分为九个级别，并设计出一张九等分的方格图来分析领导行为方式问题。有关这一理论的管理方格图如图 8.3 所示。

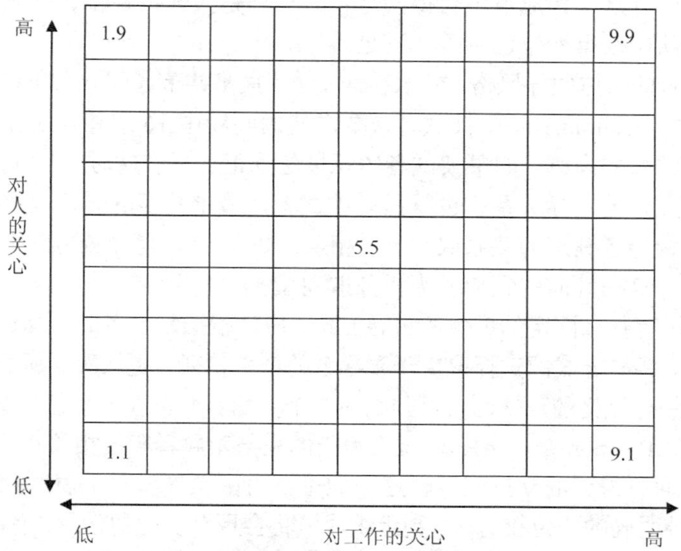

图 8.3　管理方格图

管理方格图包括两个方面，横坐标表示领导者对生产、对工作任务的关心程度，纵坐标表示领导者对员工的关心程度。图中的诸多方格代表以人为中心和以工作任务为中心两种领导方式的各种结合形式。

在管理方格中，如下 5 种领导行为方式具有代表性。

（1）1.1 型领导方式，也称“贫乏式管理”。这一类领导对人和生产任务都很少关心，是一种无效率的领导方式。

（2）1.9 型领导方式，也称为“乡村俱乐部型领导方式”。这类领导对员工极其关心，对生产任务不关心，是一种以人为中心的领导方式。

（3）9.1 型领导方式，也称为“任务型领导方式”。这类领导对生产任务极其关心，对员工缺乏关心，是一种以工作任务为中心的领导方式。

（4）5.5 型领导方式，也称为“中庸之道式管理”。这种领导方式既不过于偏重人的因素，又不过于偏重生产任务，但缺乏革新精神，员工的积极性得不到充分发挥，在激烈的竞争中难免会失败。

（5）9.9 型领导方式，也称为“团队式管理”。持这种领导方式的人认为，对人的关心和对生产的关心之间并没有必然的冲突，领导者要对人和生产都极其关心，进而使组织的目标与个人的需要最理想、最有效地结合起来。这是一种最为有效的领导方式。布莱克和穆顿认为，企业的领导者在实践中应该客观地分析企业内外的各种情况，把自己的领导方式改造成为 9.9 型，以取得最好的效果。

（三）领导的权变理论

权变管理理论产生之后，被应用于许多管理领域，但应用最为普遍的还属领导理论研究。

权变领导理论研究的重点是领导者、被领导者和领导环境三者之间的相互影响。

1. 菲德勒权变领导模型

目前，在权变领导理论方面最有影响力的当属伊利诺大学的菲德勒（Fred E. Fiedler）提出的菲德勒模型。菲德勒从 1951 年开始，首先从组织绩效和领导态度之间的关系着手进行研究，经过长达 15 年的调查试验，提出了“有效领导的权变模式”，即菲德勒模型。

菲德勒首先假设了两种主要的领导方式类型：一种是工作任务导向型，即领导者倾向于追求工作任务的完成，并从工作成就中获得满足；另一种是人际关系型，即领导者倾向于追求良好的人际关系，并从中获得地位、尊重的满足。

为了确定领导者的个体领导风格，菲德勒开发了“最难共事者问卷”，即“LPC 问卷”（Least-preferred Co-worker Questionnaire）。被试者被要求使用问卷中 16 组相互对立的形容词描述以往工作中的一位最难共事的同事。如果被试者用积极的词汇描述，这时 LPC 得分较高，说明被试者乐于与同事形成友好的人际关系，也就是说被试者把最难共事的同事也描述得比较有利，菲德勒将这一倾向的领导者确定为关系取向型。相反，如果 LPC 得分较低，则被试者可能对工作更感兴趣，菲德勒称这一倾向的领导者为任务取向型。

菲德勒认为，没有什么固定的最优的领导方式，应当根据领导者的个性和面临的组织环境采取不同的领导方式。领导方式的选择取决于领导者的个性特征，更取决于所面临的组织环境。他认为，影响领导者领导风格的环境因素可归纳为 3 个方面：职位权力、任务结构和上下级关系。

（1）职位权力（Position Power）。职位权力指的是与领导者职位相关联的正式职权和从上级和整个组织各个方面所得到的支持程度，这一职位权力由领导者对下属所拥有的实有权力所决定。领导者拥有这种明确的职位权力时，则组织成员将会更顺从他的领导，有利于提高工作效率。

（2）任务结构（Task Structure）。任务结构是指工作任务明确程度和有关人员对工作任务的职责明确程度。当工作任务本身十分明确，组织成员对工作任务的职责明确时，领导者对工作过程易于控制，整个组织完成工作任务的方向就更加明确。

（3）上下级关系（Leader-member Relations）。上下级关系是指下属对一位领导者的信任爱戴和拥护程度，以及领导者对下属的关心、爱护程度。这一点对履行领导职能是很重要的。因为职位权力和任务结构可以由组织控制，而上下级关系是组织无法控制的。

菲德勒根据上述 3 个方面情境因素的不同组合，归纳出 8 种不同类型的环境条件，得出了在各种不同情况下使领导有效的领导方式，如图 8.4 所示。

人际关系	好				差			
任务结构	明确		不明确		明确		不明确	
职位权力	强	弱	强	弱	强	弱	强	弱
环境	Ⅰ	Ⅱ	Ⅲ	Ⅳ	Ⅴ	Ⅵ	Ⅶ	Ⅷ
领导目标	高			不明确			低	

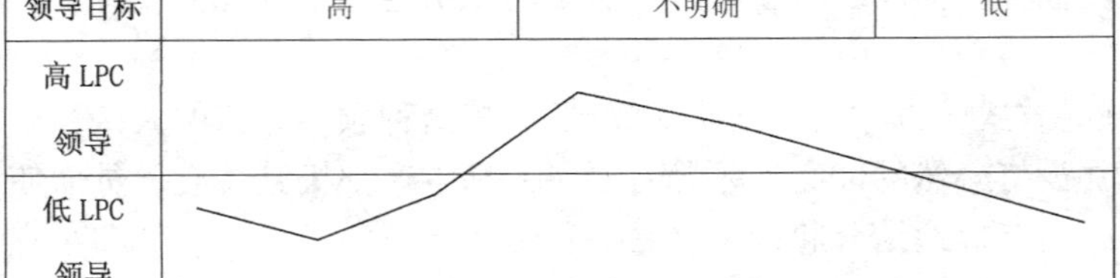

最有效的领导方式	低 LPC 任务导向型	高 LPC 关系导向型	低 LPC 任务导向型

图 8.4　菲德勒模型

一般来说，以人为中心的关系导向型的领导方式在对领导者有利情况为中间状态的环境中效率较高，以工作为中心的任务导向型领导方式在对领导者非常有利或非常不利的环境中效率较高。所以，不能说哪种领导方式最好或不好，而必须把环境、领导者和下属的情况、工作类型等方面的因素综合起来考虑，不同的情况采用不同的领导方式。

2. 途径—目标理论

20 世纪 70 年代，加拿大多伦多大学的罗伯特·豪斯（Robert J. House）和美国华盛顿大学的特伦特·米切尔（Terrence R. Mitchell）等人以弗鲁姆的期望理论和俄亥俄州立大学的四分图理论为依据提出途径—目标理论。

途径—目标理论认为，领导者领导工作效率的高低是看他是否能激励下属达到组织目标并在工作中获得满足，有效的领导者应该努力协助下属找到最好的途径，确定挑战性的目标，并消除在实现过程中出现的重大障碍。

豪斯等人通过研究，提出了 4 种领导方式。

（1）指令型领导：即由领导者发布指示，下属不参加决策。

（2）支持型领导：领导者对下属很友善并更多地考虑员工的要求。

（3）参与型领导：即员工参与决策和管理工作。

（4）成就指向型领导：领导者为员工确立挑战性的目标，并表示相信员工能达到这些目标。

对于这些领导方式的采用，要考虑到权变因素，即要认真分析两方面因素：一是员工的个人特点，如员工的教育程度、对成就的渴望、理解能力、愿意承担责任的程度、对独立的需求程度等；二是环境因素，其中包括工作的性质、正式权力组织、非正式组织等。权变因素的可变性导致了领导方式选用的权变特征。比如当员工能力较低、愿意接受命令式的领导、工作的程序化特征不明显的情况下，采用指示型的领导方式较好；而在其他情况下，可能不宜采取这种领导方式。

3. 情境领导理论

美国的管理学者保罗·赫塞（Paul Hersey）和肯尼思·布兰查德（Kenneth Blanchard）以权变的观点研究领导的风格与下属状态之间的关系，提出了情境领导理论，如图 8.5 所示。情境领导理论认为，研究领导效果不仅要研究领导者，也要重视被领导者，领导效果最终取决于被领导者接受或拒绝的态度。领导者的风格，应当适应其下属的“成熟度”。所谓“成熟度”主要是指个体对自己的直接行为负责任的能力和意愿。成熟度包括心理成熟度和工作成熟度。心理成熟度指个体做事的意愿和动机，工作成熟度是指个体的知识和技能。

在管理方格图的基础上，根据员工的成熟度不同，将领导方式分为四种：命令式、说服式、参与式和授权式。

（1）命令式（Telling）。表现为高工作低关系型领导方式，领导者对下属进行分工并具体指点下属应当干什么、如何干、何时干，它强调直接指挥。因为在这一阶段，下属缺乏接受和承担任务的能力和愿望，既不能胜任又缺乏自觉性。

（2）说服式（Selling）。表现为高工作高关系型领导方式。领导者既给下属以一定的指导，又注意保护和鼓励下属的积极性。因为在这一阶段，下属愿意承担任务，但缺乏足够的能力，有积极性但没有完成任务所需的技能。

（3）参与式（Participating）。表现为低工作高关系型领导方式。领导者与下属共同参与决策，领导者着重给下属以支持及其内部的协调沟通。因为在这一阶段，下属具有完成领导者所交给任务的能力，但没有足够的积极性。

（4）授权式（Delegating）。表现为低工作低关系型领导方式。领导者几乎不加指点，由下属自己独立地开展工作，完成任务。因为在这一阶段，下属能够而且愿意去做领导者要他们做的事。

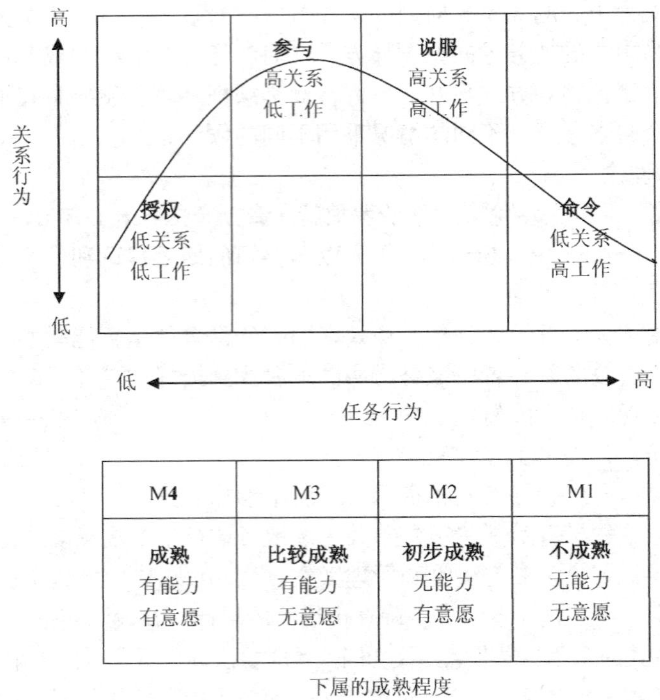

图 8.5　情境领导理论

根据下属成熟度和组织所面临的环境,领导生命周期理论认为随着下属从不成熟走向成熟，领导者不仅要减少对活动的控制，而且也要减少对下属的帮助。当下属成熟度不高时，领导者要给予明确的指导和严格的控制，当下属成熟度较高时，领导者只要给出明确的目标和工作要求，由下属自我控制和完成。

第三节　领导艺术

领导者的工作效率和效果在很大程度上取决于他们的领导艺术。领导艺术是一门博大精深的学问，其内涵极为丰富，覆盖领导活动的方方面面，每一种都会影响领导活动的优劣，甚至是成败。缺乏领导艺术，领导活动就会单调与呆板，从而降低组织运行和领导活动的成效，也降低大家的满意度。

一、做领导的本职工作

领导人们有条不紊地办事是一种艺术。在组织中，我们经常看到一些这样的领导者，他们整天忙忙碌碌，工作 10 小时、12 小时，放弃了娱乐、休息和学习，甚至连看报、看文件的时间都挤掉了，总是感到时间不够用。他们的问题出在哪里呢？作为一个领导者，当发现自己忙不过来的时候，就应该考虑自己是否已经侵犯了下属的职权，做了本来应当由下属去做的事。领导者必须明白，凡是下属可以做的事，都应该授权让他们去做，领导者只应做领导应做的事。

领导的事包括决策、用人、指挥、协调和激励。这些都是大事，是领导者应该做的，但绝对不是说都应该由单位的最高领导人来做，而应该分清轻重缓急，主次先后，分别授权给下属各级领导去做，让每一级去管本级应管的事。企业的最高领导者应该只抓重中之重、急中之急，并且严格按照“例外原则”办事。也就是说，凡是已经授权给下属去做的事，领导者就要克制自己，不要再去插手；领导者只需管那些没有对下授权的例外的事情。有些领导者太看重自己的地位和作用。不分巨细，事必躬亲，其结果不仅浪费了自己宝贵的时间和精力，还挫伤了下属的积极性和责任感，反过来又会加重自己的负担。

领导者对于那些必须由自己亲自处理的事，也应先问三个能不能：能不能取消它？能不能与别的工作合并处理？能不能用更简便的方法处理？这样就可以把那些可做可不做的事去掉，把一部分合并起来用最简便的方法去做，从而减轻负担，腾出更多的时间去进行思索和筹划，更好地发挥领导的作用。

二、善于同下属交谈，倾听下属的意见

没有人际的信息交流，就不可能有领导。领导者在实施指挥和协调的职能时，必须把自己的想法、感受和决策等信息传递给被领导者，才能影响被领导者的行为。同时，为了进行有效的领导，领导者也需要了解被领导者的反应、感受和困难。这种双向的信息交流十分重要。交流信息可以通过正式的文件、报告、书信、会议、电话和非正式的面对面会谈。其中，面对面的个别交谈是深入了解下属的最好方式之一，因为通过交谈不仅可以了解到更多、更详细的情况，并且可以通过察言观色来了解对方心灵深处的想法。不过，善于同下级交谈也是一种领导艺术。有些领导者与下属谈话时，往往同时批阅文件，寻找东西，或乱写乱画，左顾右盼，精力不集中，神情不耐烦，其结果不仅不能了解对方的思想，反而会伤害对方的自尊，失去同事和下属对自己的尊重和信任，甚至还会造成冲突和隔阂。所以，领导者必须掌握善于同下属交谈、倾听下属意见的艺术。根据实践经验，同下属谈话时，有一些要点是可以参考的。

（1）即使不相信对方的话，或者对谈的问题毫无兴趣，但在对方说话时，也必须悉心倾听，善加分析。

（2）要仔细观察对方说话时的神态，捉摸对方没有说出的意思。

（3）谈话一经开始，就要让对方把话说完，不要随意插话，打断对方的思路，岔开对方的话题，也不要迫不及待地解释、质问和申辩。对方找领导者谈话是要谈他的感受，领导者倾听下属意见的目的在于了解对方的想法，而不是摆出“权威”的架势去说服、教育对方，打击对方的思想。对方讲的是否有理、是否符合事实，可以留待以后研究。

（4）如果希望对某一点多了解一些，可以将对方的意见改成疑问句简单重复一遍，这将鼓励对方做进一步的解释和说明。

（5）如果对方诚恳地希望听到领导者的意见，则必须抓住要领，态度诚恳地就实质性问题做出简明扼要的回答，帮助他拨开心灵上的云雾，解开思想上的疙瘩。同时，也要注意掌握分寸，留有余地。这是因为，对方说的许多情况领导者可能并不清楚，在未加调查之前，不要轻易表态和许愿，以免造成被动，引起更大的不快。对于谈话涉及的重大原则问题或应由下属主管部门处理的问题，领导者应实事求是地告诉对方，这些问题是自己不能单独处理的，需研究以后再予以答复。

（6）领导者必须控制自己的情绪，不能感情用事。对方说话的内容，领导者可能同意，也可能不同意，有怀疑，甚至反感和不满。但是，不管领导者自己的观点和情结如何，都必须加以控制，始终保持冷静的态度，让对方畅所欲言。仅此一点，就会使对方感到领导在注意他的意见，在彼此沟通思想感情，至于是非曲直，可留待以后再谈，可留待对方冷静后自己去判断。

三、争取众人的友谊和合作

组织领导者不能只依靠自己手中的权力，还必须取得同事和下属的友谊和合作。有些新踏上领导岗位的人，往往只会自己埋头苦干，不善于争取别人的友谊和合作；也有个别人只想利用手中的权力来使副手和下属慑服，而较少考虑如何取得他们的支持和友谊。其实，领导者和被领导者之间的关系不应当只是一种刻板的和冷漠的上下级关系，而应当建立起如同战争年代那样的真诚合作的同志关系。要建立起这种关系，除了要求领导者的品德高尚、作风正派以外，还要求领导者精通领导艺术。

（一）平易近人

由于几千年的封建思想的影响，在一些人的头脑中不自觉地残留着“官贵民贱”的意识，认为当“长”以后，总比一般老百姓高一头。因而，领导者必须自觉地消除这种意识，在与同事和下属相处中，要注意礼貌，主动向对方表示尊重和友好；在办事时要多用商量的口吻，多听取和采纳对方意见中合理部分；要勇于承认和改正自己的缺点、错误。既不要轻易发脾气、耍态度、训斥人，也不要讲无原则的话，更不能随便表态、许诺。总之，要谦虚待人、以诚待人。这样才能赢得同事和下属的尊敬，进而产生感情和友谊。

（二）信任对方

在分工授权后，领导者对下属不要再三关照叮嘱，更不要随便插手干预，使对方感到你对他的能力有所怀疑。相反，领导者要用实际行动使下属感到对他的信任，让他感到自己对企业、对组织是重要的。这样，下属就会主动加强同领导者合作的意愿。如果领导者能在授权之外，主动征求并采纳下属对工作的意见，使下属感到领导对他的器重，这将有利于增进相互之间的友谊和合作。如果领导者让自己的副手或下属长期感到被忽视，不能发挥作用，则必将招致他们的不满和抱怨。

（三）关心他人

群众最反感的是领导者以权谋私。所以，领导者要特别警惕，不仅不能以权谋私，而且要在政治、思想、业务、生活等多方面关心他人。要为下属提高思想、业务水平创造条件，不怕他们超过自己；要为群众在生活上排忧解难不怕麻烦；要吃苦在前，享受在后，在经济利益和荣誉面前一定要先想到他人。当企业取得成功时，千万别忘掉那些为企业做过贡献的人们。当人们面临困难的时候，如果你能伸出友谊之手，这种友谊将特别宝贵和持久。

（四）一视同仁

人们之间的关系有亲有疏，这是正常的社会现象，领导者也不能例外。但是，为了加强组织的内聚力，克服离心倾向，领导者既要团结一批同自己亲密无间、命运与共的骨干，同时又要注意团结所有的职工，对于同自己意见不一、感情疏远或反对自己的人，领导者绝不能视为异己，另眼看待，强加排斥，而应对他们更加关心和尊重，努力争取他们的友谊和合作。特别是在处理诸如提级、调薪、奖励、定职等有关经济利益和荣誉的问题时，必须一视同仁、秉公办事，既不因是亲者而予以优惠或避嫌不言，也不因是疏者而保持沉默或故意挑剔。当下属犯了错误时，不论亲疏，都要严格要求，真诚地帮他们认识错误，改正错误。但在进行处理时又要设身处地地为他们着想，坚持思想教育从严、组织处理从宽的原则。领导者必须懂得，很多人工作上犯错误、出毛病，都是想多做工作、做好工作而无意造成的，所以领导者对下属工作上的错误要勇于承担责任，即使自己并不沾边，也应主动承担领导或指导责任。在下属受到外界侵犯或蒙受冤屈时，领导者应挺身而出，保护下属。这样，组织的全体人员就会感到，在领导者的带领下，没有亲疏，只要好好干，谁都可以得到他们应有的尊重和信任，下属就会产生一种安全感、归属感，组织内部常有的“宗派”或“山头”自然也就失去存在的基础。

四、做自己时间的主人

做任何事情都需要战胜时间。创造一切财富也都要耗用时间。时间似乎是一种用之不竭的资源，但对个人来讲，时间又是一个常数。因此，“时间就是金钱”“时间就是生命”，这是一条实实在在的真理。领导者应该特别珍惜自己的时间，可实际工作中，领导者的地位愈高，却往往愈不能自由支配自己的时间。

领导者要做时间的主人，首先要科学地组织管理工作，合理地分层授权，把大量的工作分给副手、助手、下属去做，以摆脱烦琐事务的纠缠，腾出时间来做真正应该由自己做更重要的事。

（一）要养成记录自己时间消耗的习惯

有许多领导者忙了一天、一周或者是一个月，往往说不出究竟做了哪些事，哪些是自己应该做的，哪些是自己不该做的。年复一年地如此下去，浪费了许多宝贵的时间。为了珍惜自己的时间，把有限的时间用在自己应该做的领导工作上，应当养成记录自己时间消耗情况的习惯。每做一件事就记一笔账，写明几点到几点办什么事。每隔一两周，对自己的时间消耗情况进行一次分析。这时，就会发现自己在时间的利用上有许多惊人的不合理之处，从而就可找到合理利用自己时间的措施。

（二）学会合理地利用时间

时间的合理使用因人而异，取决于企业生产经营的特点、企业的管理体制和组织结构、领导者的分工以及个人的职责和习惯。所以很难有一个统一的标准。

（三）提高开会的效率

开会是交流信息的一种有效方式。领导者离不开开会，但开会也要讲求艺术。企业领导者每年要开几百次会，但重视研究和掌握开会艺术的人却不多。有许多领导者整天沉湎于文山会海之中，似乎领导的职能就是开会、批复文件，而开会是否解决了问题、效率如何，却很少顾及。只要开了会，该传达的传达了，该说的说了，就算尽到了责任，就可以心安理得。其实，不解决问题的会议有百害而无一利。开会也要讲求经济效益。会议占用的时间也是劳动耗费的一种。会议的成本应纳入企业经济核算体系之内进行考核，借以提高开会的效率，节约领导者和与会者的宝贵时间。

只有充分了解，娴熟运用上述领导艺术，领导者才可充分利用自身的良好素质，取得比较理想的领导效果。

案例讨论

马云的领导行为

马云是个锲而不舍的梦想家，并且领导接近万众的员工在 2007 年末一起树下了梦想的里程碑。以“成败”角度评说，“中国最大的互联网公司”“拿着望远镜也找不到对手”的美好前景，70%强的市场份额，媒体的免费高强度关注，来自于政府的大力支持，这一切使得马云会毫无争议地坐上“领导力”的伯仲之位。

然而，这些表象似乎还不够。

马云是个眼光卓越的战略家。早在 1999 年末和 2000 年末，他就在那场著名的互联网冬天到来之前，为自己融到了两笔巨资“过冬”。而 2007 年从上市当天起，马云即表示“互联网的冬天又要来了”，这次他又为自己准备好了足够的给养。2007 年 10 月 17 日晚间，百度正式宣布进军 C2C 市场，并将于 2008 年初推出面对用户的电子商务网站。同时，Google 相关人士也透露，将通过 AdWords 工具为国内中小企业寻求全球买家，这是谷歌首次透露针对中国中小企业的 B2B 策略。这或许就是马云所说的“冬天”的含义。巧合的是，马云的想法和柳传志不谋而合。暂且不管此二位是否预言准确，这种在巅峰时刻的远虑近忧，着实为“领导力”这个词增添了亮色。马云在“忽悠”之外，有着惊人的洞察力、执行力以及魄力。

此外，还有阿里巴巴充满朝气的多元企业文化。马云表示，阿里巴巴的文化不是靠标语贴出来的“不是管理者贴给大家，而是员工的自我激励”。在马云看来，员工自我激励源于企业文化，而大企业的这种激励文化是从最初就开始建立起来的。

阿里巴巴最早的价值观只需 6 个字便可概括：可信、亲切、简单，这家公司最突出的企业文化就是校园文化和教学相长文化。在这里，员工、上下级之间和同事之间都像同学一样相称，除了中英文名之外，阿里巴巴的每一位员工还有一个“花名”。这样一种文化使得学生从学校进入公司后没有那种巨大的落差。阿里巴巴组织的一些培训让刚刚走出象牙塔的学生有了一个很好的过渡，能够在工作中学习，并且关注员工的心理，关注他们的情绪变化。

2010 年，阿里巴巴提出“新商业文明”概念。在马云看来，旧的商业文明时代是企业以自己为中心，以利润为中心，而不是以社会为中心。21 世纪将是利用互联网的特性倡导新商业文明的时代，企业将不再以赚取利润为最高目标，而是以实现社会价值的最大化为目标，其中“开放、分享、责任、全球化”是新商业文明的重要内涵。阿里巴巴希望每位员工都将自然界中存在的最美好的力量带进公司，从而让每个人都感受到什么是爱、什么是开放、什么是勇敢，从而不虚伪、更真实地做自己；“我们希望员工做一个心灵健康的人”，这是阿里巴巴最重视、也是未来十年最重要的目标——打造最具幸福感企业。

另外，他们还有自己的企业大学——湖畔学院，对阿里巴巴 18 000 多名员工来说，学习发展从来都是自己的事，公司只是平台与工具的提供者，所以在这里员工自己要想清楚要什么、困难是什么。当然，人力资源部也会考虑管理者提出的培训需求，但在众多需求面前他们也有自己的判断，判断需求提供者是为了学习而学习还是把培训当作一种福利，如果他不是真正想要承担某种使命或个人的成长与提升，那就未必是培训出现了问题，也许他需要其他方面的帮助。更多的培训需求是通过 HR 主动与员工交流获得。员工并不能很好的发现自己有培训的需求，需要 HR 帮助去发现，然后再反馈给他们。

马云是个关注细节的领导者。这在“赢在中国”的评论中窥见一斑。阿里巴巴充满朝气的多元企业文化，令曾经到阿里巴巴采访的每个记者都大开眼界。阿里巴巴员工的平均年龄只有 27 岁，员工们和马云一起保持着创业激情。而据阿里巴巴基层员工介绍，只要马云在公司，他会经常走到员工身边询问其工作进展中的困难。再比如，他会和员工打赌，员工输掉后他会亲自送其跃入冬天的西湖，之后为其披上棉被。“他十分注重个人感受。”阿里巴巴 B2B 事业部 CEO 卫哲对《当代经理人》的记者说。

请同学们思考：

1. 领导与管理的差别有哪些？
2. 请结合案例，对马云的领导行为进行分析。

练 习 题

一、选择题

1. 彼得·德鲁克说："领导者的唯一定义就是其后面有追随者。一些人是思想家，一些人是预言家，这些人都很重要，而且也急需，但是，没有追随者，就不会有领导者。"这句话说明（　　）。

A. 领导的实质是组织成员的追随与服从
B. 领导者需要权力
C. 追随者比领导者更重要
D. 领导只有一个定义，其余的定义是错误的

2. 下面哪个理论认为领导者的风格是不可改变的？（　　）

A. 情境理论　　B. 菲德勒的权变理论
C. 途径—目标理论　　D. 领导连续统一体理论

3. 根据领导生命周期理论，领导者的风格应该适应其下属的成熟度，而逐渐调整。因此，对于建立多年、员工队伍基本稳定的高科技企业的领导来说，其领导风格逐渐调整的方向应该是（　　）。

A. 从参与型向说服型转变　　B. 从参型向命令型转变
C. 从说服型向授权型转变　　D. 从命令型向说服型转变

4. LPC 模型是指（　　）。

A. 管理模式　　B. 激励的方法　　C. 高素质的人员　　D. 最难共事者

5. 下列不属于领导者职位权力的是（　　）。

A. 法定权力　　B. 奖赏权力　　C. 个人影响权力　　D. 惩罚权力

6. 提出领导的权变理论的是（　　）。

A. 菲德勒　　B. 布莱克　　C. 穆顿　　D. 布兰查德

7. 下列属于民主式领导方式的特点的是（　　）。

A. 领导者预先安排一切工作的程序和方法，下属只能服从
B. 分配工作时尽量照顾到个人的能力，兴趣和爱好
C. 对工作事先无布置，事后无检查，权力完全给予个人，一切悉听尊便
D. 领导方法的选择取决于环境和个性

8. 某部门主管将注意力几乎都放在了对任务的完成上，而对下属的心理因素、士气和发展很少关心。根据管理方格理论，该主管的领导作风属于（　　）。

A. 贫乏型　　B. 任务型　　C. 中庸之道型　　D. 乡村俱乐部型

9. 下面关于领导特质的说法正确的是（　　）。

A. 领导特质是天生的，领导者也是天生的
B. 我们现在仍然要进行领导特质理论的研究，以便于区分领导者和被领导者
C. 没有所谓的领导者特质，特质理论没有什么意义
D. 没有一个一般的，普遍适用和有效的领导者特质清单

10. 领导连续统一体理论是由（　　）提出的。

A. 利克特　　B. 菲德勒

C. 布莱克和穆登　　D. 坦南鲍姆和施米特

二、判断题

1. 四分图理论认为低关怀低工作是最差的领导方式。（　　）

2. 在管理方格中，9.1 型领导方式是乡村俱乐部型，即上属关心下属，努力营造和谐的氛围。（　　）

3. 领导者与管理者其实是同一概念，没有什么区别的。（　　）

4. 法定权力是组织赋予领导者的岗位权力，它随职务的授予而开始，职务的免除而终止。（　　）

5. 途径—目标理论告诉我们，领导者可以而且应该根据不同的环境特点来调整领导方式和作风。当领导者面临一个新的工作环境时，他可以采用指示型领导方式，指导下属建立明确的任务结构和明确每个人的工作任务。（　　）

第九章 激励

【引导案例】

拿破仑与小男孩

拿破仑一次打猎的时候，看到一个落水男孩，一边拼命挣扎，一边高呼救命。这河面并不宽，拿破仑不但没有跳水救人，反而端起猎枪，对准落水者，大声喊道：你若不自己爬上来，我就把你打死在水中。那男孩见求救无用，反而增添了一层危险，便更加拼命地奋力自救，终于游上岸。

对待自觉性较差的员工，提供良好的管理软环境并不能达到良好的管理效果。因此，一味地给员工提供对他有利的因素无法调动员工的工作积极性。对于员工来说“胡萝卜”固然重要，但有时也离不开“大棒”的威胁。偶尔利用权威，也能激发员工自身的潜力。可见，优秀的管理者应该针对不同的员工使用不同的激励手段。

第一节 激励概述

在管理实践中，管理者经常抱怨下属缺乏进取心和责任心，或工作态度不够端正，即使管理者运用了科学的管理方法仍然无法调动员工的积极性，有效地实现组织目标。事实上，问题的关键在于管理者是否能够激励员工。一个不懂激励的管理者，是无法胜任管理工作，也无法带领自己的员工去完成组织目标任务的。管理者的责任之一就是要最大限度地调动下属的积极性，能够让员工为实现组织目标而奋斗，这就要求管理者必须懂得如何激励下属。可见，组织目标实现的好坏和管理者是否能够运用好激励措施密切相关。

一、激励的概念

美国哈佛大学教授威廉·詹姆斯曾经做过一个实验，通过对员工的激励研究发现，实行计件工资的员工，其能力只发挥 20%～30%，仅仅是保住饭碗而已，而在其受到充分激励时，其能力可发挥至 80%～90%，其中 50%～60%的差距是激励的作用所致。可见，激励是领导的关键手段，领导者要想取得下属的认同，进而让下属追随与服从，首先必须能够了解下属的愿望并尽可能帮助他们实现。从某种程度上讲，管理者只有懂得什么东西在激励员工，以及激励如何发挥作用，并把它们在各项管理工作中反映出来，这样才有可能成为有效的领导者。

激励（Motivation）是心理学术语，指心理上的驱动力，含有激发动机，鼓励行为，形成动力的意思。在管理学中，激励是指组织激发员工动机，诱导员工的行为，使其产生一种内在的动力，朝着组织所期望的目标而不断努力的过程。更具体地讲，激励就是为了特定目的而去影响人们的内在需要或动机，从而强化、引导和维持人们行为的过程。激励通常与以下内容有关。

（1）激励的目的性。任何激励行为都具有其目的性，这个目的可能是一个结果，也可能是一个过程，但必须是一个现实的、明确的目的。

（2）激励通过人们的需要或动机来强化、引导和维持人们的行为。人们的行为来自动机，而动机源于需要，激励活动正是对人的需要或动机施加影响，从而强化、引导、改变以及维持人们的行为。因此，从本质上说，激励所产生的人们的行为是其主动自觉的行为，而不是被动的、强迫的行为。

（3）激励是一个反复持续的过程。激励是由多种复杂的内在、外在因素交织起来的持续作用和影响的复杂过程。

二、需求、动机、行为之间的关系

心理学研究发现，人们产生某种特定的行为是由其动机决定的。人们从事某项工作积极性的高低，与其动机的强弱密切相关。动机是指推动个体采取行为的内部驱动力。这种驱动力是由于需求没有得到满足而产生的紧张状态所引起的，因此它是一种内在的力量。

从心理学的角度讲，动机是由需求引发的。人们之所以愿意做出某些行为，是因为做出行为本身可以满足其某种需求。而这里所说的需求是人们对某种目标的渴求和欲望，既包括基本的需求（如生理需求、物质需求），也包括高层次的需求（如社会需求、精神需求）。

需求、动机和行为之间的关系也就构成了激励的过程，如图 9.1 所示。

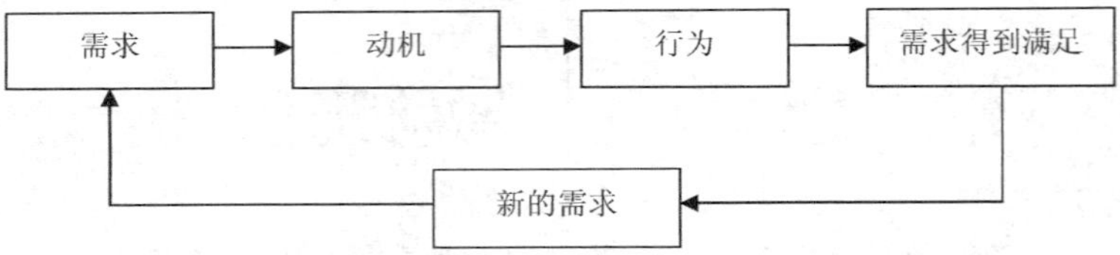

图 9.1　需求、动机、行为的关系

三、激励在管理活动中的作用

对任何一个组织而言，在管理活动中正确地运用激励至少具有以下几个方面的作用。

（1）激励有利于充分发挥员工的潜在能力，促进员工充分发挥才智。管理学家的研究表明，员工的工作绩效是员工能力和受激励程度的函数，即绩效=*f*（能力×激励）。如果把激励制度对员工创造性、革新精神和主动提高自身素质的意愿的影响考虑进去，激励对工作绩效的影响就更大了。

（2）激励有利于吸引优秀的人才到企业来。在发达国家的许多企业中，特别是那些竞争力强、实力雄厚的企业，通过各种优惠政策、丰厚的福利待遇、快捷的晋升途径来吸引企业需要的人才。

（3）激励有利于留住优秀人才。彼得·德鲁克认为，每一个组织都需要 3 个方面的绩效：直接的成果、价值的实现和未来的人力发展。缺少任何一方面的绩效，组织注定非垮不可。

因此，每一位管理者都必须在这 3 个方面均有贡献。在 3 个方面的贡献中，对“未来的人力发展”的贡献就是来自激励工作。

（4）激励有利于创造良性的竞争环境。科学的激励制度包含有一种竞争精神，它的运行能够创造出一种良性的竞争环境，进而形成良性的竞争机制。在具有竞争性的环境中，组织成员就会受到环境的压力，这种压力将转变为员工努力工作的动力。正如道格拉斯·麦格雷戈（Douglas M·Mc Gregor）所说："个人与个人之间的竞争，才是激励的主要来源之一。"在这里，员工工作的动力和积极性成了激励工作的间接结果。

第二节 人性假设理论

人既是管理活动的主体也是管理的对象，因此，管理者对人性的认识决定了他采取的管理方法。人性假设的研究是从分析人的表面行为和潜在需要入手，概括出对人的看法和认识，并以此作为管理理论研究的出发点和管理实践的指导思想。

关于人性假设的理论很多，在中国古代，就出现了传统的"性善论"和"性恶论"。在西方，18 世纪，亚当·斯密和李嘉图等经济学家就提出了"经济人"的人性假设。进入 20 世纪后，这方面的研究成果也较多。

一、X 理论—Y 理论

道格拉斯·麦格雷戈（Douglas M·Mc Gregor）是著名的行为科学学家，1960 年他在美国《管理评论》杂志上发表的《企业中的人性方面》一文中详细阐述了他提出的著名的"X 理论—Y 理论"。X 理论和 Y 理论是一对基于完全相反的前提假设提出的理论：X 理论认为人们有消极的工作原动力，而 Y 理论则认为人们有积极的工作原动力。

X 理论认为人性的特点包括：

（1）一般来说，人天生就是懒惰的，并设法逃避工作；

（2）缺乏进取心，宁愿接受别人指挥，不愿意承担责任；

（3）安于现状，习惯守旧，反对变革，个人安全第一；

（4）缺乏理性，容易受环境和别人的影响做出一些不合时宜的行为。

基于这种认识，传统的管理理论认为，必须用外部刺激来提高人的积极性，不仅用奖赏的办法而且还必须进行强制监督、指挥，并以惩罚进行威胁，才能使人们完成工作目标。

Y 理论认为人性的特点包括：

（1）人并非天生懒惰，要求工作是人的本能；

（2）逃避责任、缺乏进取心是某种外部原因造成的，不是人的本性。在适当的条件下，人愿意而且能够主动承担责任；

（3）大多数人对自己参与的工作目标，能够"自我指挥"和"自我控制"，不需要组织的强制和惩罚；

（4）参与工作是需要报酬的，但最重要的报酬不是金钱，而是自主、自尊和自我实现需要的满足；

（5）大多数人都具有丰富的想象力和创造力，都能够处理好工作中遇到的问题；

（6）在现代社会生活条件下，一般人的潜能只得到了部分的发挥。

基于这样的认识，管理者便不能局限于发布命令，要关心人，满足人的交往、归属需要，重视员工之间的关系，沟通上下之间的感情，培养和形成员工的归属感和集体感。

二、四种人性假设理论

美国的心理学家和行为学家埃德加·沙因（Edgar H. Schein）将管理理论产生以来出现的人性假设归纳成为 4 种模式：即“经济人”“社会人”“自我实现人”和“复杂人”4 种假设。

1. “经济人”假设（Economic Man）

这是早期的管理思想，与麦格雷戈的 X 理论很相似。这种假设认为，在企业里人的行为主要目的是追求自身的利益，工作的动机是为了获取经济报酬。

基于这种假设的管理方式是，组织应以经济报酬使人服从和做出成绩；并应以权力和控制体系来保证组织的运转。管理的重点是订立各种严格的工作规范，加强各种法规和管制，以提高效率完成任务。要提高工人的工作士气，要用金钱刺激，同时对消极怠工者严厉惩罚，采取“胡萝卜加大棒”的政策。泰勒制就是“经济人”的典型代表。

2. “社会人”假设（Social Man）

“社会人”的概念是梅奥在霍桑实验中得出的结论。这种假设认为。

（1）人的行为动机不只是追求金钱，而是人的社会需要。

（2）工业革命和工业合理化的结果，使工作本身失去了意义，人们只能从工作中的社会关系去寻求乐趣和意义。

（3）工人对同事之间的社会影响力要比组织所给予的经济报酬更为重视。

（4）工人的工作效率，随着上级能满足他们社会需要的程度而改变。

相比“经济人”假设，“社会人”假设无疑是一大进步，它强调了人的社会性需要，突出了人际关系对个人行为的影响。基于这种假设的管理方式是，强调除了应注意工作目标的完成外，更应注意从事此项工作的人们的需要，并设法给予满足；不应只注意指挥、监督等，更应重视员工之间的关系，培养和形成员工的归属感；不应只注重对个人的奖励，应提倡集体奖励制度。在这种理论指导下，产生了员工参与管理的思想，以便满足员工的社会性需要与“成就”需要，突出自我控制。

3. “自我实现人”假设（Self-actualizing Man）

“自我实现人”是由马斯洛提出的。所谓自我实现，是指人都需要发挥自己的潜力，表现自己的才能。只有人的潜力和才能都充分发挥和表现出来，人才会感到最大的满足。麦格雷戈就是在这种观点的基础上提出了 Y 理论。这种假设认为：

（1）人的需要从低级向高级发展，低级需要满足后，便追求高级需要，自我实现是人的高级需要；

（2）人们因工作而变得成熟，人有独立自主的倾向；

（3）人有自主、自发的能力，能够自我控制。

基于这种假设的管理方式如下。

（1）强调改变管理职能的重点。管理经济人的重点放在工作上，即放在计划、组织和监督上；管理社会人主要是建立亲善的感情和良好的人际关系；而管理自我实现人应重在创造一个使人得以发挥才能的工作环境，此时的管理者已不再是指挥者、调节者和监督者，而是起辅助者的作用，给予员工支持和帮助。

（2）改变激励的方式。经济人和社会人的假设，激励的力量来自金钱和人际关系等外部因素，对自我实现人主要是给予来自工作本身的内在激励，让他们担当具有挑战性的工作，担负责任。在管理制度上给予工人更多的自主权，实行自我控制，让工人参与管理和决策，共同分享权力。

4. “复杂人”假设（Complex Man）

这是埃德加·沙因在 20 世纪 70 年代提出的。他认为人是复杂多变的，不同的人有不同的个性和需要，即使同一个人在不同的年龄和情景中也会有不同的表现。这种假设认为：

（1）人的需要是多种多样的，而且这些需要随着人的发展和生活条件的变化而改变；

（2）人在同一时间内有各种需要和动机，这些需要和动机会发生相互作用并结合为统一整体，形成错综复杂的动机模式；

（3）人在组织中的工作和生活条件是不断变化的，因而会产生新的需要和动机；

（4）人在不同单位或同一单位的不同部门工作，会产生不同的需要；

（5）由于人的需要不同，能力各异，对不同的管理方式会有不同的反应，因此没有适合于任何组织、任何时间、任何个人的统一的管理方式。

“复杂人”假设并没有要求采取和其他人性假设完全不同的管理方法，只是强调管理者要了解每个员工的个性差异，对不同的人、在不同的情况下采取不同的措施。

三、不成熟——成熟理论

美国管理学家克里斯·阿吉里斯（Chris Argyris）是著名的行为学家，曾获哈佛大学和耶鲁大学的名誉博士学位。通过对工业组织的研究，阿吉里斯认为人的个性发展和人的成长过程一样，往往经历了一个从不成熟到成熟的发展过程，即从被动到主动、从依赖到独立、从少量的行为到多种行为、从错误和粗浅的兴趣到意义深远的兴趣、从目光短浅到目光远大、从不明白自我到明白和控制自我的过程。阿吉里斯认为，上述变化是持续的，正常的人一般都是由不成熟趋于成熟。

阿吉里斯还发现，领导方式不好会影响人的成熟。传统的领导方式把成人当成小孩看待，束缚了他们对环境的控制能力。员工在正式组织中被指定从事具体的、过分简单的和重复性的劳动，完全是被动的，依赖性很大，主动性不能发挥，进而阻碍了人们的成熟。要使人的行为趋于成熟，领导方式应针对下级不同的成熟程度分别指导。

传统的领导方式适用于领导那些行为不成熟或心智迟钝的人，对成熟的人是不适用的。领导者要创造条件帮助和指导下级行为趋于成熟。为此，扩大员工的工作范围，采取参与式的、以员工为中心的领导方式，加大员工的责任，以及更多地依赖员工的自我控制等，给下级在工作中创造成长成熟的机会，有助于社交、尊重和自我实现等需要的满足，从而激励人们发挥潜力，实现组织目标。

第三节 激励理论

管理学研究进入近代以来，一直将激励作为重要的研究内容之一。激励也引起了许多心理学家、行为学家、管理学家的关注，他们对引发激励的因素、激励的过程和激励对人的行为的改造进行研究，形成了一些经典的激励理论。

一、内容型激励理论

在本章第一节中我们讨论过人的行为是如何产生的。正如行为科学学派的学者研究发现，人的行为由一定的动机引起，而动机又产生于人们的自身需求，所以，需求是人的行为的基础。

内容型激励理论主要研究人的哪些需求会引导和产生行为。典型的内容型激励理论包括马斯洛的需求层次理论、奥尔德弗的 ERG 理论、赫兹伯格的双因素理论和麦克利兰的成就需要理论。

（一）马斯洛的需要层次理论

人的需要是多种多样的，各种需要的强弱对每个人也不尽相同，美国心理学家亚伯拉罕·马斯洛（Abraham H. Maslow）在 1943 年出版的《人类动机理论》中提出了著名的需要层次理论。

马斯洛的需要层次理论有两个基本观点：一是认为人是有需要的动物，其需要取决于它已经得到了什么，还缺少什么，只有尚未满足的需要能影响行为；二是认为人的需要有等级层次之分，某一层次的需要得到满足后，才会产生更高层次的需要。为此，他把人的需要划分为 5 个层次，由低到高分别为：生理的需要、安全的需要、社交的需要、尊重的需要、自我实现的需要，如图 9.2 所示。

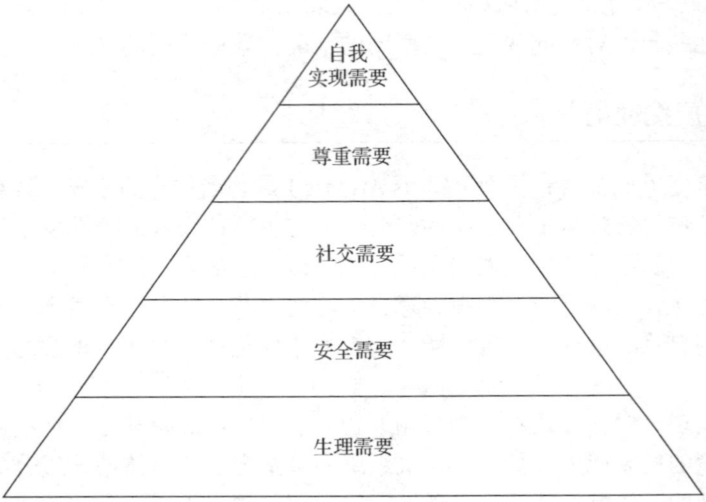

图 9.2　马斯洛的需要层次理论

1. 生理需要（Physiological Needs）

人们为了能够继续生存，首先必须满足人类最基本的需要，如衣、食、住、行。这些需要如果得不到满足就不能生存，当然也就谈不上还有其他的需要。

2. 安全需要（Safety Needs）

这种需要又可以分为两类：一是对现在的安全的需要；二是对未来的安全的需要。对现在的安全的需要就是要求自己现在的社会活动的各个方面均能有安全保障，如稳定的收入等；对未来的安全的需要就是希望未来的生活能有保障，如退休保障、医疗保障等。

3. 社交需要（Social Needs）

社交需要也被称作归属需要。人们总是希望在社会生活中受到他人的注意、接纳、关心和同情，在感情上有所归属，而不希望在社会中成为孤立的一个分子。这种需要多半是在非正式组织中得到满足。社交的需要比生理的和安全的需要来得更细，需要的程度也因人的性格和受教育程度而不同。

4. 尊重需要（Esteem Needs）

这里的尊重，既包括自尊，也包括受人尊重。自尊是自己在取得成功时有一种自豪感，受别人尊重是当自己做出贡献时，能得到他人的承认。

5. 自我实现需要（Self-actualization Needs）

这是更高层次的需要，这种需要就是希望在工作上有所成就，在事业上有所建树，实现自己的理想和抱负。

自我实现的需要常表现在两个方面：一是胜任感方面，有这种需要的人试图控制事物或环境，不是等事情被动地发生，而是希望在自己控制下进行。二是成就感方面，对一些人而言，工作的乐趣在于成果或成功，有成就感的人往往知道自己想要什么样的结果，成功后的喜悦要远比其他任何报酬都重要。

马斯洛认为人的需要是分层次等级的，一般按照由低层次到高层次的顺序发展。人在不同的时期、发展阶段，其需要结构不同，但总有一种需要发挥主导作用，主导需要则会对人起到激励的作用。5 种需要的等级顺序并不是固定不变的，存在着等级倒置现象。各种需要相对满足的程度不同。

马斯洛需要层次理论直观且易于理解，因而得到了广泛的认可，尤其是在从事实际工作的管理者中得到了广泛应用。但这一理论也存在一定的局限性。例如，有学者认为这一理论对人的动机没有完整的看法，没有明确界定什么是需要的“满足”，也没有提出具体的激励方法等。

（二）奥尔德弗的 ERG 理论

美国耶鲁大学的克雷顿·奥尔德弗（Clayton. Alderfer）在马斯洛提出的需要层次理论的基础上，进行了更接近实际经验的研究，提出了一种新的人本主义需要理论。奥尔德弗认为，人们共存在 3 种核心的需要，即生存（Existence）的需要、相互关系（Relatedness）的需要和成长发展（Growth）的需要，因而这一理论被称为 ERG 理论。

ERG 理论与马斯洛的需要层次理论相比，存在以下几点区别。

（1）对人的需要的划分不同。ERG 理论中提到的生存的需要与人们基本的物质生存的需要有关，它包括马斯洛提出的生理和安全需要。第二种需要是相互关系的需要，即指人们对于保持重要的人际关系的要求。这种社会和地位的需要的满足是在与其他需要相互作用中达成的，它们与马斯洛的社会需要和自尊需要分类中的外在部分是相对应的。最后，奥尔德弗把成长发展的需要独立出来，它表示个人谋求发展的内在愿望，包括马斯洛的自尊需要分类中的内在部分和自我实现层次中所包含的特征。关于奥尔德弗与马斯洛对需要划分的对比，如表 9.1 所示。

表 9.1　　ERG 理论与马斯洛需要层次理论的对应关系

<table>
<tr><th colspan="2">需要层次理论</th><th>ERG 理论</th></tr>
<tr><td colspan="2">自我实现需要</td><td rowspan="2">成长发展的需要</td></tr>
<tr><td rowspan="2">尊重需要</td><td>自我尊重</td></tr>
<tr><td>他人尊重</td><td rowspan="2">相互关系的需要</td></tr>
<tr><td colspan="2">社交需要</td></tr>
<tr><td colspan="2">安全需要</td><td rowspan="2">生存的需要</td></tr>
<tr><td colspan="2">生理需要</td></tr>
</table>

（2）对同一时间起主导作用的需要认识不同。ERG 理论提出：人在同一时间可能有不止一种需要起作用；而马斯洛则认为同一时间人只有一种需要起作用。

（3）需要满足的模式不同。马斯洛的需要层次满足是一种“满足—上升”的模式，即较高层次的需要必须以较低层次的需要得到充分满足为前提，当一个人的某一层次需要尚未得到满足时，他可能会停留在这一需要层次上，直到获得满足为止；ERG 理论则提出了一种“受挫—回归”的模式，认为如果较高层次需要的满足受到抑制的话，那么人们对较低层次的需要的渴望会变得更加强烈。例如，如果一个人社会交往需要得不到满足，可能会增强他对得到更多金钱或更好的工作条件的愿望。

与马斯洛需要层次理论相类似的是，ERG 理论认为较低层次的需要满足之后，会引发出对更高层次需要的愿望。不同于需要层次理论的是，ERG 理论认为多种需要可以同时作为激励因素而起作用，并且当满足较高层次需要的企图受挫时，会导致人们向较低层次需要的回归。因此，管理措施应该随着人的需要结构的变化而做出相应的改变，并根据每个人不同的需要制定出相应的管理策略。

（三）赫茨伯格的双因素理论

美国心理学家弗雷德里克·赫茨伯格（Frederick Herzberg）对 9 个企业的 203 名工程师和会计师进行了 1844 次调查后于 1959 年提出了双因素理论。

调查提出了许多问题，如在什么情况下你对工作特别满意，什么情况下对工作特别厌恶，原因是什么等。调查结果发现，使他们感到满意的因素都是工作的性质和内容方面的，使他们感到不满意的因素都是工作环境或者工作关系方面的。赫茨伯格把前者称作激励因素，后者称作保健因素。

1959 年，赫茨伯格在调查的基础上正式提出了双因素理论。赫茨伯格认为影响人的工作动机的因素可以分为两大类：一类称为保健因素（Hygiene Factors）；另一类称为激励因素（Motivators Factors）。

1. 保健因素

保健因素是指造成员工不满的因素。当保健因素得不到满足时，易使员工产生不满情绪、消极怠工，甚至引起罢工等对抗行为；但在保健因素得到一定程度改善以后，无论再如何进行改善也难以使员工感到满意，因此也就无法激发员工的工作积极性。

属于保健因素的主要是与工作条件和工作环境有关而与工作内容和工作性质本身无关的因素，具体包括：企业的各项政策，与上级的关系、与同事的关系、与下级的关系，工资、工作安全、个人生活、工作条件和地位等。

2. 激励因素

激励因素是指能让员工感到满意的因素。激励因素的改善而使员工感到满意的结果，能够极大地激发员工工作的热情，提高劳动生产效率；但激励因素即使管理层不令其满意满足，员工也不会感到不满意。激励因素与工作本身或工作内容有关，包括工作上的成就感、受到重视、提升、工作本身的性质、个人发展的可能性、责任等。

双因素理论的核心在于“只有激励因素才能够给人们带来满意感，而保健因素只能消除人们的不满，但不会带来满意感”。因此，如何认定与分析激励因素和保健因素并“因材施政”这才是关键。例如，就销售人员的工资薪金设计来说，按照双因素理论，应该划分为基础工资与销售提成两部分，基础工资应属于保健因素，销售提成则属激励因素，对销售人员而言，通常做法是低工资、高提成，这样才能促使销售人员尽可能地多做业务。

但是，双因素激励理论促使企业管理人员注意工作内容方面的重要性，特别是它们同工作丰富化和工作满足的关系，因此是有积极意义的。赫茨伯格告诉我们，满足各种需要所引起的激励深度和效果是不一样的。物质需求的满足是必要的，没有它会导致不满，但是即使获得满足，它的作用往往是很有限的、不能持久的。要调动人的积极性，不仅要注意物质利益和工作条件等外部因素，更重要的是要注意工作的安排，量才录用，各得其所，注意对人进行精神鼓励，给予表扬和认可，注意给人以成长、发展、晋升的机会。随着社会发展，这种内在激励的重要性越来越明显。

所以，将赫茨伯格双因素理论运用于管理，首先在于对存在的各因素进行质的分析与划分，明确或创造出保健与激励因素两部分；其次，再进行量的分析与划分，既保障保健因素的基本满足程度，又尽量地加大激励因素的成分，从而最大限度地激发员工工作的积极主动性。

赫茨伯格的双因素理论与马斯洛的需要层次理论的对应关系，如表 9.2 所示。

表 9.2　双因素理论与马斯洛需要层次理论的对应关系

需要层次理论	双因素理论
自我实现需要	激励因素
尊重需要	
社交需要	保健因素
安全需要	
生理需要	

（四）麦克利兰的成就需求理论

成就需求理论是由美国哈佛大学教授麦克利兰（David C. McClelland）提出的。他从 20 世纪 40～50 年代开始对人的需要和动机进行研究后认为，人除了生存需要之外，还有 3 种重要的需要，即对权力的需要、对归属的需要和对成就的需要。

1. 权力需要（Need for Power，NPow）

对权力怀有高度需要的人，最基本的特征是竭力向往影响和操纵控制他人，而且自己具有强烈的不愿受他人控制的欲望，这类人一般总寻求领导职位，要求拥有并保持权力去影响他人。他们的特点是坚强、坦率、好争辩、头脑冷静、乐于竞争、喜欢公开演讲等。

2. 归属需要（Need For Affiliation，NAff）

有归属需要的人具有建立友好亲密的人际关系愿望，希望从被人接纳中得到快乐，并尽量避免因被某团体拒绝而带来痛苦。这类人的特征是经常关心和寻求维持融洽的社会关系，希望获得他人的友谊，结交知心朋友，在社团活动中得到乐趣，并乐于帮助和安慰危难中的伙伴。

3. 成就需要（Need for Achievement，NAch）

具有高度成就需要的人有强烈的成功愿望，寻求挑战性的工作，寻求适当难度的目标，敢于承担责任。这类人有种内在的驱动力量，渴望自己将从事的工作做得更完美，更有成效。他们不太愿意接受那些被人们认为特别容易或特别困难的工作。在他们看来，只有在成败可能性均等的条件下，才能显示出一个人出色的才能，这也是一种能使自己在奋斗中获得成功喜悦的最佳机会。

以上 3 种工作的动机和激励需要，在现实生活中人们都有不同程度的存在，只是各种需要的强弱程度因人而异。研究发现，企业家们显示出怀有很高的成就需要和较高的权力需要，但归属需要较低；管理者们一般也显示出有高度的成就和权力需要和低的归属需要，但是其程度都不及企业家。不少事实证明，高度成就需要的人对企业、对国家都颇有建树，这类人越多，事业发展越快，组织就会更加兴旺发达。

小链接

麦克利兰定律

麦克利兰经过大量深入研究发现从根本上影响个人绩效的并非人们通常所认为的是智商、技能或经验，而是诸如“成就动机”“人际理解”“团队影响力”等一些可被称为资质的东西。

在管理的过程中，必要的时候，为自己的员工贴上一个权力的标签，可以极大地提升他们的工作热情与主人翁意识，而且它所产生的效果许多时候是其他激励方式所不及的。

二、过程型激励理论

过程型激励理论着重研究个体从动机的产生到采取行动的心理过程，并且认为，行为是行为后果的函数，可以通过改变行为的后果来改变行为。过程型激励理论主要包括公平理论和期望理论。

（一）公平理论

公平理论是美国管理心理学家约翰·亚当斯（John Stacy Adams）于1976年提出的，主要研究报酬对人们工作积极性的影响。公平理论的基本观点是：当一个人做出了成绩并取得了报酬以后，他不仅关心自己的所得报酬的绝对量，而且关心自己所得报酬的相对量。

因此，他要进行种种比较来确定自己所获报酬是否合理，比较的结果将直接影响其今后工作的积极性。其比较有两种：一种比较称为横向比较，即一个人要将自己获得的“报偿”（包括金钱、工作安排以及获得的赏识等）与自己的“投入”（包括教育程度、所作努力、用于工作的时间、精力和其他无形损耗等）的比值与组织内其他人做比较，只有相等时他才认为公平；另一种比较称为纵向比较，即把自己目前投入的努力与目前所获得报偿的比值，同自己过去投入的努力与过去所获报偿的比值进行比较，只有相等时他才认为公平。

公平理论可用公式表示为：

$$\frac{\text{个人所得}}{\text{个人投入}}=\frac{\text{他人（个人历史）所得}}{\text{他人（个人历史）投入}}$$

一般情况下，人往往会过高地估计自己的投入和他人的所得，过低地估计自己的所得和他人的投入，从而使得上面的等式不成立，出现左边小于右边的现象，一旦出现这种情况，员工就会产生不公平感，产生消极和不满情绪。这种不公平感时间长了以后，员工可能会做出以下几种行为选择：一是减少自己的投入；二是希望增加自己的所得；三是希望改变他人的所得；四是选择离开原组织；五是重新选择一个新的参照对象。另外，在工作中没有绝对的公平，因此管理者也要在激励过程中应注意引导被激励者正视公平、不要盲目攀比、更不要按酬付劳。

公平理论不仅就员工对自己所得奖励比较后的心理状态做了详尽的描述，而且还对比较后可能引起的行为变化进行了预测。这些研究结果对管理者客观地评价工作业绩和确定合理的工作报酬，以及敏锐地估计员工的行为是非常重要的。

（二）期望理论

期望理论，又称作“效价—手段—期望理论”，是美国著名心理学家和行为科学家维克托·弗鲁姆（Victor H. Vroom）于1964年在《工作与激励》中提出来的。期望理论认为，一种行为倾向的强度取决于个体对于这种行为可能带来的结果的期望强度，以及这种期望对行为者的吸引力。具体地说，人们从事某项工作并达到组织目标，是因为他们相信这项工作和组织目标会帮助他们达到自己的目标，如晋升、加薪、奖励等。因此，激励是个人寄托于一个目标的预期价值与他对实现目标的可能性的看法的乘积。期望理论说明，激励实质是选择过程，促使人们做某种事的激励力依赖于效价和期望值这两个因素，效价和期望值越高，激励力越大。用公式表示为：

$$激励力（M）=效价（V）\times 期望值（E）$$

激励力，是指调动一个人的积极性，激发人内在潜力的强度。

效价，是指达到目标对于满足个人需要的价值。同一目标，由于每个人所处的环境不同，需求不同，其需要的目标价值也就不同。同一个目标对每一个人可能有三种效价：正、零、负。效价越高，激励力量就越大。某一客体，如金钱、地位、汽车等，如果个体不喜欢、不愿意获取，目标效价就低，对人的行为的拉动力量就小。举个简单的例子，幼儿对糖果的目标效价就要大于对金钱的目标效价。

期望值，是人们根据过去经验判断自己达到某种目标的可能性是大还是小，即能够达到目标的概率。目标价值大小直接反映人的需要动机强弱，期望概率反映人实现需要和动机的信心强弱。如果个体相信通过努力肯定会取得优秀成绩，期望值就高。

此外，期望理论还提出了图 9.3 所示的期望模式，强调要注重 3 种关系。

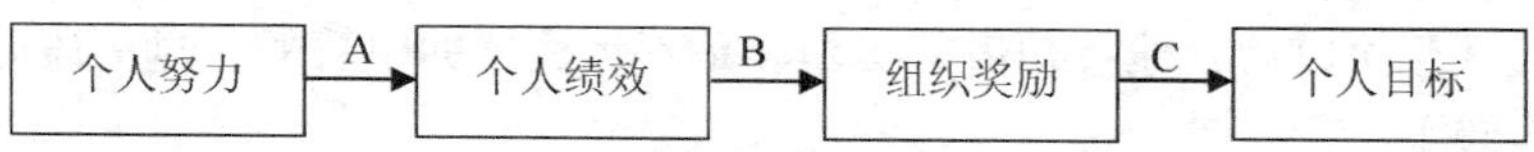

图 9.3　期望模式

A：努力——绩效关系，即个人认为通过一定努力会带来成效的可能性。

B：绩效——奖励关系，即个人认为一定水平的绩效会带来希望的奖励的程度。

C：奖励——个人目标关系，组织奖励满足个人目标或需要的程度以及这些潜在的奖励对个人的吸引力。

期望理论揭示出对人的行为的激励，实际上是一种很复杂的过程。管理者在向员工下达任务时，必须考虑工作本身的挑战性，使其效价能产生重要的激励作用。同时，也要考虑任务的合理性，使人们通过努力可以完成，员工在取得绩效之后奖励又能及时兑现，这样才能使激励与绩效之间形成良性循环。

三、行为改造型激励理论

行为改造型激励理论是探讨激励是如何引导和改造人们的行为的，其中最典型的当属美国哈佛大学心理学教授斯金纳（B. F. Skinner）在 20 世纪 50 年代提出的强化理论。

斯金纳通过实验研究指出，人的行为是其所获刺激的函数，通过对取得成绩的人加以赞扬，对成绩差的人加以惩罚，使人们受到影响，因此该理论也称之为行为修正理论。所谓强化是指对一种行为的肯定或否定的后果（报酬或惩罚）。强化在一定程度上决定这种行为在今后是否重复发生。

根据强化的性质和目的可把强化分为正面的强化和负面的强化。在管理上，正面的强化就是给予对人有利的刺激，如奖励那些组织上需要的行为，从而加强这种行为；负面的强化给予对人不利的刺激，如惩罚那些与组织不兼容的行为，从而削弱这种行为。正面的强化的方法包括奖金、对成绩的认可、表扬、改善工作条件和人际关系、提升、安排担任挑战性的工作、给予学习和成长的机会等。负面的强化的方法包括批评、处分、降级等，有时不给予奖励或少给奖励也是一种负强化。具体而言，强化的方式有 3 种。

1. 正强化

正强化是对有利于组织目标的行为加以奖励，以使这种行为能不断地重复出现。正强化的方法有物质奖励和精神奖励两种。科学的正强化的方法是，保持强化的间断性，强化的时间和数量也不固定，即管理者根据组织的需要和职工的行为，不定期、不定量地实施强化。实践证明，连续的固定的正强化效果不一定好，因为久而久之，员工会感到组织的强化是理所当然的，甚至会产生越来越高的期望。

2. 负强化

负强化是对不利于组织目标的行为加以惩罚，以使这些行为削弱，直至消失。负强化的方法也包括物质惩罚和精神处分两种。与正强化相反，负强化要维持其连续性，即对每一次不符合组织目标的行为都应及时予以处罚，从而消除人们的侥幸心理，减少直到完全消除这种行为重复出现的可能性。强化理论认为，管理者应把重点放在积极强化而不是简单的惩罚上，惩罚产生的作用可能很快，但效果可能是暂时的，也可能产生不愉快的消极作用。

3. 自然消退

自然消退是对某种行为不采取任何措施，既不奖励也不惩罚。这是一种消除不良行为的策略，实质上是一种负面强化的手段，这样既可以消除某些不合理的行为，又能避免上下级之间的不愉快甚至矛盾冲突。因为人都有自知之明，如果老是找领导唠叨某件事，而领导从来也是只听不表态，那么几次以后，他就知道其实领导是不赞成他的说法的，过一段时间他就自动地不再去找领导抱怨了。

4. 惩罚

惩罚是对不良行为给予批评或处分，但惩罚可能会引起怨恨乃至敌意，一般只适合当员工的行为对组织的危害程度较大时才选择使用。

四、激励理论的综合运用

前面列出了若干关于激励的理论，但是孤立地理解和加以运用的做法是不妥的，事实上许多理论可以相互补充。

如期望理论认为如果个体感到在努力与绩效之间、绩效与奖励之间、奖励与个人目标的满足之间存在密切联系，那么他就会付出高度的努力；反之，每一个联系又受到一定因素的影响。对于努力与绩效之间的关系来讲，个人还必须具备必要的能力，对个体进行绩效评估系统也必须公正、客观。对于绩效与奖励之间的关系来讲，如果个人感知到自己是因绩效而非其他因素而受到奖励时，这种关系最为紧密。

成就需要理论认为，成就需要者不会因为组织对他的绩效评估以及组织奖励而受到激励，对他们而言，努力与个体目标之间是一种直接关系，只要他们所从事的工作能使他们产生个体责任感、有信息反馈并提供了中等程度的风险，他们就会产生内在的驱动力。他们并不关心努力——绩效、绩效——奖励、奖励——目标之间的关系。

强化理论通过组织的奖励强化了个人的绩效而体现出来。如果管理者设计的奖励系统在员工看来是用于奖励卓越的工作绩效的，那么将进一步强化激励这种良好绩效。

在实际工作中，要综合各种激励理论，融会贯通，创造性地加以运用。特别是公共管理部门的领导，在满足需要、激发人们行为积极性时，一定要注意言出必行，真正为下属办实事，有的管理者也想调动员工的积极性，但他们只一味地要求员工努力，不给员工办事，或者是开“空头支票”。长期以往，这样会挫伤员工的工作积极性，给今后的工作带来难度。要注意满足员工需要必须公平合理且有区别，同时从思想意识上引导下属树立正确的价值观，从低层次的需要转向更高层次的需要，使其行为取向与社会标准趋于一致。图 9.4 描述了它们的综合运用。

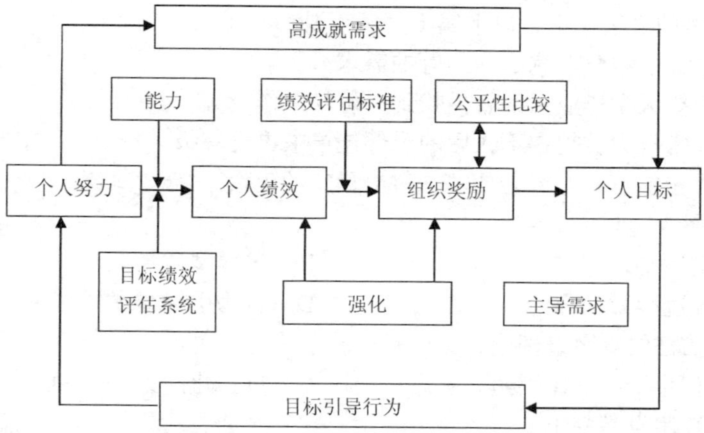

图 9.4　当代激励理论的综合运用

案 例 讨 论

学习动机的变化

大多数大学生喜欢老师告诉他们这一课程应该做些什么，他们希望知道考试和作业是什么样的，何时需要完成，每项作业和考试占最后总成绩的权重多大。他们还要考虑需要付出多大努力能获得这门功课的学分，自己的努力程度同这门课程的所得分数是怎样相关的。

假设你是这样一名学生：你所喜欢的管理学原理在上课几周后，老师宣布要进行考试。你积极复习准备这次考试。在其他课程的考试中，你的成绩一直是 80 分以上，而且你所花费的精力与这次也差不多。你希望能获得高分，你认为这对于你将来毕业时能找到一份好工作来说十分重要。而且，你还有毕业后继续攻读研究生的想法，而课程分数对于你能否进入一所好学校也很重要的。

现在考试分数下来了，全班平均 72 分，10%的学生 85 分以上。你的分数是 56 分，及格线是 60 分。你非常沮丧和受挫，并且你困惑不解，为什么你花费相似的精力可以在其他课程中名列前茅，而这次考试情况却如此糟糕呢？

紧接着你的行为发生了一系列有趣的变化，你总不去上管理学原理的课了，你也不再努力学习这门课程了。在听管理学原理时，你常常坐在教室里做白日梦，结果总是笔记本上空空。此时，说明你对管理学原理的课缺乏学习积极性和学习动机。

请同学们思考：

为什么你的动机发生了变化呢？请大家从期望理论的角度加以解释。

练　习　题

一、选择题

1. 在激励工作中，最为重要的是要发现职工的（　　）。

   A. 安全需求　　B. 现实需求　　C. 主导需求　　D. 自我实现的需求

2. 根据马斯洛的激励理论，以下属于生理需要的有（　　）。

A. 人对阳光、空气、水、住房等的需求

B. 小张快要大学毕业了，希望找到一份好工作

C. 小周非常努力，想在不久后的干部选拔中再升一级

D. 小赵渴望能有一个温馨的家，过上稳定的生活

3. 期望理论属于（　　）。

A. 内容型激励理论　　B. 过程型激励理论

C. 行为改造型激励理论　　D. 行为引导型激励理论

4. 根据赫茨伯格的双因素理论，工作条件属于（　　）。

A. 正强化因素　　B. 激励因素　　C. 负强化因素　　D. 保健因素

5. 泰勒的人性假设是基于（　　）。

A. 经济人假设　　B. 社会人假设　　C. 自我实现人假设 D. 复杂人假设

6. 某公司始终坚持人是第一位的，关心员工，培养员工的归属感，请问他们采用了哪种人性的假设？（　　）

A. 经济人假设　　B. 社会人假设　　C. 自我实现人假设 D. 复杂人假设

7. 在年终分配中，员工小张认为自己受到了不公平的待遇，下列做法中，哪一种最不利于小张消除不公平感？（　　）

A. 经理向小张介绍其他同事的工作表现，使其了解自己的差距

B. 小张自己减少工作投入

C. 经理跟小张谈话，使他明白绝对的公平是不存在的

D. 了解小张不满的原因，视情况给他一些补贴

8. 按照双因素理论，下述哪一种因素属于激励因素？（　　）

A. 奖金　　B. 上下级关系　　C. 工作内容的吸引力　　D. 工作的保障

9. 比较马斯洛的需求层次理论和赫兹伯格的双因素理论，马斯洛提出的 5 种需求中，属于保健因素的是（　　）。

A. 生理和自尊的需要　　B. 生理、安全和自我实现的需要

C. 生理、安全和社交的需要　　D. 安全和自我表现实现的需要

10. 某企业规定，员工上班迟到一次，扣发当月 50%的奖金，自此规定出台之后，员工迟到现象基本消除，这是哪一种强化方式？（　　）

A. 正强化　　B. 负强化　　C. 惩罚　　D. 撤销

二、判断题

1. 期望理论认为“激励力=效价×期望值”。（　　）

2. 强化理论认为，在实践中负强化比正强化更有效。（　　）

3. 在工作中能够促进人们产生工作满意感的一类因素叫作保健因素。（　　）

4. 马斯洛的需要层次理论认为，人的需求由低级到高级依次为：生理需求、安全需求、尊重需求、社交需求、自我实现需求。（　　）

5. 公平理论认为，人们通常把自己的收入和所付出的劳动的比值与组织内其他人作横向对比，也把自己目前投入的努力与目前所获得报偿的比值，同自己过去投入的努力与过去所获报偿的比值进行比较。（　　）

第十章 沟通

【引导案例】

沟通的重要性

美国普林斯顿大学对一万份人事档案进行了分析，结果是：智慧、专业技术、经验只占成功因素的25%，其余75%决定于良好的人际沟通。

美国哈佛大学调查结果显示：在500名被解职的男女中，因人际沟通不良而导致工作不称职者占82%。

福特公司的董事长亨利·福特曾说："作为福特公司的董事长，我告诫自己，必须与各界确立和谐关系，不可在沟通上无能为力。"

在组织管理中，沟通有着重要的作用。大到组织目标的传递、小到成员之间的联络，都离不开沟通。组织中有效的沟通能够帮助成员融洽人际关系、构建和谐的组织氛围，当然也能为组织目标的实现提供有力帮助。

第一节 沟通概述

沟通有助于改进决策，使决策更加正确、科学、合理。在管理过程中，经常有或大或小的各种决策需要定夺或确定方向。通过与外界的沟通交流，塑造良好外部形象对现代企业来讲，与外界沟通交流可以说是一个必然趋势。

一、沟通的定义

"沟通"，源于拉丁文 Communis，意义为共同化，英文表示为 Communication，在《美国传统双解词典》中的解释为："经说话、信号、书写或行为交流、交换思想、消息或信息"；《新编汉语词典》关于沟通之意的解释为"使两方能连通"；传播学者西蒙多·克莱文杰说：从学术或科学的角度对沟通下定义遇到困扰，这是因为一个事实，即动词的"沟通"（To Communicate）作为普通词汇沿用已久，因此很难将其作为科学用语使用。综合学者们的观点，这里我们将沟通定义为：沟通（Communication）是指信息凭借一定符号载体，在个人或群体间从发送者向接受者进行传递，并取得充分理解的过程。掌握沟通的概念需要注意以下几点。

（1）沟通的主体是发送者和接收者。缺乏任何一个主体，信息沟通都无法完成。发送者和接收者既可以是个人，也可以是群体或者组织。

（2）沟通的内容是信息。在沟通过程中信息往往是通过一些符号来体现的，如语言、文字、动作、表情等，这些符号经过传递又常常附加了发送者和接收者的一些主观态度、理性的思想和感性的情感。

（3）沟通是一个传递和理解的双向互动过程。如果信息没有被传递到对方，则意味着沟通没有发生。另外，发送者所发出的信息还要被接收者充分理解。因此，良好的沟通不仅不会出现诸如信息失真、错误、误解等障碍，而且还应最大限度地摒弃沟通主体的主观偏见。

二、沟通的过程

沟通的过程是指一个信息的传递者通过选定的渠道把信息传递给接受者的过程，如图 10.1 所示。

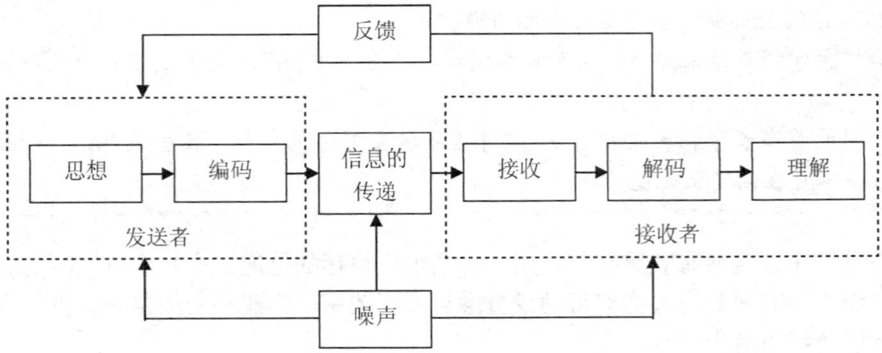

图 10.1　沟通的过程

（一）发送者、接收者

沟通的主体是人，任何形式的信息交流都需要有两个或两个以上的人参加。由于人与人之间的信息交流是一种双向的互动过程，所以，发送者与接收者只是相对而言，这两种身份可能发生转换。在信息交流过程中，发送者的功能是产生、提供用于交流的信息，是沟通的初始者，处于主动地位。而接收者则被告知事实、观点或被迫改变自己的立场、行为等，处于被动地位。发送者和接收者这种地位对比的特点对于信息交流有着重要影响。

（二）编码与解码

编码就是发送者将信息转化成可传输的符号的过程。这些符号或信号可以是文字、数字、图画、声音或身体语言。解码就是接收者将获得的信号翻译成某种含义。如果解码错误，信息将会被误解或曲解。

（三）信息的传递渠道

渠道是信息从发送者到达接收者所借助的媒介物。信息通过编码还需要借助一定的渠道才能传递出去。常见的信息传递渠道有：口头沟通、非语言沟通、书面沟通、电子媒介沟通等。不同沟通渠道，其优缺点不同，因此信息发送者需要根据信息的性质选择合适的传递渠道。具体内容如表 10.1 所示。

表 10.1　沟通渠道的优缺点比较

沟通方式	举例	优点	缺点
口头	交谈、讲座、讨论会、电话	快速传递、快速反馈、信息量很大	传递中经过层次愈多，信息失真愈严重，核实愈困难

续表

沟通方式	举例	优点	缺点
书面	报告、备忘录、信件、文件、内部期刊、布告	持久、有形，可以核实	效率低、缺乏反馈
非言语	声、光、信号、体态、语调	信息意义十分明确，内容丰富、灵活	传递距离有限、界限含糊、只可意会不可言传
电子媒介	传真、电视、网络、电子邮件	传递快速、信息量大、一份信息可同时远程传递多人、廉价	单向传递，但无表情

（四）噪声

噪声是沟通过程中对信息传递和理解产生干扰的一切因素，存在于沟通过程的各个环节。根据噪声的来源，可以将噪声分为：内部噪声、外部噪声、语义噪声。

内部噪声来自沟通主体身上，如注意力分散、存在某些信念和偏见等，态度、技能、知识和社会文化系统都会造成内部噪声。外部噪声是指来源于环境的各种阻碍接受和理解信息的因素。常见的外部噪声是声音的骚扰。语义噪声，指的是沟通的信息符号系统差异所引发的沟通噪声。

三、沟通在管理中的作用

（1）沟通能为科学决策奠定基础。领导者可以从企业内部的沟通中获取大量的信息情报来提升判断力，然后进行决策。下属人员也可以主动与上级管理人员沟通，提出自己的建议，供领导者做出决策时参考。企业内部的沟通使决策更加正确、科学、合理。

（2）沟通促使企业员工协调有效地完成工作。在日常工作中，工作目标、工作进程、工作方式方法、工作要求等因素只有通过沟通达成共识，才能使工作不折不扣地完成。没有适当的沟通，上下级之间、各部门之间的了解就不会充分，甚至可能出现错误的理解，使工作任务不能正确圆满完成。

（3）沟通有利于领导者激励员工。在实际生活和工作中，每个员工都有要求得到他人尊重和自我价值实现的需要，都会要求对自己的工作能力有一个恰当的评价。如果领导的表扬、认可或者满意能够通过各种渠道及时传递给员工，就会对员工造成激励，激发他们的工作热情和潜力，从而充分发挥其积极性、创造性与智慧，更加勤奋地工作。

（4）沟通能够架起组织与外部环境之间的联系桥梁。一味低头做内部的工作远远不够，还需要不断加大外部沟通力度，使企业在社会上不断取得声誉。企业应密切联系社会，加大与政府部门、其他企业及媒体单位的沟通交流，从而塑造良好的外部形象，建立有利于企业发展的外部环境。

第二节 沟通的类型

按照不同的角度，可以将沟通划分为不同的类型。由于管理普遍存在于组织中，沟通又在管理活动中有着重要作用，因此本节重点从管理的角度介绍沟通的类型。

一、沟通的一般分类

（一）按照沟通的功能划分

按照沟通的功能划分，沟通可以分为工具式沟通和感情式沟通。工具式沟通指发送者将信息、知识、想法、要求传达给接受者，其目的是影响和改变接受者的行为，最终达到组织的目标。感情式沟通指沟通双方表达情感，获得对方精神上的同情和谅解，最终改善相互之间的人际关系。

（二）按照沟通的方式划分

按照沟通的方式划分，沟通可分为：口头沟通、书面沟通、非言语沟通、体态语言沟通及电子媒介沟通等类型。

（三）按照组织系统划分

按照组织系统划分，沟通可分为正式沟通和非正式沟通。正式沟通指以正式渠道的信息传递；非正式沟通指以非正式渠道的信息传递。

（四）按照沟通的方向划分

按照沟通的方向划分，沟通可分为下行沟通、上行沟通和平行沟通。下行沟通指上级将信息传达给下级，是由上而下的沟通；上行沟通指下级将信息传达给上级，是由下而上的沟通；平行沟通指同级之间横向的信息传递，这种沟通也称为横向沟通。

（五）按照沟通的反馈情况划分

按照是否进行反馈划分，沟通可分为单向沟通和双向沟通。

单向沟通指没有反馈的信息传递。单向沟通比较适合下列几种情况：

（1）问题较简单，但时间较紧；

（2）双方易于接受解决问题的方案；

（3）双方没有了解问题的足够信息，在这种情况下，反馈不仅无助于澄清事实反而容易混淆视听；

（4）双方缺乏处理反馈信息的能力，不具备反馈条件。

双向沟通指有反馈的信息传递，是发送者和接受者相互之间进行信息交流的沟通。它比较适合于下列几种情况：

（1）时间比较充裕，但问题比较棘手；

（2）双方对解决方案的接受程度至关重要；

（3）双方能对解决问题提供有价值的信息和建议；

（4）双方习惯于双向沟通，并且能够有建设性地处理负反馈。

二、正式沟通的网络

正式沟通包括组织内部的文件传达，上下级之间例行的汇报、总结，工作任务分配以及组织之间的信函往来等都属于正式沟通。正式沟通具有组织的严肃性、程序性、稳定性、可靠性及信息不易失真的特点。它是组织内沟通的主要方式。

沟通网络，是指组织中沟通渠道的结构和类型。其基本特征在于：渠道的数量、分布，以及是单向沟通还是双向沟通。一般而言，正式沟通的沟通网络有五种基本形式：链式、轮式、Y 式、环式和全通道式。

（一）链式沟通网络

链式沟通网络是信息在沟通成员间进行单线、顺序传递，形成链条状的沟通形态。这是一个平行网络，其中居于两端的人只能与内侧的一个成员联系，居中的人则可分别于两人沟通信息。信息自上而下或自下而上传递。在一个组织中，它相当于一个纵向沟通的网络，如图 10.2 所示。

由于链式沟通是单线连接，所以在这种沟通网络中，成员间联系面很窄，平均满意度较低。信息经层层传递、筛选，容易失真。此外，这种沟通网络还可表示组织中主管人员和下级部属之间管理者的组织系统，属于控制型结构。在现实组织中，严格按直线职权关系和指挥链系统而在各级主管人员间逐级进行的信息传递就是链式沟通网络的应用实例。

（二）轮式沟通网络

轮式沟通属于控制型网络，这种网络中的信息是经由中心人物而向周围多线传递的，因为其结构形状像轮盘而得名，如图 10.3 所示。

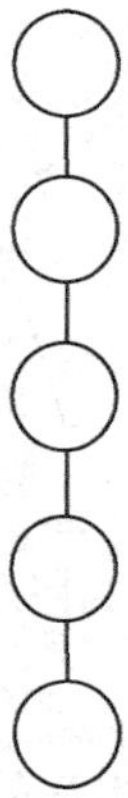

图 10.2　链式沟通网络

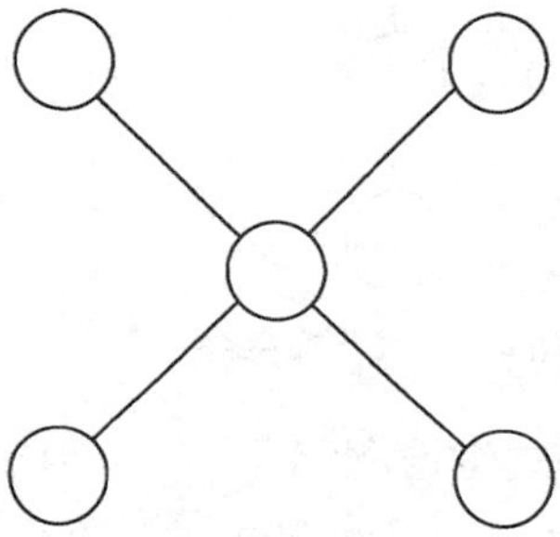

图 10.3　轮式沟通网络

在现实中，轮式沟通网络大致相当于一个领导直接面向有关组织成员进行沟通的仅两个层次的组织沟通系统。此网络中只有领导人物是各种信息的汇集点与传递点，其他成员之间没有相互的交流关系，所有信息都是通过他们共同的领导人进行交流的，因此，信息沟通的准确度很高，解决问题速度快，主管人员控制力强，但其他成员满意度低。

轮式网络是着眼于加强组织控制而采取的一种沟通结构形式，但此网络中的领导者在成为信息交流和控制中心的同时可能面临着信息超载的负担。一般地说，轮式网络适合于组织接受紧急任务，需要进行严密控制，同时又要争取时间和速度的情形。

（三）Y 式沟通网络

Y 式沟通网络实际上是轮式与链式相结合的纵向沟通网络，如图 10.4 所示。与轮式网络一样，Y 式网络中也有一个成员位于沟通网络的中心，成为网络中因拥有信息而具有权威感和满足感的人。现实中经常看到的是倒 Y 式网络形态。例如，主管、秘书和几位下属构成的倒 Y 式网络，就是秘书处于沟通网络中心地位的一个实例，由此我们不难理解为何秘书人物的职位并不高却常拥有相当大的权力。

组织中的直线职能系统，也是一种变形的 Y 式网络，它大致相当于主管领导从几位参谋人员处收集信息和建议，形成决定后再向下级人员传达命令这样一种信息联系方式。通常当主管人员的工作任务十分繁重，需要有人协助筛选信息和提供决策依据，同时又要对组织实行有效的控制时，适合采用这种 Y 式沟通网络。

此网络中组织成员的士气比较低，同时，与轮式网络相比较，因为增加了中间的过滤和中转环节，容易导致信息曲解或失真，因此沟通的准确性也受到影响。

（四）环式沟通网络

环式沟通网络可以看作是将链式形态下两头沟通环节相联结而形成的一种封闭式结构，它表示组织所有成员间都不分彼此地依次联络和传递信息。环式网络中的每个人都可同时与两侧的人沟通信息，因此大家地位平等，不存在信息沟通中的领导或中心人物。

采用环式沟通网络的组织，集中化程度比较低，组织成员具有较高的满意度。但由于沟通的渠道窄、环节多，信息沟通的速度和准确性都难有保证。如果组织中需要创造出一种能激发高昂士气来实现组织目标，环式沟通是一种行之有效的方式。环式沟通网络如图 10.5 所示。

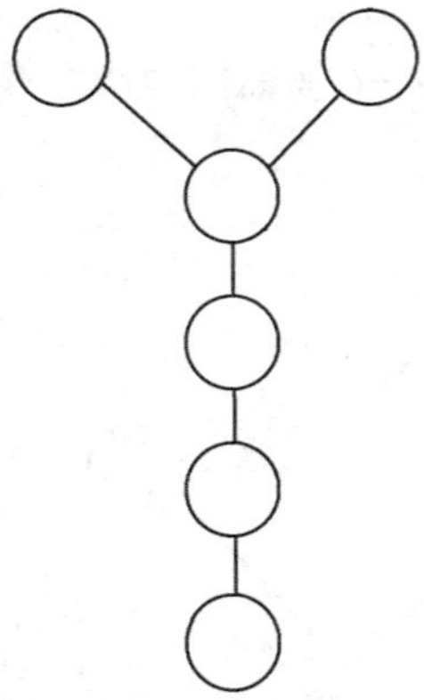

图 10.4　Y 式沟通网络

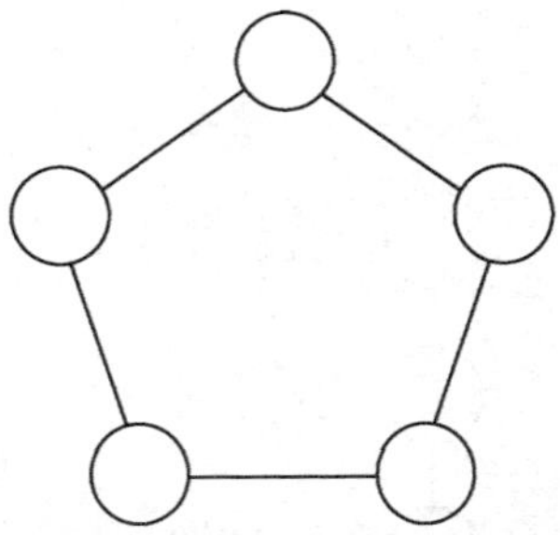

图 10.5　环式沟通网络

（五）全通道式沟通网络

这是一个全方位开放式的沟通网络系统，所有成员之间都能进行相互的不受限制的信息沟通与联系。采取这种沟通网络的组织，集中化程度低，成员地位差异小，所以有利于提高成员士气和培养合作精神。同时，这种网络中具有宽阔的信息沟通渠道，成员可以直接、自由而充分地发表意见，有利于集思广益，提高沟通的准确性。全通道式沟通网络如图 10.6 所示。

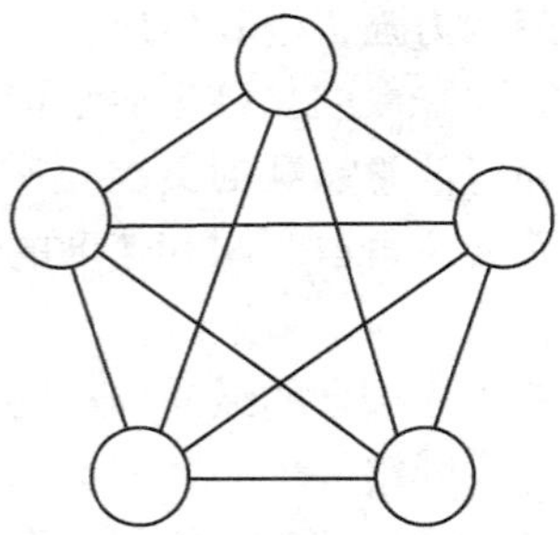

图 10.6　全通道式沟通网络

全通道式沟通网络讨论过程通常费时，从而会影响到工作的效率。以委员会方式来运作的组织，就是全通道式沟通网络的应用实例。

因此，在管理实践中，应当综合考虑信息传递的集中性、速度、正确性、领导者的能力和团队成员的满意度等问题，选择恰当的沟通网络。以上 5 种沟通的效能比较如表 10.2 所示。

表 10.2　5 种沟通的效能比较

形态 / 评价标准	链式	轮式	Y 式	环式	全通道式
集中性	适中	高	较高	低	很低

续表

形态 评价标准	链式	轮式	Y 式	环式	全通道式
速度	适中	1. 快（简单任务） 2. 慢（复杂任务）	快	慢	快
正确性	高	1. 高（简单任务） 2. 低（复杂任务）	较高	低	适中
领导能力	适中	很高	高	低	很低
团队成员满意度	适中	低	较低	高	很高
示例	命令链锁	主管对 4 个部属	领导任务繁重	工作任务小组	非正式沟通

如果管理者看重解决问题的速度，那么使用轮式和全通道式是最好的；如果看重信息传递的精确度，那么链式、Y 式和轮式是最好的；如果看重领导者的权威，则需要用轮式沟通模式；如果看重通过信息沟通来增加员工的满足感，则最好使用环式和全通道式。

三、非正式沟通及其管理

企业除了需要正式沟通外，也需要并且客观上存在着的非正式沟通。正式沟通提供信息的“骨头”，而非正式沟通则提供“血”和“肉”，它包括听取各种各样的观点、猜测、疑问、刁难、敌意、奉承、冲突、威胁，这些都是正式沟通所不得传递的。非正式沟通的主要功能是传播职工（包括管理和非管理人员）所关心和与他们有关的信息，它取决于职工的个人兴趣和利益，与企业正式的要求无关。

（一）非正式沟通的特点

（1）非正式沟通信息交流速度较快。由于这些信息与职工的利益相关或者是他们比较感兴趣的问题，再加上没有正式沟通那种程序，信息传播速度大大加快。

（2）沟通的信息比较准确。据国外研究，它的准确率可高达 95%。一般来说，非正式沟通中信息的失真主要来源于形式上的不完整，而不是提供无中生有的谣言。人们常常把非正式沟通（俗称小道消息）与谣言混为一谈，这是缺乏根据的。

（3）沟通效率较高。非正式沟通一般是有选择地、针对个人的兴趣传播信息。正式沟通则常常将信息传递给本不需要它们的人。

（4）沟通可以满足职工的需要。由于非正式沟通不是基于管理者的权威，而是出于职工的愿望和需要，因此，这种沟通常常是积极的、卓有成效的，并且可以满足职工们的安全的需要，社交需要，尊重的需要。

（5）沟通有一定的片面性。非正式沟通中的信息常常被夸大、曲解，因而需要慎重对待。

（二）非正式沟通的管理

管理人员需要清楚地认识到，在组织管理中非正式沟通极为常见，它是正式沟通的补充，但同时也存在一定的不足。因此管理人员应该正确对待非正式沟通。

首先，管理人员必须认识到它是一种重要的沟通方式，任何否认的态度都会铸成大错，企图消灭、阻止、打击的措施也是不明智的。

其次，管理人员可以充分地利用非正式沟通为自己服务。管理人员可以“听”到许多从正式渠道不可能获得的信息，“知道”谁在传播这些信息，谁最喜欢这些信息，管理人员还可以将自己所需要但又不便从正式渠道传递的信息，利用非正式沟通进行联络。

最后，对非正式沟通中产生的错误信息，可以考虑通过非正式沟通渠道加以修正，“以其人之道还治其人之身”，也可以考虑通过正式沟通渠道予以澄清。双管齐下可以起到更好的效果。

一般说来，处理失真信息的方法常有以下 3 种。

（1）采取不理睬的态度，相信“事久自然明”。这种方法往往需要较长的时间，有时会在短期内造成更大的混乱，因此较少被采用。

（2）采取进攻型的策略。指出失真信息的错误所在，并且尽可能地告诉所有的人。但是，这种方法有可能导致火上浇油，使得局面愈发不可收拾。

（3）采取侧翼包抄的战术。不提及和重复错误信息，而用事实反驳。尤其要注意在反驳谣言时，无论如何不能重复或直接引用谣言，在反驳中引用谣言，只会使人们相信谣言。

第三节 沟通障碍及其克服

在管理中，合理的组织机构有利于信息沟通。但是，如果组织机构过于庞大，中间层次太多，那么，信息从最高决策传递到下属单位不仅容易产生信息的失真，而且还会浪费大量时间，影响信息的及时性。同时，自上而下的信息沟通，如果中间层次过多，同样也浪费时间，影响效率。

一、沟通障碍的概念

所谓沟通障碍，是指信息在传递和交换过程中，由于信息意图受到干扰或误解，而导致沟通失真的现象。

在人们沟通信息的过程中，常常会受到各种因素的影响和干扰，使沟通受到阻碍。在管理中，合理的组织机构有利于信息沟通。但是，如果组织机构过于庞大，中间层次太多，那么，信息从最高决策传递到下属单位不仅容易产生信息的失真，而且还会浪费大量时间，影响信息的及时性。同时，自上而下的信息沟通，如果中间层次过多，同样也浪费时间，影响效率。

二、沟通渠道障碍

沟通渠道的问题也会影响到沟通的效果，沟通渠道障碍主要由以下几个方面组成。

第一，选择沟通媒介不当。比如对于重要事情而言，口头传达效果较差，因为接受者会认为“口说无凭”，“随便说说”而不加重视。

第二，几种媒介相互冲突。当信息用几种形式传送时，如果相互之间不协调，会使接受者难以理解传递的信息内容。如领导表扬下属时面部表情很严肃甚至皱着眉头，就会让下属感到迷惑。

第三，沟通渠道过长。组织机构庞大，内部层次多，从最高层传递信息到最低层，从低层汇总情况到最高层，中间环节太多，容易使信息损失较大。

第四，外部干扰。信息沟通过程中经常会受到自然界各种物理噪声、机器故障的影响或被另外事物干扰所打扰，也会因双方距离太远而沟通不便，影响沟通效果。

小链接

沟通的位差效应

沟通的位差效应是美国加利福尼亚州立大学对企业内部沟通进行研究后得出的重要成果。他们发现，来自领导层的信息只有20%～25%被下级知道并正确理解，而从下到上反馈的信息则不超过10%，平行交流的效率则可达到90%以上。进一步的研究发现，平行交流的效率之所以如此之高，是因为平行交流是一种以平等为基础的交流。为试验平等交流在企业内部实施的可行性，他们试着在整个企业内部建立一种平等沟通的机制。结果发现，与建立这种机制前相比，在企业内建立平等的沟通渠道，可以大大增加领导者与下属之间的协调沟通能力，使他们在价值观、道德观、经营哲学等方面很快地达成一致；可以使上下级之间、各个部门之间的信息形成较为对称的流动，业务流、信息流、制度流也更为通畅，信息在执行过程中发生失真、变形的情况也会大大减少。这样，他们得出了一个结论：平等交流是企业有效沟通的保证。

三、沟通障碍的形式

（一）组织的沟通障碍

有学者统计，如果一个信息在高层管理者那里的正确性是 100%，到了信息的接受者手里可能只剩下 20%的正确性。这是因为，在进行这种信息沟通时，各级主管部门都会花时间把接受到的信息自己甄别，一层一层地过滤，然后有可能将断章取义的信息下传。

此外，在甄选过程中，还掺杂了大量的主观因素，尤其是当发送的信息涉及传递者本身时，往往会由于主观上的原因，造成信息失真。这种情况也会使信息的提供者畏而怯步，不愿提供关键的信息。因此，如果组织机构臃肿，机构设置不合理，各部门之间职责不清，分工不明，形成多头领导，或因人设事，人浮于事，就会给沟通双方造成一定的心理压力，影响沟通的进行。

（二）个人的沟通障碍

（1）个性因素所引起的障碍。信息沟通在很大程度上受个人心理因素的制约。个体的气质、态度、情绪、见解等的差别，都会成为信息沟通的障碍。

（2）知识、经验水平的差距所导致的障碍。在信息沟通中，如果双方经验水平和知识水平差距过大，就会产生沟通障碍。此外，个体经验差异对信息沟通也有影响。在现实生活中，人们往往会凭经验办事。一个经验丰富的人往往会对信息沟通做通盘考虑，谨慎细心；而一个初出茅庐者面对需要沟通的信息往往会不知所措。信息沟通的双方往往依据各自经验大体理解去处理信息，形成巨大的理解差距，从而造成沟通的障碍。

（3）个体记忆不佳所造成的障碍。在管理中，信息沟通往往是依据组织系统分层次传递的，然而，在按层次传递同一条信息时往往会受到个体素质的影响，从而降低信息沟通的效率。

（4）对信息的态度不同所造成的障碍。这又可分为不同的层次来考虑。一是认识差异。在管理活动中，不少员工和管理者忽视信息作用的现象还很普遍，这就为正常的信息沟通造成了很大的障碍。二是利益观念。在团体中，不同的成员对信息有不同的看法，所选择的侧重点也不相同。很多员工只关心与他们的物质利益有关的信息，而不关心组织目标、管理决策等方面的信息，这也成了信息沟通的障碍。

（5）相互不信任所产生的障碍。有效的信息沟通要以相互信任为前提，这样，才能使向上反映的情况得到重视，向下传达的决策迅速实施。管理者在进行信息沟通时，应该不带成见地听取意见，鼓励下级充分阐明自己的见解，这样才能做到思想和感情上的真正沟通，才能接收到全面可靠的情报，才能做出明智的判断与决策。

（6）沟通者的畏惧感以及个人心理素质也会造成沟通障碍。在管理实践中，信息沟通的成败主要取决于上级与上级、领导与员工之间的全面有效的合作。但在很多情况下，这些合作往往会因下属的恐惧心理以及沟通双方的个人心理素质而形成障碍。一方面，如果主管过分威严，给人造成难以接近的印象，或者管理人员缺乏必要的同情心，不愿体恤下属，都容易造成下级人员的恐惧心理，影响信息沟通的正常进行。

四、克服沟通障碍的方法

（一）主动的倾听

倾听是成功沟通的关键，它的功能不仅仅在于你听到别人所说的话，真正的倾听意味着全神贯注地听别人说话，并尽量理解它，不仅要用耳，而且要用心。有效的倾听有两个层次的功能，既帮助接收者理解字面意思，也理解对方的情感。好的倾听者不仅听到对方说的内容，而且了解对方的感受和情绪，以及他们为什么要这样做、为什么会有这样的感受。你也可以更好地理解组织成员的希望、他们害怕的事情，以及所面临的困难。倾听为你打开一个新的视野，它是沟通的关键。

（二）注意语言的选择

对于不同的人群，要选择不同的说话方式。与技术人员交谈，可以使用专门的术语，可方便交流，在文职人员面前，就不能乱用术语了，那样只会造成沟通不畅。一个较为行之有效的办法是简化用语，用精练的话语，清楚地表达意思可以最大可能地减少障碍。简化语言的重中之重就是讲话要有重点。一个人的注意力只有 10 分钟，在这 10 分钟里，如果没有抓住沟通对象的注意力，对方就会什么都听不下去了。

（三）运用反馈

所谓反馈是指一种信息，通过这些信息组织及其员工可以将自身实际的表现与给定的标准或预期进行比较分析。反馈要求客观地描述和分析自己的感受，向他人提供足够的信息以便帮助他们分析并调整自己的行为。反馈也有助于设定目标，改进工作。管理者也可以通过提出一些问题来鼓励下属向上沟通。这一措施向员工表明管理层对员工的看法感兴趣，希望得到更多的信息，重视员工的意见。

管理者所提问题有很多种形式，但最常见的是开放式和封闭式两种。开放式问题是引入一个广泛的主题，以不同的方式表达。相反，封闭式问题是集中于一个较窄的主题，请接收者提供一个较为具体的答案。无论是开放式的问题还是封闭式的问题，都能很好地推动上行沟通。

（四）鼓励主动交流

鼓励员工向他们的主管或更高管理层反映困扰他们的问题。这样做的目的是去除向上沟通的障碍。但这实施起来并不容易，因为在管理者和员工之间常常有真实的和想象的障碍。虽然管理者的门是打开的，但员工的心理方面和社会方面的障碍依然存在，这使员工不愿意走进管理者的门。对管理者来说，更有效的开放政策是走出自己的房间，与员工打成一片。管理者可借此了解比以往坐在办公室里更多的信息。这种做法可描述为走动式管理，管理者以此发起与大量员工的系统接触。通过走出办公室，管理者不仅可以从员工中得到重要的第一手的信息，并能够利用这一机会建立平等和友善的工作氛围。这种做法将会使双方都能受益。

第四节 冲突管理

为了本单位的利益和荣誉，许多人都会理直气壮地与其他单位甚至上级组织发生冲突。不少管理者，甚至把挑起这种冲突看作是自己的职责，或作为建立自己威望的手段。另外，几乎每个管理者都会经常面临着与同事或下属之间的冲突，因此如何进行冲突管理是管理者工作的难点。

一、冲突的起源

冲突是指由于某种差异而引起的抵触、争执或争斗的对立状态。人与人之间由于利益、观点、掌握的信息或对事件的理解都可能存在差异，有差异就可能引起冲突。只要一方感觉到有差异就会发生冲突。冲突的形式可以从最温和最微妙的抵触到最激烈的罢工、骚乱和战争。

人们之间存在差异的原因有以下几个。

（一）沟通差异

由于文化和历史背景不同、表达困难、误解及沟通过程中噪声的干扰都可能造成人们之间意见不一致。沟通不良是产生冲突的重要原因，但不是主要的。

（二）结构差异

观察管理中经常发生的冲突发现，绝大多数是由组织结构的差异引起的。由于分工造成组织结构中垂直方向和水平方向各系统、各层次、各部门、各单位、各不同岗位的分化。组织越庞大、越复杂，组织分化越细密、组织整合越困难。由于信息不对称和利益不一致，人们之间在计划目标、实施方法、绩效评价、资源分配、劳动报酬、奖惩等许多问题上都会产生不同看法，这种差异是由组织结构本身造成的。

（三）个体差异

每个人的社会背景、教育程度、阅历、修养，塑造了每个人各不相同的性格、价值观和作风。人们之间这种个体差异造成了合作和沟通的困难往往也是容易成为导致某些冲突的根源。

二、冲突管理

组织应保持适度的冲突，使组织养成批评和自我批评、不断创新、努力进取的风气，组织就会出现人人心情舒畅，奋发向上的局面，组织就有旺盛的生命力。这就是管理者冲突管理的使命。优秀的管理者通常按以下几种方式处理冲突。

（一）谨慎选择待处理的冲突

管理者可能面临许多冲突。其中，有些冲突非常琐碎，不值得花很多时间去处理；有些冲突虽很重要但不是自己力所能及的，不宜插手。有些冲突难度很大，要花很多时间和精力，未必有好的回报，不要轻易介入。管理者应当选择那些群众关心、影响面大、对推进工作、打开局面、增强凝聚力、建设组织文化有意义、有价值的事件，亲自抓，一抓到底。其他冲突均可尽量回避，事事时时都冲到第一线的人并不是真正的优秀管理者。

（二）仔细研究冲突双方的代表人物

要仔细研究冲突双方的代表人物：是哪些人卷入了冲突？冲突双方的观点是什么？差异在

哪里？双方真正感兴趣的是什么？代表人物的人格特点、价值观、经历和资源因素如何？

（三）深入了解冲突的根源

不仅了解公开的表层的冲突原因，还要深入了解深层的、没有说出来的原因。冲突往往可能是多种原因交叉作用的结果，如果是这样，还要进一步分析各种原因作用的强度。

（四）妥善地选择处理冲突的办法

通常的处理冲突的办法有 5 种：回避、迁就、强制、妥协、合作。当冲突无关紧要时，或当冲突双方情绪极为激动，需要时间恢复平静，可采用回避策略；当维持和谐关系十分重要时，可采用迁就策略；当必须对重大事件或紧急事件进行迅速处理时，可采用强制策略，用行政命令方式牺牲某一方利益处理后，再慢慢做安抚工作。当冲突双方势均力敌、争执不下需采取权宜之计时，只好双方都做出一些让步，实现妥协；当事件十分重大，双方不可能妥协，经过开诚布公的谈判，走向对双方均有利的合作，或双赢的解决方式。表 10.3 详细描述了冲突管理方式与情境因素的匹配。

表 10.3　冲突管理方式与情境因素的匹配

情境因素	冲突管理方式				
	强制	适应	妥协	协作	回避
内容的重要性	高	低	中	高	低
关系的重要性	低	高	中	高	低
相对权力	高	低	等	低—高	等
时间限制	中—高	中—高	低	低	中—高

三、谈判

（一）谈判的方法

谈判是双方或多方为实现某种目标就有关条件达成协议的过程。市场经济本身就是一种契约经济，一切有目的经济活动，一切有意义的经济关系都要通过谈判来建立。管理者总是面对无数的谈判对手。

谈判有两种基本方法。

1. 零和谈判

零和谈判就是有输有赢的谈判，一方所得就是另一方所失，一方赢就是另一方输。零和谈判为什么能成功？这是因为双方的目标都有弹性并有重迭区存在，重迭区就双方和解达成协议的基础。

2. 双赢谈判

双赢谈判就是谈判结果形成一种双方都赢的方案。要求双方对另一方的需求十分敏感，各自都比较开放和灵活，双方都对另一方有足够的了解和信任。在此基础上通过开诚布公的谈判，就可能找到双赢的方案，从而建立起牢固的长期的合作关系。

优秀的管理者通常是依照以下几个方面进行重要谈判的。

（1）理性分析谈判的事件。抛弃历史和感情上的纠葛，理性地判别信息、依据的真伪、分析事件的是非曲直、分析双方未来的得失。

（2）理解你的谈判对手。他的制约因素是什么？他的真实意图是什么？他的战略是什么？

他的兴奋点和抑制点在哪里？

（3）抱着诚意开始谈判。态度不卑不亢，条件合情合理，提法易于接受，必要时可以主动做出让步（也许只是一个小小的让步）。尽可能寻找双赢的解决方案。

（4）坚定与灵活相结合。对自己目标的基本要求要坚持，对双方最初的意见（如报价）不必太在意，那多半只是一种试探，有极大的伸缩余地。当陷入僵局时，应采取暂停、冷处理后再谈，或争取第三方调停，尽可能避免破裂。

（二）有效谈判的技能

1. 研究你的对手

尽可能多地获得有关对手的兴趣和目标方面的信息。例如，你必须满足什么样的客户？他采取什么样的战略？这些信息会帮助你更好地理解对手的行为，预测他对你的报价的反应，并按照他的兴趣构建解决方式。

2. 积极主动的表示开始谈判

研究表明，让步可能得到回报并最终达成协议。因此，以积极主动的表示开始谈判，也许只是一个小小的让步，但它会得到对方同样让步的酬答。

3. 针对问题，不针对个人

着眼于谈判问题本身，而不针对对手的个人特点。当谈判进行得十分棘手时，应避免攻击对手的人身。你不同意的是对手的看法和观点，而不是他个人。应把事与人区分开来，不要使差异人格化。

4. 不要太在意最初的报价

仅仅把最初的报价作为谈判的出发点，每个人都有自己最初的看法，它们是很极端、很理想化的，仅仅如此。

5. 重视赢—赢解决方法

如果条件许可，最好寻求综合的解决办法。按照对手的兴趣构建选择，并寻求能够使你和对手均成功的解决办法。

6. 以开放的态度接纳第三方的帮助

当谈判陷入对峙的僵局时，应考虑求助于中立的第三方的帮助。调停人能帮助各方取得和解，但其不强求达成协议；仲裁人则听取各方的争论，最后强加一种解决方法；和解人则更为不正式，其扮演着沟通管道的作用，在各方之间传递信息、解释信息并澄清误解。

案例讨论

沃尔玛公司的强化沟通

美国沃尔玛公司总裁萨姆·沃尔顿曾说过："如果你必须将沃尔玛管理体制浓缩成一种思想，那可能就是沟通。因为它是我们成功的真正关键之一。"沟通就是为了达成共识，而实现沟通的前提就是让所有员工一起面对现实。沃尔玛决心要做的，就是通过信息共享、责任分担实现良好的沟通交流。

沃尔玛公司总部设在美国阿肯色州本顿维尔市，公司的行政管理人员每周花费大部分时间飞往各地的商店，通报公司所有业务情况，让所有员工共同掌握沃尔玛公司的业务指标。在任何一个沃尔玛商店里，都定时公布该店的利润、进货、销售和减价的情况，并且不只是向经理及其助理们公布，也向每个员工、计时工和兼职雇员公布各种信息，鼓励他们争取更好的成绩。

沃尔玛公司的股东大会是全美最大的股东大会，每次大会公司都尽可能让更多的商店经理和员工参加，让他们看到公司全貌，做到心中有数。萨姆·沃尔顿在每次股东大会结束后，都和妻子邀请所有出席会议的员工到自己的家里举办野餐会，在野餐会上与众多员工聊天，大家一起畅所欲言，讨论公司的现在和未来。为保持整个组织信息渠道的通畅，他们还与各工作团队成员全面注重收集员工的想法和意见，通常还带领所有人参加“沃尔玛公司联欢会”等。

萨姆·沃尔顿认为让员工们了解公司业务进展情况，与员工共享信息，是让员工最大限度地干好其本职工作的重要途径，是与员工沟通和联络感情的核心。而沃而玛也正是借用共享信息和分担责任，适应了员工的沟通与交流需求，达到了自己的目的：使员工产生责任感和参与感，意识到自己的工作在公司的重要性，感觉自己得到了公司的尊重和信任，积极主动地努力争取更好的成绩。

沟通的管理意义是显而易见的。如同激励员工的每一个因素都必须与沟通结合起来一样，企业发展的整个过程也必须依靠沟通。可以说，没有沟通企业管理者的领导就难以发挥积极作用，没有顺畅的沟通，企业就谈不上机敏的应变。

作为一名企业管理者，要尽可能地与员工们进行交流，使员工能够及时了解管理者的所思所想，领会上级意图，明确责权赏罚，避免推卸责任，彻底放弃“混日子”的想法。而且，员工们知道的越多，理解就越深，对企业也就越关心。一旦他们开始关心，他们就会爆发出数倍于平时的热情和积极性，形成势不可当的力量，任何困难也不能阻挡他们。这正是沟通的精髓所在。如果企业管理者不信任自己的员工，不让他们知道公司的进展，员工就会感觉自己被当作“外人”，轻则会打击员工士气，造成部门效率低落；重则使企业管理者与员工之间，形成如阿猫阿狗似的相互不信任的敌意，产生严重隔阂，无法达成共识。当然，管理中的沟通误会，并非都出自企业管理者与员工之间的隔阂，缺乏共同的沟通平台，往往也会造成沟通误会。

由此可见，理解、认同、适应对方的语言方式和行为习惯，是强化管理沟通最基本的内在条件。

请同学们思考：

沃尔玛公司采用了哪些方法强化管理沟通？

练 习 题

一、选择题

1. 如果发现一个组织中小道消息很多，而正式渠道的消息很少，这是否意味着该组织(　　)。

　A. 非正式沟通渠道中信息传递很通畅，运作良好
　B. 正式沟通渠道中消息传递存在问题，需要调整
　C. 其中有部分人特别喜欢在背后乱发议论，传递小道消息
　D. 充分运用了非正式沟通渠道的作用，促进了信息的传递

2. 在日常生活中，(　　) 是表达某些强烈情感的最为有效的方式。

A. 身体接触　　B. 语言　　C. 目光接触　　D. 表情

3. 在组织中，下级向上级提出自己的意见和建议被称为 (　　)。

A. 下行沟通　　B. 上行沟通　　C. 横向沟通　　D. 斜向沟通

4. 使信息持久、可以核实、查询的沟通方式是 (　　)。

A. 口头沟通　　B. 书面沟通　　C. 非言语沟通　　D. 情感沟通

5. 如果你是一位公司的总经理，当你发现公司中存在许多小团体时，你的态度是 (　　)。

A. 立即宣布这些小团体为非法，予以取缔

B. 深入调查，找出小团体的领导人，向他们提出警告，不要再搞小团体

C. 只要小团体的存在不影响公司的正常运行，可以对其不闻不问，听之任之

D. 正视小团体的客观存在性，允许、乃至鼓励其存在，对其行为加以积极引导

6. 一个职业人士所需要的三个最基本的职业技能依次是 (　　)、时间管理技巧、团队合作技巧。

A. 沟通技巧　　B. 写作技巧　　C. 演讲技巧　　D. 表达技巧

7. 沟通是企业中每时每刻都在进行的活动。没有良好的沟通，企业的运营就不可能顺畅，甚至可能中断。为此管理者必须要想方设法建立畅通的沟通渠道。在下列四种沟通做法中，最不可取的是 (　　)。

A. 通过建立各种沟通渠道，让企业的所有员工随时随地了解企业的全部情况

B. 通过下达指令和文件的方式让企业的员工了解企业的使命目标和战略

C. 经常利用口头沟通的方式和下属交流

D. 策略地利用非正式组织在沟通中的作用

8. 一次公司经理联席办公会议上，二分厂张厂长激烈批评人力资源部刘经理说，二分厂需要学工业仪表的本科生或大专生，而公司却进了那么多搞化工设备、建筑材料的毕业生，还有搞系统集成的研究生和 MBA，人力资源部到底在做什么？刘经理则反驳，公司的发展战略你知道吗？我们这样做是有依据的。张厂长回答，二分厂不发展，你那个发展战略有何用？对此现象，你认为最恰当的评论是 (　　)。

A. 张厂长不对，他不能用局部利益取代整体利益

B. 刘经理不对，他不应脱离二分厂的状况另搞一套人才引进政策

C. 公司总经理不对，他应制止在经理联席会议上出现这种争吵

D. 公司内部管理沟通系统存在问题，应尽快加以解决

9. 随着互联网技术的发展，现在有许多组织采用了网上发布信息的方式进行内部沟通。这种沟通方式发生沟通障碍的最大可能性是在沟通过程的哪一环节？(　　)

A. 编码环节　　B. 信息传递环节　　C. 接收环节　　D. 环式沟通网络

10. 某公司总经理白手起家，从一个普通的技术人员发展为今天拥有百万资产的企业的经营者，目前公司已经有了自己的生产线。但这位总经理却常常为管理生产工人的事发愁。因为他被工人们称为“白面书生”，很难与他们沟通。你认为最可能的解决方法是什么？(　　)

A. 采取严厉的措施，板起脸来

B. 招聘对生产管理有经验的专家，代替自己来管

C. 与生产工人坐在一起开座谈会，放下架子，逐步缓和关系

D. 开除给自己起外号的工人，杀一儆百

二、判断题

1. 只要上级能让下级与自己保持一致，就说明沟通良好。(　　)

2. 由于相同背景，相同资历的人易于沟通，因此，一个单位只要全招牌相同背景、资历的人，就能提高工作效率。(　　)

3. 沟通提高管理效率，是达到企业目标的重要手段，因此可以不惜一切代价。(　　)

4. 在正式组织中，沟通困难通常是组织管理系统出现了问题，而不是产生问题的原因。(　　)

5. 在企业中，当人们偏好非正式沟通时，说明正式沟通出现了问题。(　　)

第五篇

控制

第十一章 控制概述

【引导案例】

扁鹊的医术

魏文王有一次问名医扁鹊说："你们家兄弟三人，都精于医术，到底哪一位最好呢？"扁鹊答："长兄最好，中兄次之，我最差。"文王再问："那么为什么你最出名呢？"扁鹊答："长兄治病，是治病于病情发生之前。由于一般人不知道他事先能铲除病因，所以他的名气无法传出去；中兄治病，是治病于病情初起时，一般人以为他只能治轻微的小病，所以他的名气只及本乡里。而我是治病于病情严重之时。一般人都看到我在经脉上穿针管放血、在皮肤上敷药等大手术，所以以为我的医术高明，名气因此响遍全国。"

为什么长兄的医术最好？这个说法能给人以什么样的启示或者是蕴含什么样的管理哲理？

第一节 控制的概念、原则及特点

控制是为了保证企业计划与实际作业动态相适应的管理职能。控制是管理过程不可分割的一部分，是企业各级管理人员的一项重要工作内容。本节将对控制的概念、原则、类型等内容进行详细介绍。

一、控制的概念

控制是指管理人员对组织实际运行是否符合预定的目标进行测定并采取措施确保组织目标实现的过程。控制可以理解为一系列检查、调整的活动，即控制活动；控制也可以理解为检查和调整的过程，即控制过程。

从最传统的意义看，控制就是"纠偏"，就是按照计划的标准衡量所取得的成果，并纠正所发生的偏差，以确保计划目标的实现。

从广义的角度来看，控制工作并不仅限于按照既定的计划标准来衡量和纠正计划执行中的偏差，它同时还包含着在必要时修改计划标准，以使计划更加适合于实际情况。因此，完整的控制包括了"纠偏"和"调适"这两方面的含义。

二、控制与计划的关系

控制与计划既存在联系，又存在区别。控制与计划是一个问题的两个方面，二者的区别在于以下两点。

（1）逻辑顺序不同。制订计划在先，实施控制在后。管理人员应当首先制订计划，为保障计划的有效执行和落实，管理人员就要依靠有效的控制手段加以检查监督。法约尔曾指出："控制的目的就是指出计划实施过程中的缺点和错误，以便加以纠正和防止重犯。"

（2）关注的侧重点不同。计划是明确组织成员行动的方向和方式的具体安排，因此计划更侧重于全局性的安排。控制则关注计划执行过程中出现的偏差，并根据偏差的情况采取纠偏措施，确保计划得以实施。

没有控制的计划是"水中月"，没有计划的控制是"无头蝇"。二者的联系主要体现在以下几个方面。

（1）计划为控制工作提供标准，没有计划，控制也就没有依据。但如果只编制计划，不对其执行情况进行控制，计划目标就很难得到圆满实现。

（2）有些计划本身的作用就已具有控制的意义。例如，预算和进度表等形式的计划，它们既是计划工作的一个重要组成部分，同时又可以直接作为一种有效的控制工具。

（3）广义的控制职能实际上也包含了对计划在其执行期间内的修订或修改。有计划而没有控制，人们可能知道自己干了什么，但无法知道自己干得怎样。反之，有控制而没有计划，人们将不会知道要控制什么、怎么控制。

举例来说，一家企业制订了一个 5 年计划，计划在今后的 5 年内每年要增加 2%的市场占有率。每年末要进行控制。如此，计划、控制、再计划、再控制，管理工作过程就不断循环往复下去。从这个意义上说，控制是联结管理过程循环的支点。没有这个支点，管理过程就不能实现循环。正是从这种循环的角度看，控制职能也可以说是下一阶段管理工作过程的起点。

三、管理控制的类型

控制可以按照 3 种分类标准分为不同的类型，分类标准分别为：控制的时机和目的、控制的内容、控制的重要性。

（一）按控制的时机和目的划分

按控制的时机和目的划分，控制可以分为前馈控制、现场控制和反馈控制。

1. 前馈控制

前馈控制，也称为事前控制，是指在活动开始之前对工作中可能产生的偏差进行预测，并采取措施，防患于未然，从而可以克服反馈控制的滞后性问题。它适用于一切领域的一切工作，且是对事不对人，是针对具体问题设置的防范措施，避免了心理冲突。它对活动信息的要求比较高，对事物的发展规律要求有比较透彻的了解，且预防成本较高。

2. 现场控制

现场控制也称为同期控制、过程控制，是对工作进行中的人和事进行指导和监督，是一种同步、适时控制。主要有指导和监督两项职能。指导是管理者针对工作出现的问题，根据自己的经验指导下属改进工作，或者与下属共同商讨纠偏措施，有利于培养、提高下属的工作能力与自我控制能力；监督是按照预定的标准检查正在进行的工作，随时发现偏离目标的现象，从而将问题消灭在萌芽状态。

3. 反馈控制

反馈控制也称为后馈控制、成果控制或事后控制，是指在一个时期的活动结束以后，对本期的工作结果进行总结。通过总结过去的经验和教训，为未来计划和活动的安排提供借鉴。

（二）按控制的内容划分

按控制的内容划分，控制可分为预算控制、质量控制、人事管理控制、库存控制、进度控制。

1. 预算控制

预算控制是对组织活动所需的费用、成本、支出等进行事前安排，以此为标准控制工作中的偏差。它能把组织内所有部门的活动用可考核的数量化的方式表现出来，以便查明偏离目标的程度并加以纠正。但预算无法反映组织中那些难以量化的因素。

2. 质量控制

质量控制包括产品质量控制和工作质量控制。质量控制是保证产品、工作达到质量标准的重要管理活动。

3. 人事管理控制

人事管理控制主要集中在组织内人力资源的管理上。具体有两大方面：一是主要人事比率的控制；二是对员工在工作中的成绩、能力、态度做出客观公正的考核评定和分析鉴定。

4. 库存控制

库存控制对企业生产经营活动中的存货进行品种数量控制，使之维持适当的水平，保证生产和销售的需要的前提下，尽可能降低成本、减少消耗、加速资金周转。

5. 进度控制

这是根据产品生产或项目建设者的进度计划要求，对各阶段活动开始和结束的时间所进行的控制。通过进度控制，有利于生产过程的各阶段前后衔接、互相协调、合理调配各生产要素，保证生产的正常、有序进行。

（三）按控制的重要性划分

按重要性分类，控制可分为战略控制，绩效控制和任务控制。

1. 战略控制

战略控制是对战略计划和目标实现程度的控制。战略是一个组织综合性、长远性的谋略，战略的正确与否，关系到组织的成败和兴衰。战略的制定和控制要求领导者高瞻远瞩，面向未来，胸怀全局。

2. 绩效控制

绩效控制是一种财务控制，即利用财务数据，考评各责任中心的工作实绩，控制其经营行为。此种控制也称为责任预算控制或以责任发生制为基础的控制。

3. 任务控制

任务控制也称业务控制，营运控制，主要是针对基层生产作业和其他业务活动直接进行的控制，以确保有关人员或机构按质、按量、按时完成所承担的工作任务。

四、控制的原则

1. 控制应该同计划与组织相适应

控制的目的是保证计划得到顺利实现，这就需要依靠组织中的各单位、各部门及全体成员来实施。控制系统和控制方法应当与计划和组织的特点相适应。不同的计划具有不同的特点，因而控制所需的信息也各不相同。控制还应当反映组织结构的类型和特征。有效的管理控制必须要能够反映一个组织的结构状况并通过健全的组织结构予以保证，否则，只能是空谈。

2. 控制应该突出重点，强调例外

管理者不能、也没有必要事无巨细地对组织活动的方方面面都进行控制，而是要针对重要的、关键的少数因素实施重点控制。

管理者需要从实际工作出发，因地制宜地找出和确定最能反映或体现其所管辖单位工作成果的关键性因素，对之加以严密控制，其他的方面则相对放松控制，这样可收到有的放矢、事半功倍的效果。

控制也应当强调例外原则。管理者将控制工作的重点放在计划实施中出现的特别好或特别坏的“例外”情况上，可以使他们把有限的精力集中于真正需要引起注意和重视的问题方面。在实际工作中，例外原则必须与控制关键问题的原则结合起来，注意关键问题上的例外的情况。

3. 控制应该具有灵活性、及时性和经济性

为进行控制而支出的费用和由控制而增加的收益，两者都直接与控制的程度相关。这意味着，控制工作一定要坚持适度、适量的原则。从经济性角度考虑，控制力度并不是越大越好，控制系统也不是越复杂越好。控制系统越复杂、控制工作力度越大，只意味着控制的投入越大。在许多情况下，这种控制投入的增加并不一定会导致计划的更顺利实施，有时，自然消退也是一种行之有效的控制办法。

4. 控制过程应避免出现目标扭曲问题

组织在将规则程序和预算这些低层次的计划作为控制标准时，最容易发生目标与手段相置换的问题。管理者在控制工作过程中特别要注意到次一层级控制标准的从属性和服务性地位，这对于成功、有效地实施控制至关重要。

5. 控制工作应注重培养组织成员自我控制能力

广大员工在生产和业务活动的第一线，是各种计划、决策的最终执行者，所以，员工进行自我控制是提高控制有效性的根本途径。

自我控制的优点包括：首先，自我控制有助于发挥员工的主动性、积极性和创造性；其次，自我控制可以减轻管理人员的负担，减少企业控制费用的支出；再次，自我控制有助于提高控制的及时性和准确性。当然，鼓励和引导员工进行自我控制，并不意味着对员工可以放任自流。员工的工作目标必须服从于组织的整体目标，并有助于组织整体目标的实现。管理者要从整体目标的要求出发，经常检查各单位和员工的工作效果，并将其纳入企业全面控制系统之中。

五、控制的特点

控制的特点主要有整体性、动态性、目的性和人性 4 个方面。

1. 整体性

从控制主体看，完成计划和实现目标是组织全体成员的共同责任，因此，参与管理控制是全体成员共同的任务。

从控制对象看，管理控制覆盖组织活动的各个方面，人、财、物、信息等资源，各层次、各部门、各个工作阶段，甚至各个人的工作，都是控制的对象，而且还要能使之协调

一致。

2. 动态性

管理控制不同于机器设备系统中的自动控制，因为那是程序化的，具有固定的特征。但组织则不是静态的，其外部环境和内部条件都会不断地发生变化，由此，控制的标准和方法也应及时调整，例如，税率、利率的变动需要调整费用、利润，劳动生产率的提高需调整产量等，可见，管理控制具有动态性。

3. 目的性

同其他所有的管理工作一样，管理控制也是围绕组织的目标而进行的。管理控制的意义就在于，通过发挥“纠偏”“调适”两方面的功能，促使组织目标的有效实现。

4. 人性

管理控制过程中，活动的主体是人，因此，管理控制是对人的行为的控制，自然也是由人来执行的控制。为此，管理控制不能忽视人性方面的因素，控制不仅仅是监督，更重要的是帮助和指导，使之成为提高员工工作能力的工具。计划是要靠员工去实施的，只有当他们真正认识到纠偏的必要性并且有纠偏能力时，偏差才会真正被纠正，控制的目的也才会真正实现。所以，通过控制，管理者可以帮助员工分析偏差产生的原因，端正他们的工作态度，指导他们采取纠偏的措施。如此，既能达到控制之目的，又能提高员工的工作及自我控制能力。

第二节 控制过程

前面讲到，控制是根据计划的要求，设立衡量绩效的标准，然后把实际工作结果与预测标准相比较，以确定组织活动中出现的偏差及其严重程度；在此基础上，有针对性地采取必要的纠正措施，以确保组织资源的有效利用和组织目标的圆满实现。无论控制的对象是新技术的研究与开发，还是产品的加工制造，或是市场营销宣传，是企业的人力条件还是物质要素，或是财务资源，控制的过程都包括 3 个基本环节的工作：控制标准、衡量实际工作、鉴定偏差并采取矫正措施，如图 11.1 所示。

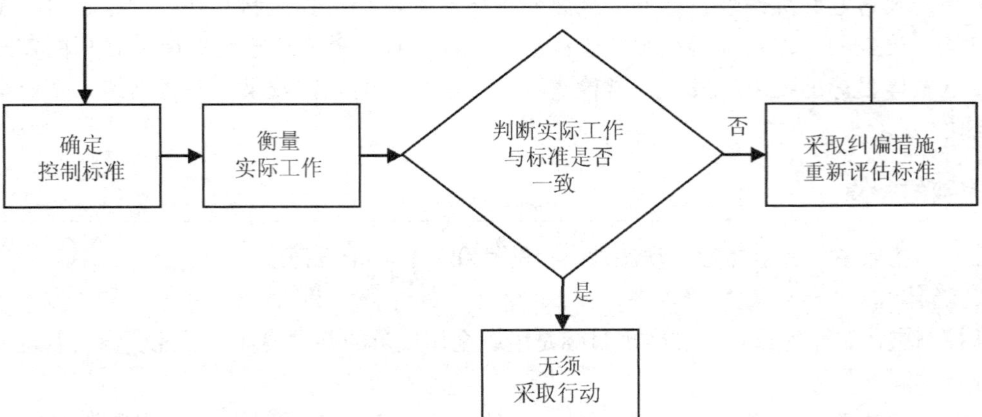

图 11.1 控制的过程

一、控制标准

控制始于工作标准的建立。标准是人们检查和衡量工作及其结果（包括阶段结果与最终结果）的规范。标准是进行控制的基础，没有一套完整的标准，衡量绩效或纠正偏差就失去了客观依据。

（一）确定控制对象

进行控制首先遇到的问题是"控制什么"，这是在决定控制标准之前首先需要解决的问题。经营活动的成果是需要控制的重点对象。要保证企业取得预期的结果，必须在成果最终形成以前进行控制，纠正与预期成果的要求不相符的活动。因此，需要分析影响企业经营结果的各种因素，并把它们列为需要控制的对象。控制的对象主要有人员、财务活动、作业、信息、组织绩效等。

一般来说，影响组织工作目标实现的重要因素主要有以下几个。

（1）环境特点及其发展趋势。组织在特定时期的管理活动是根据决策者对经营环境的认识和预测来进行和安排的。如果预期的市场环境变化没有出现，或者企业外部环境发生了某种无法预料和无力抗拒的变化，原来的计划就可能无法进行。因此，计划时所依据的对经营环境的认识和把握等各种因素应被作为控制对象，并列出"正常环境"的具体指标或标准。

（2）资源投入。组织经营成果是通过对资源的加工转换得到的。没有或缺乏这些资源，组织的经营活动就会成为无源之水、无本之木。投入的资源，不仅会在数量和质量上影响经营活动按期、按质、按量、按要求地进行，从而影响最终产品的正常生产，而且获得资源的费用也会影响活动的成本，从而影响组织的经营效果。因此，必须对资源投入进行控制，使之在数量、质量以及价格等方面符合预期经营成果的要求。

（3）组织活动。输入生产经营中的各种资源不可能自动形成产品。组织的经营成果是组织活动转化的结果，是通过全体员工在不同时期和空间上利用一定技术和设备对不同资源进行不同加工劳动得到的。企业员工的工作质量和数量是决定经营成果的重要因素，因此必须使企业员工的活动符合预期结果的要求。为此，必须建立员工的工作规范，明确各部门和各员工在各个时期的阶段成果标准，以便对他们的活动进行控制。

（二）选择控制重点

企业无力也没必要对所有成员的所有活动进行控制，只能在影响经营成果的众多因素中选择若干关键环节作为重点控制对象。

在选择的过程中，管理人员必须问自己：什么能最好地反映本部门的目标？当目标未能实现时，什么能最好地展示给我？什么能最好地衡量那些关键环节的偏差？根据什么标准可使信息的获得更为经济？通用电器公司在分析影响和反映企业绩效的众多因素的基础上，选择了对企业经营成败起决定作用的 8 个方面，并为它们建立了相应的控制标准。这 8 个方面包括：（1）获利能力；（2）市场地位；（3）生产率；（4）产品领导地位；（5）人员发展；（6）员工态度；（7）公共责任；（8）短期目标与长期目标的平衡。

（三）控制标准

企业可以使用的建立标准的方法有下列 3 种：统计性标准、根据专家经验和判断建立标准和工程（工作）标准。例如，麦当劳快餐店就有非常详尽、具体的工作标准：其一，95%以上的顾客进餐馆后 3 分钟内，服务员必须迎上去接待顾客；其二，事先准备好的汉堡包必须在 5 分钟内热好并供应顾客；其三，服务员必须在就餐人员离开 5 分钟内把餐桌打扫干净。

1. 统计性标准

统计性标准也称为历史性标准，是以分析反映企业经营在各个历史时期状况的数据为基础，为未来活动建立的标准。这些数据可能来自本企业的统计数据，也可能来自其他企业的统计数据。

2. 根据专家经验和判断建立标准

对于新从事的工作，对于统计资料缺乏的工作，可以根据专业人员的经验、判断和评估来为之建立标准。利用这种方法来建立工作标准时，要注意利用各方面人员如老职工、技术人员、管理人员的知识和经验，在充分了解情况、收集意见的基础上，科学地综合大家的判断，给出一个合理的标准。

3. 工程（工作）标准

工程（工作）标准是通过对工作情况进行客观的定量分析来的。例如，机器的产出标准是设计者计算的、在正常情况下的最大产出量，严格来说，工程（工作）标准也是一种用统计方法的控制标准。

控制标准是一个过程。所的控制标准应该满足以下几方面的要求：要使控制便于对各部门的工作进行衡量；建立的标准都应该有利于组织目标的实现；建立的标准还应与未来的发展相结合；建立的标准应尽可能体现一致性；建立的标准应是经过努力后可以达到的；建立的标准应具有一定的弹性。

小链接

手表定律

森林里生活着一群猴子，每天太阳升起的时候它们外出觅食，太阳落山的时候回去休息，日子过得平淡幸福。

一名游客穿越森林，把手表落在了树下的岩石上，被猴子“猛可”拾到了并很快搞清了手表的用途。于是，每只猴子都向“猛可”请教确切的时间，整个猴群的作息时间也由“猛可”来规划。“猛可”逐渐建立起威望，当上了猴王。

后来，“猛可”在森林里又搜寻到了第二块、第三块手表。但麻烦出现了：每只表的时间指示都不尽相同，哪一个才是确切的时间呢？“猛可”被这个问题难住了。当有下属来问时间时，“猛可”支支吾吾回答不上来，整个猴群的作息时间也因此变得混乱。过了一段时间，猴子们起来造反，把“猛可”推下了猴王的宝座，“猛可”的收藏品也被新任猴王据为己有。但很快，新任猴王同样面临着“猛可”的困惑。

拥有两块或更多块的手表并不能帮人更准确地判断时间，反而会制造混乱。当标准不统一、目标不明确时，混乱就在所难免，这就是著名的手表定律。

二、衡量实际工作

衡量实际工作是一项贯穿工作始终的持续进行的活动。控制活动应当跟踪工作进展，及时掌握脱离正常或预期成果的信息，及时采取矫正措施。为了能够及时、准确地提供能够反映偏差的信息，同时又符合控制工作在其他方面的要求，管理者在衡量工作成绩的过程中应注意以下几个问题。

1. 通过衡量成绩，检验标准的客观性和有效性

衡量工作绩效是以预定的标准为依据来进行的，检验标准的客观性和有效性，是要分析对标准执行情况的测量能否取得符合控制需要的信息。在为控制对象确立标准的时候，人们可能只考虑了一些次要的非本质因素，只重视了一些表面的因素，因此，利用既定的标准去检查人们的工作，有时候并不能达到控制的目的。衡量过程中的检验就是要辨别并剔除那些不能为有效控制提供必须信息及容易产生误导作用的不适宜标准，找出控制对象的本质特征，从而建立科学的控制标准。

2. 确定适宜的衡量频度

频度是指数量，有效的控制要求确定适宜的衡量频度，衡量频度不仅体现在控制对象的数量上（控制目标的数量上），而且体现在对同一标准的测量次数或频度上。对控制对象或要素的衡量频度过高，不仅会增加控制费用，而且会引起有关人员的不满，影响他们的工作热情，从而对组织目标的实现产生负面影响；但衡量和检查次数过少，则有可能造成许多重大的偏差不能被及时发现，不能及时采取措施，从而影响战略和计划的完成。

适宜的衡量频度取决于被控制活动的性质、控制活动的要求，即主要取决于控制对象的重要性和复杂性。对于那些较为长期、较高水平的标准，适于采用年度的控制，而对产量、出勤率等短期、基础性的标准，则需要比较频繁的控制。

3. 确立信息反馈系统

衡量实际工作情况的目的是为管理者提供有用的信息，为纠正偏差提供依据。然而并不是所有衡量绩效的工作都是由主管部门直接进行的。因此，应该建立有效的信息反馈网络，被衡量的业绩信息通过一定的渠道传递给管理者的过程被称为反馈。它能告诉管理者哪些工作正在执行之中、已产生了哪种变化、已采取了哪些暂时的措施去调整、修改等。

反馈信息可以包括质量、数量、市场占有率、顾客满意度和财务信息。通过反馈获得的信息，对未来的计划和决策过程是非常重要的。有两类反馈控制的形式：一类是可自我纠正的，而另一类是不能自我纠正的。

获取有关实际工作绩效的信息需要明确衡量什么、如何衡量、间隔多长时间进行衡量和由谁来衡量等问题。获得实际工作绩效的信息有 4 种方法：一是亲自观察法，通过个人的亲自观察，管理者可亲眼看到工作现场的实际情况，还可以与工作人员现场谈话来了解工作进展及存在的问题，进而获得真实而全面的控制信息；二是利用报表和报告；三是抽样调查；四是召开会议。

测量到实际工作结果后，就可以将之与标准进行比较，确定有无偏差发生及偏差的大小。并非所有偏离标准的情况均需作为“问题”来处理，所谓容限，就是准许偏差存在的上限与下限范围。表 11.1 描述了某企业控制标准与容限的关系。

表 11.1　控制标准与容限示例

标准	容限
全勤	每月准许请假 2 天
上午 8:00 开始工作	迟到不得超过 5 分钟
等候时间 1 分钟	可再加 15 秒
工作场所表面皆擦拭清洁	显见微疵以 2 个为限

三、鉴定偏差并采取矫正措施

对实际工作进行衡量之后，就应该将衡量结果与所建立的标准进行对比分析，通过比较可以确定实际工作绩效与标准之间的偏差。在得出比较结果后，管理者便可以对实际工作进行评价，并依据偏差的程度和性质，分析其产生的原因，采取相应的措施：或维持现状，或矫正偏差，或修改标准。当没有偏差时，虽然不需采取任何矫正性措施，但对这样一个成功的控制循环也应分析其中的原因，以便积累经验，为以后的控制活动提供正面的借鉴。同时管理者还应向具体工作人员及时反馈信息，必要时可给予适当的奖励，激励他们继续努力工作。

（一）找出偏差产生的主要原因

并非所有的偏差都可能影响企业的最终成果，而同一偏差则可能由不同的原因造成。因此，在采取纠正措施以前，必须首先对反映偏差的信息进行评估和分析，找出偏差产生的主要原因。首先要判断偏差的严重程度，判断其是否会对组织后续的效率和效果产生影响；其次要探寻导致偏差产生的主要原因。

（二）确定纠偏措施的实施对象

在有些情况下，需要纠正的可能不仅是企业的实际活动，也可能是指导这些活动的计划或事先确定的衡量标准。

计划目标或标准的调整是由两种原因决定的：一是最初制订的计划或标准不科学，过高或过低，在执行中发现了问题，对此有必要对标准进行修正；二是制订的计划或标准本身没有问题，但由于客观环境发生了预料不到的变化，或一些不可控的因素造成大幅度偏差，使原本使用的计划或标准变得不合时宜，这时也有必要重新调整原有的计划或标准。

（三）选择恰当的纠偏措施

针对产生偏差的主要原因，在纠偏工作中采取的方法主要有：第一，对于由工作失误而造成的问题，控制工作主要是加强管理、监督，确保工作于目标的接近或吻合；第二，若计划或目标不切合实际，就要按实际情况修改计划或目标；第三，若组织的运行环境发生重大变化，使计划失去客观的依据，控制工作主要是启动备用计划或重新制订新的计划。此外，管理人员可以运用组织职能重新分派任务来纠正偏差，增减调换人员，对工作做出更全面的说明和采用更为有效的领导方法等来纠正偏差。

具体的纠偏措施有两种：一种是立即执行临时性应急措施；另一种是采用永久性的根治措施。对于那些迅速、直接地影响组织正常活动的急迫问题，多数应立即采取临时性应急补救措施。危机缓解以后，则可转向永久性的根治措施，如更换车间管理人员，变更整个生产线等。

在纠偏措施选择和实施过程中需注意的问题有以下几个。

1. 使纠偏方案双重优化

使纠偏方案双重优化的第一重优化，是指考虑纠偏工作的经济性问题。如果管理人员发现纠偏工作的成本大于偏差可能带来的损失，管理人员将会放弃纠偏行动。若要纠偏，应使纠偏的成本小于偏差可能带来的损失。第二重优化是在此基础上，通过对各种纠偏方案的比较，找出其中追加投入最少、成本最小、解决偏差效果最好的方案来组织实施。

2. 充分考虑原先计划实施的影响

由于对客观环境的认识能力提高，或者由于客观环境本身发生了重大变化而引起的纠偏需要，可能会导致对原先计划与决策的局部甚至全局的否定，从而要求企业活动的方向和内容进行重大的调整。这种调整有时被称为“追踪决策”，即“当原有决策的实施表明将危及决策目标的实现时，对目标或决策方案所进行的一种根本性修正”。追踪决策是相对于初始决策而言的。初始决策是所选定的方案尚未付诸实施，没有投入任何资源，客观对象与环境尚未受到人的决策的影响和干扰，因此是以零为起点的决策。追踪决策则是“非零起点”，在制定和选择追踪决策的方案时，要充分考虑到伴随着初始决策的实施已经消耗的资源，以及这种消耗对客观环境造成的种种影响和人员思想观念的转变。

3. 注意消除组织成员对纠偏措施的疑虑

任何纠偏措施都会在不同程度上引起组织的结构、关系和活动的调整，从而会涉及某些组织成员的利益。不同的组织成员会因此对纠偏措施持不同的态度。当纠偏措施属于对原先的计划进行重大调整的时候，虽然一些事先就反对原先计划的人会幸灾乐祸，甚至夸大原先决策的失误，但更多的人对纠偏措施可能会持怀疑或反对的态度。原先计划的制订者和支持者会害怕计划的改变意味着自己的失败，从而公开或者暗地里反对纠偏措施的实施；执行原决策、从事具体活动的基层工作人员，则会对自己参与的、已经形成或开始形成的活动结果怀有感情，或者担心调整会使自己失去某种工作机会，影响自己的既得利益而极力抵制任何重要纠偏措施的执行。因此，控制人员要充分考虑到组织成员对纠偏措施的不同态度，特别是要注意消除执行者的疑虑，争取更多的人理解、赞同和支持纠偏措施，以避免在纠偏方案实施过程中可能出现的人为障碍。

案例讨论

信用卡客户服务质量控制

美国某信用卡卡片分部认识到高质量客户服务非常重要。客户服务不仅影响公司信誉，也和公司利益息息相关。例如，一张信用卡每早到客户手中一天，公司可以获得 33 美分的额外销售收入，这样一年下来，公司将有 140 万美元的净利润。及时地将新办理的和更换的信用卡送到用户手中是体现客户服务质量的一个重要方面，但是这远远不够。

决定对客户服务质量进行控制来反映其重要性的想法，最初是由卡片部门的一个地区副总裁提出的。她认为向管理部门提交评价客户服务的报告有偏差，因为它们很少包括有问题但没有抱怨的客户。她相信真正衡量客户服务的标准必须基于且反映持卡人的见解。这就意味着要对公司控制程序进行彻底检查。第一项工作就是要确定用户对公司的期望，同时通过对抱怨信件的分析指出客户服务的 3 个重要特点：及时性、准确性和反应灵敏性。持卡者希望准时收到账单，快速处理地址变动，采取行动解决抱怨。

了解了客户的期望，公司质量保证人员开始建立控制客户服务质量的标准。这些标准一方面基于用户所期望的服务的及时性、准确性和反应灵敏性；另一方面也反映了公司的竞争性、能力和一些经济因素。计划实施的效果很好。例如，处理信用卡申请的时间由 35 天降到 15 天，更换信用卡从 15 天降到 2 天。这些改进给公司带来的潜在利润是巨大的。例如，办理新卡和更换旧卡节省的时间会给公司带来 1 750 万美元的额外收入。另外，如果用户能及时收到信用卡，他们就不会使用竞争者的卡片。

该质量控制计划潜在的收入和利益对公司还有其他的益处，该计划使整个公司都注重客户期望，很多部门都以自己的客户服务记录为骄傲，而且每个雇员都对提高客户服务质量做出了贡献，使员工士气大增。每个员工为客户服务时，都认为自己是公司的一部分，是公司的代表。信用卡客户服务质量控制计划成功，使公司其他部门纷纷仿效。无疑，它对该公司的贡献是非常巨大的。

请同学们思考：

1. 该公司控制客户服务质量的计划是前馈控制、反馈控制还是现场控制？
2. 找出该公司对计划进行有效控制的三要素是什么？

练　习　题

一、选择题

1. 管理者正在使用财务信息将上一个季度的实际工作绩效与预算工作绩效进行比较，他运用的是（　　）。

A. 前馈控制　　B. 同期控制　　C. 反馈控制　　D. 积极控制

2. 管理控制过程中的关键环节是（　　）。

A. 控制目标　　B. 建立控制标准

C. 衡量实际工作成效　　D. 纠正偏差

3. 种庄稼需要水，但这一地区几年老不下雨，怎么办？一种方法是灌溉，另一种方法是改种耐旱作物。这两种措施分别是（　　）。

A. 纠正偏差和调整计划　　B. 调整计划和纠正偏差

C. 反馈控制和前馈控制　　D. 前馈控制和反馈控制

4. “亡羊补牢”属于（　　）。

A. 前馈控制　　B. 同期控制　　C. 反馈控制　　D. 预防性控制

5. 市场调查，可行性分析属于（　　）。

A. 同期控制　　B. 前馈控制　　C. 反馈控制　　D. 纠正性控制

6. 强化是通过奖惩手段修正员工的行为，它属于（　　）。

A. 前馈控制　　B. 同期控制　　C. 预防性控制　　D. 反馈控制

7. 一个有效的控制系统其控制主体应该是（　　）。

A. 各级管理者　　B. 全体员工　　C. 监察机关　　D. 上级机关

8. 控制就是使各项活动按计划进行。为此需要在企业中建立信息反馈机构，随时监控是否存在偏差。在发现偏差后，有人提倡“消灭偏差”，对于这种提法你如何看待？（　　）

A. 这种提法是正确的，只有确保消灭偏差才能确保计划的顺利实现

B. 这种提法是错误的，如果要完全消灭偏差成本太高

C. 这种提法是错误的，关键是找到偏差的原因，消除原因才是问题根本的解决途径

D. 以上提法都不正确

9. 控制过程的基础是（　　）。

A. 建立标准　　B. 衡量实际绩效　　C. 确定偏差范围　　D. 采取管理行动

10. 在整个控制工作中，处于关键地位的是（　　）。

A. 工期控制　　B. 及时控制　　C. 质量控制　　D. 预算控制

二、判断题

1. 建立控制标准、衡量实际工作和采取矫正措施是控制过程的3个重要阶段。(　　)

2. 控制工作仅限于纠正计划执行中出现的偏差，而无法促使企业确立新的目标、提出新计划、改变组织结构、改变人员配备以及在指导和领导方法上做出重大的改变等。(　　)

3. 在企业中，一系列规章制度让员工遵守，进而保证工作的顺利进行和为了生产出高质量的产品，而对原材料质量进行控制等，都属于前馈控制。(　　)

4. 现场控制容易在控制者与被控制者之间形成心理上的对立，容易损害被控制者的工作积极性和主动性。(　　)

5. 衡量过程中的检验就是要辨别并剔除那些不能为有效控制提供必需的信息及容易产生误导作用的不适宜标准，做出科学的控制标准。(　　)

第十二章 控制方法

【引导案例】

罗老板的烦恼

“我的钱到底是怎么花的？”这是罗老板每天都在问自己的一个问题。

罗老板经营一家装饰工程公司，已经有6年了。在这个公司中，罗老板是一股独大，虽然有另一个小股东，但也是罗老板的自家人。罗老板为人精明，做生意兢兢业业，把个小公司管理得井井有条。2015年，对罗老板来说是大发展的一年。这一年，公司连续接到了多项大工程，由原来前4年每年营业额三四百万元猛增到年营业额2 000万元。业务形势一片大好，但财务管理问题又使罗老板陷入苦恼之中：过去每年二三百万的盘子，三四处工地，用罗老板一枝笔加上精明的头脑，控制起来得心应手。但现在每年8到10处工地，2 000多万元的营业额，每个工地又有分包、转包、合作项目分支，且工地分散在全国6个地区，每天各地传真来的费用申领单就多达上百张，大到几十万元小至十几元，每张都要他签字后回复方可申领。如何辨别这些支出的合理性？

实际上，精明的罗老板在财务管理上用人一直不顺手，从2014年起，两年内换了3个会计1个出纳。虽然公司完善了财务制度文件，但执行起来都不合罗老板的意。财务人员技能不足以控制住多头的项目财务走向，支出混乱。罗老板每天都在问：“我的钱怎么花的？”

该如何为罗老板提供一个公司财务控制的解决办法呢？

第一节 预算控制

在管理过程中，使用最普遍的一种控制方法就是预算控制方法。预算是用于计划组织未来支出的有效工具，是一种具体化的数量化的计划，是用数字来表示预计的结果。

一、预算控制的含义

预算控制就是根据预算规定的收入与支出标准来检查和监督各个部门的生产经营活动，以保证各种活动或各个部门在充分达成既定目标、实现利润的过程中对经营资源的利用以及费用的支出受到严格有效的控制。

预算控制的内容包括收入预算、支出预算、现金预算、现金支出预算和资产负债预算。

二、预算形式

为了有效地从预期收入和费用支出两个方面对企业经营活动全面控制，不仅需要对各个部门、各项活动分预算，而且要对企业整体编制全面预算。分预算是按照部门和项目来编制的，全面预算则是在对所有部门或项目分预算进行综合平衡的基础上编制而成的。全面预算必须用统一的货币单位来衡量，而分预算则不一定用货币单位计量。

几种特殊的预算形式主要有以下几种。

1. 弹性预算

（1）变动预算。它是基于依成本、依习性不同而将其分解的一种预算方法。

（2）滚动预算。它是指先确定一定时期的预算，然后每隔一定时间，就要定期修改以使其符合新的情况，从而形成时间向后推移一段的新预算。

2. 程序性预算

一般是按照计划——编制程序——预算的程序编制的。

3. 增量预算

增量预算又称基线预算法，是以上一年度的实际发生数为基础，再结合预算期的具体情况加以调整，而很少考虑某项费用是否必须发生，或其预算额有没有必要这么大。

4. 零基预算

零基预算就是在某项职能预算时从零起点开始其预算过程，即每次都是重新由零开始编制预算。零基预算不受前一年度预算水平的影响，它对现有的各项作业进行分析，并根据其对组织的需要和用途，决定作业的取舍；根据未来一定期间生产经营活动的需要和各项业务的轻重缓急，对每项费用进行成本——效益分析和评定分级，从而确定其开支的必要性、合理性和优先顺序；依据企业现有资金的实际可能，在预算中对各个项目进行综合性费用预算。

三、预算的种类

按照不同的标准可以把预算分成不同的类型。

（一）按综合程度不同划分

1. 一般预算

一般预算即传统预算，是以货币及其他数量形式所反映的有关组织未来一段时期内局部的经营活动各项目标的行动计划与相应措施的数量说明。

2. 全面预算

全面预算是以货币及其他数量形式所反映的有关组织未来一段时期内全部经营活动各项目标的行动计划与相应措施的数量说明。

（二）按预算的内容划分

不同企业，由于生产活动的特点不同，预算表中的项目会有不同程度的差异。但一般来说，预算内容要涉及以下几个方面。

1. 收入预算

收入预算和支出预算都是从财务角度计划和预测了未来活动的成果以及为取得这些成果所需付出的费用。

由于企业收入主要来源于产品销售，因此收入预算的主要内容是销售预算。销售预算是在销售预测的基础上编制的，即通过分析企业过去的销售情况、目前和未来的市场需求特点及其发展趋势，比较竞争对手和本企业的经营实力，确定企业在未来一段时期内为了实现目标利润而必须达到的销售水平。

由于企业通常不止生产一种产品，这些产品也不仅在某一个区域市场上销售，因此，为了能为控制未来的活动提供详细的依据，便于检查计划的执行情况，往往需要按产品、区域市场或消费者群（市场层次）为各经营单位编制分项销售预算。同时，由于在一年中的不同季节和月度，销售量也往往不稳定，因而通常还需预计不同季度和月度的销售收入，这种预计对编制现金预算是很重要的。

2. 支出预算

企业销售的产品是在内部生产过程中加工制造出来的，在这个过程中，企业需要借助一定的劳动力，利用和消耗一定的物质资源。因此，与销售预算相对应，企业必须编制能够保证销售过程得以进行的生产活动的预算，关于生产活动的预算，不仅要确定为取得一定销售收入所需要的产品数量，而且更重要的是要预计为得到这些产品、实现销售收入需要付出的费用，即编制各种支出预算。支出预算包括直接材料预算、直接人工预算及附加费用预算。

3. 现金预算

现金预算是对企业未来生产与销售活动中现金的流入与流出进行预算，通常由财务部门编制。现金预算只能包括现金流程中的项目：赊销所得的应收款在用户实际支付以前不能列作现金收入，赊购所得的原材料在未向供应商付款以前也不能列入现金支出，而需要今后连年分摊的投资费用却需要当年实际支出现金。因此，现金预算并不需要反映企业的资产负债情况，而是要反映企业在未来活动中的实际现金流量和流程。

企业的销售收入、利润即使相当可观，但大部分尚未收回，或收回后被大量的库存材料或被制品所占用，那么它也不可能给企业带来现金上的方便。通过现金预算，可以帮助企业发现资金的闲置或不足，从而指导企业及时利用暂时过剩的现金，或及早筹齐维持营运所短缺的资金。

4. 资金支出预算

上述各种预算通常只涉及某个经营阶段，是短期预算，而资金支出预算则可能涉及好几个阶段，是长期预算。如果企业的收支预算被很好地执行，企业有效地组织了资源的利用，那么利用这些资源得到的产品销售以后的收入就会超出资源消耗的支出，从而给企业带来盈余，企业可以利用盈利的一个很重要部分来进行生产能力的恢复和扩大。这些支出，由于具有投资的性质，因此对其计划安排通常被称为投资预算或资金支出预算。

资金支出预算的项目包括：用于更新改造或扩充包括厂房、设备在内的生产设施的支出；用于增加品种、完善产品性能或改进工艺的研究与开发支出；用于提高职工和管理队伍素质的人事培训与发展支出；用于广告宣传、寻找顾客的市场发展支出等。

5. 资产负债预算

资产负债预算是对企业会计年度末期的财务状况进行预测。它通过将部门和各项目的分预算汇总在一起，表明如果企业的各种业务活动达到预先规定的标准，在财务期末企业资产与负债会呈现何种状况。作为各分预算的汇总，管理人员在编制资产负债预算时虽然不需要做出新的计划或决策，但通过对预算表的分析，可以发现某些分预算的问题，从而有助于组织采取及时的调整措施。

四、编制预算的步骤

编制预算的步骤如下。

（1）上层主管人员将可能列入预算或影响预算的计划和决策提交预算委员会。

（2）负责编制预算的主管人员，向各部门主管人员提出有关预算的建议，并提供必要的资料。

（3）各部门主管人员根据企业的计划和他所拥有的资料，编制出本部门的预算，并由他们相互协调可能发生的矛盾。

（4）企业负责编制预算的主管人员将各部门的预算汇总整理成总预算，也就是草案。

（5）将预算草案交预算委员会和上层主管人员核查批准。

五、预算的作用

预算是行为计划的量化，这种量化有助于管理者协调、贯彻计划，是一种重要的管理工具。预算具有以下几个作用。

（1）计划。预算有助于管理者通过计划具体的行为来确定可行的目标，同时能够使管理者考虑各种可能出现的情形。

（2）合作交流。总预算能协调组织的活动，使得管理者全盘考虑整个价值链之间的相互联系，预算是一个有效的沟通手段，能触及企业的各个角落。

（3）业绩评价。通过预算管理各项目标的预测、组织实施，能促进企业各项目标的实现，保证企业各项目标的不断提高和优化，是体现企业业绩的一种好的管理模式。

（4）激励员工。预算的过程会促进管理者及全体员工面向未来，促进发展，有助于增强预见性，避免盲目行为，激励员工完成企业的目标。

（5）协调功能。它能够协调企业所有的资源配置和利用，在预算的执行过程中，不断地调整未来经营活动与企业内外部的环境相适应。

（6）控制功能。它能够监督各个职能部门和人员按照实现设定的目标执行，并在执行的过程中，通过一些信息的反馈，及时地获知预算在执行的过程中出现的问题，并进行相应的调整，避免资源的浪费。

正是由于预算管理具备以上优势，它才能在大企业中得以广泛应用，并取得了好的效果。企业预算管理是在企业战略目标的指引下，通过预算编制、执行、控制、考评与激励等一系列活动，全面提高企业管理水平和经营效率，实现企业价值最大化。

六、预算的局限性

预算是用来编制计划和进行控制的一种手段，但预算工作本身存在一定局限的地方，而且在实际的预算工作中往往存在着一些不良的倾向，使预算控制有失效的危险。

第一，预算只能帮助企业控制那些可以计量的、特别是可以用货币单位计量的业务活动。对于组织那些不能计量的活动，如企业文化、企业形象等方面的改善无法促使管理者加以重视。

第二，预算编制过于烦琐。对于管理中极其细微的支出都做出详尽的规定，导致管理人员丧失管理自己职权范围内活动必须的自由。实际运营当中的预算细致程度应当根据授权程度来决定，过繁过细的预算会使授权名存实亡。

第三，预算不可更改。在实际运用中，计划一旦数量化成为预算之后，往往给员工造成一种不可更改的感觉。这容易使预算控制缺乏必要的灵活性，不利于组织最终目标的达到。

第二节 会计技术控制

随着企业不断地发展壮大，往往导致一定时期企业财务管理制度的混乱和财务控制能力的低下，这是一个企业财务失败的主要原因。那么，如何对企业的财务管理进行控制呢？

一、会计技术控制的主要内容

（一）现金控制

对现金进行有效的控制，一是必须杜绝账外现金循环，所有的现金都必须进入银行账户体系；二是保证现金全部能够集中管理，企业可以设立财务结算中心对集团内部的资金进行统一管理，及时了解子公司资金运营方向；三是做好预算结算工作；日常开支做到事前有预算，事后有结算；四是超过一定额度的支出项目要经过董事会审批；五是对资金统一筹集，从而直接控制经营着的投资计划，对资金调拨、利润分配等重大决策都直接掌握，集中管理。

（二）对企业的资产和负债的控制

资产和负债是衡量企业经营好坏的重要指标。出资者把经营权交给经营者，实际上是两权分离。这就需要出资者对经营者掌握的资产进行严格的控制，购置时要审批存档，报废时要记入档案，并有专人负责账和物的核对。由于负债过高可以导致资本的毁灭，因而出资者必须通过合理化的手段对负债的规模进行时常的控制。出资者负债一般就会与银行有关系，所以处理好与银行之间的债权债务关系是控制好企业资产和负债的主要手段。

（三）应收账款控制

在市场竞争日趋激烈的今天，企业不得不部分甚至全部以信用形式进行业务交易。应收账款控制主要从以下几个方面来进行。

（1）财务核算准确翔实，债权债务关系明确。企业必须有完整的应收账款核算体系，并且原始单据必须真实完整。

（2）评价客户资信程度，实施相应信用政策。企业必须根据客户的资信程度来给予客户的信用标准；通常从信用品质、偿还能力、资本、抵押品、经济状况 5 个方面来评价客户的资信程度。企业可以根据对客户资信程度的分析数据对客户进行排队分析，选择资信程度好的客户，而拒绝那些资信程度差的客户。

（3）加强应收账款的账龄分析，确定收款率和应收账款余额百分比。企业可以依据账龄分析，结合销售合同，确立收款率和应收账款余额百分比，保证应收账款的安全性。

例如，上海某公司 2015 年在应收账款的管理上，规定建筑施工业务的应收账款额度不得超过其产值的 5%，房地产业务的应收账款额度不得超过其产值的 1%。同时，每月定期对已发生的应收账款进行账龄分析，组织力量加强催讨，并对业务部门进行考核。当年该公司应收账款占产值的比例得到较大压缩，其平均周转天数下降了 13 天，加速了资金周转，减少了坏账损失。

（四）实物资产控制

实物资产控制是为保证企业实物资产安全完整而采取的财务控制措施。其控制内容主要有以下几点。

（1）限制接近。严格控制对实物资产及实物资产相关文件的接触，如现金、银行存款、有价证券和存货等，除出纳人员和仓库保管员外，其他人员限制接触，以保证资产的安全。

（2）及时入账。经济业务发生以后，必须立即入账，特别是现金，银行存款，要做到日清月结，防止挪用，保证资金的安全和得到合理使用。

（3）永续盘存制。对于财产物资都必须采用永续盘存的方法，随时反映其收、发、存情况。

（4）建立会计档案保管制度，便于业务复查。

（五）财务风险控制

财务风险是指由于举债给企业收益带来的不确定性。企业举债经营会对企业自有资金的盈利能力造成影响，由于负债要支付利息，债务人对企业的资产有优先的权利，万一公司经营不善，或有其他不利因素，则公司资不抵债，破产倒闭的危险就会加大。例如，某公司在其内部股东矛盾被媒体报道后，银行马上停止了其 4 000 万元的贷款，供货商也纷纷上门讨款，使该公司陷入资金短缺的旋涡，最终走向了衰败。

但是另一方面，有效地利用债务，可以大大地提高企业的收益，当企业经营好利润高时，高负债会带来企业的高速增长。许多民营企业正是取得了债务人的支持，抓住了好的投资机会，占领了有利市场，一步步地发展壮大起来。

二、具体的会计技术控制方法

具体的会计技术控制方法主要有比率分析法。将企业资产负债表和收益表上的相关项目进行对比，形成一个比率，从中分析和评价企业的经营成果和财务状况。

（一）财务比率

财务比率及其分析可以帮助我们了解企业的偿债能力和盈利能力等财务状况。

（1）流动比率：企业流动资产与流动负债之比。反映了企业偿还需要付现的流动债务能力。

（2）速动比率：流动资产和存货之差与流动负债之比。衡量企业资产流动性的一个指标。

（3）负债比率：企业总负债与总资产之比。反映了企业所有者提供的资金与外部债权人提供的资金的比率关系。确定合理的债务比率是企业成功地举债经营的关键。

（4）盈利比率：企业利润与销售额或全部资金等相关因素的比例关系。反映了企业在一定时期从事某种经营活动的盈利程度及其变化情况。

（二）经营比率

经营比率也称活力比率，是与资源利用有关的集中比例关系。它们反映了企业经营效率的高低和各种资源是否得到了充分利用的情况。

（1）库存周转率：销售总额与库存平均价值的比例关系，反映了与销售收入相比库存数量是否合理，表明了投入库存的流动资金的使用情况。

（2）固定资产周转率：销售总额与固定资产之比，它反映了单位固定资产能够提供的销售收入，表明了企业固定资产的利用程度。

（3）销售收入与销售费用的比率：表明单位销售费用能够实现的销售收入，在一定程度上反映了企业营销活动的效率。

第三节　审计控制

审计是对反映企业资金运动过程及其结果的会计记录及财务报表进行审核、鉴定，以判断其真实性和可靠性，从而为控制和决策提供依据。

一、审计的类型

根据审查主体和内容的不同，可将审计划分为 3 种主要类型。

1. 外部审计

外部审计是由外部机构（如会计师事务所）选派的审计人员对企业财务报表及其反映的财

务状况进行独立的评估。它的优点是可以保证审计的独立性和公正性；缺点主要有对公司缺乏了解，使得对具体业务的审计困难，员工的抵制，也增加审计难度。

2. 内部审计

内部审计提供了检查现有控制程序和方法能否有效地保证达成既定目标和报告既定政策的手段。它的优点主要有以下几点。

（1）提供了检查现有控制程序和方法能否有效地保证达成既定目标和执行既定政策的手段。

（2）根据对现有控制系统有效性的检查，可以提供改进建议，更有效地实现组织目标。

（3）有助于推行分权化管理。

其缺点包括以下几点。

（1）需要大量的费用，特别是进行深入、详细的审计。

（2）需要对审计人员进行充分的技能训练。

（3）可能使员工心理上产生抵触情绪等。

3. 管理审计

管理审计的方法是利用公开记录的信息，从反映企业管理绩效及其影响因素的若干方面将企业与同行业其他企业或其他行业的著名企业进行比较，以判断企业经营与管理的健康程度。企业通常聘请外部专家来进行，管理审计的方法是利用公开记录的信息，从反映企业管理绩效及其影响因素的若干方面将企业与同行业其他企业或其他行业的著名企业进行比较，以判断企业经营与管理的健康程度。

审计控制主要是指内部审计，它是对会计的控制和再监督。内部审计是在一个组织内部对各种经营活动与控制系统的独立评价，以确定既定政策的程序是否贯彻，建立的标准是否有利于资源的合理利用，以及单位的目标是否达到。内部审计的内容十分广泛，一般包括内部财务审计和内部经营管理审计。内部审计对会计资料的监督、审查，不仅是财务控制的有效手段，也是保证会计资料真实、完整的重要措施。

内部审计和外部审计制度本身并不是一种财务集中控制方法，而是一种辅助方法，它通过对分支机构及子公司财务集中控制的结果进行审查，在一定程度上保证了其他控制方法的实施，虽本身无法直接控制，但对于财务集中控制却是必不可少的。

内部审计监督是整个财务控制体系中极为重要的一环，为确保集团公司整体目标的顺利实现，集团公司应建立内部审计制度，设立审计部。从而一方面使内部审计工作制度化、规范化、经常化；另一方面有利于开展定期和不定期审计工作，如财务收支审计、经济责任审计、财务决策审计、基建审计等，以保证集团公司及时获取准确的财务信息，提高经营决策的科学性。因此，强化内部审计制度是每一个企业集团都应该重视的工作。

从众多财务失控的案例中，我们要吸取教训，加强企业的内部财务控制。一个成功的企业只有符合实际的财务控制目标，采取切实有效的措施，才能保证企业集团的持续健康发展。

二、内部审计控制的评价程序

内部控制评价程序一般是：

（1）了解与记录内部控制；

（2）初步评价控制风险；

（3）实施符合性测试；

（4）评价内部控制的强弱。

作为一种单独开展的审计，了解经济组织的基本情况这些准备工作是必需的，因为对内部控制需求越强烈的经济组织，其规模越大，这是必然的；在大规模的组织里，管理高层、各个下属机构的诸多具体的基本情况内部审计人员不可能都熟悉。了解基本情况是开展内部控制审计的基本条件，否则无从下手。同样大规模的组织内既存在针对整个组织的控制，也存在针对某个部分或某个下属机构的控制，内部审计人员也不可能都熟悉，因此了解内部控制也是必需的。在了解内部控制阶段，还必须初步分析所了解信息，以初步确定内部控制的健全性和有效性，规划要实施的符合性测试程序。接下来与内部控制评价程序一样，实施符合性测试，以获得遵循性的评价，同时最终确定健全性和有效性。最后归纳总结审计结果，提出审计报告。

第四节 其他控制方法

一、其他控制方法的内容

其他控制方法主要有统计分析法和亲自观察法。

统计分析法是指管理人员通过对过去的资料或未来的预测进行统计分析，从中发现规律，对比自己企业的经营实绩，实行有效的控制。

亲自观察法指主管人员到车间或办公室进行实地观察。这种方法有利于主管人员获得来自第一线的信息，而不是被文山会海所淹没。

二、综合控制方法

（一）标杆控制

1. 标杆控制的内涵

标杆控制是以在某一项指标或某一方面实践上竞争力最强的企业或行业中的领先企业或组织内某部门作为基准，将本企业的产品、服务管理措施或相关实践的实际状况与这些基准进行定量化的评价、比较，在此基础上、实施改进的策略和方法，并持续不断反复进行。

2. 标杆控制的步骤

标杆控制的步骤主要包括：

（1）确定标杆控制的项目；

（2）确定标杆控制的对象和对比点；

（3）组成工作小组，确定工作计划；

（4）资料收集和调查；

（5）分析比较，找出差距，确定最佳纠偏做法；

（6）明确改进方向，实施方案；

（7）沟通与修正方案；

（8）实施与监督；

（9）总结经验；

（10）进行再标杆循环。

3. 标杆控制的作用和缺陷

标杆控制的作用主要是全面提升企业的竞争力，缺陷主要有：

（1）标杆管理和控制容易导致企业的竞争战略趋同；

（2）标杆控制容易使企业陷入“落后—标杆—又落后—又标杆”的“标杆管理陷阱”之中。

（二）平衡计分卡控制

1. 平衡计分卡控制的内涵

由财务、顾客、内部经营过程、学习和成长 4 个方面构成的衡量企业、部门和人员的卡片，之所以取名为“平衡计分卡”是因为它的目的在于平衡，兼顾战略与战术、长期和短期目标、财务和非财务衡量方法、滞后和先行指标。

2. 平衡计分卡的控制指标

（1）财务方面：财务衡量在平衡计分卡中不仅是一个单独的衡量方面，而且是其他几个衡量的出发点和落脚点。

（2）客户方面：核心的衡量指标主要包括：市场份额、客户回头率、新客户获得率、客户满意度和从客户处所获得的利润率。

（3）内部经营过程：本着满足客户需要来衡量指标。现在的内部经营过程往往是以销定产，它循着“调研—寻找市场—产品设计开发—生产制造—销售与售后服务”的轨迹进行。

（4）学习和成长：最关键的因素是人才、信息系统和组织程序。

3. 平衡计分卡控制的优点

（1）将企业的战略置于核心地位；

（2）使战略在企业上下进行交流和学习，并与各部门、各个人的目标联系起来；

（3）使战略目标在各个经营层面达成一致；

（4）有助于短期成果和长远发展战略的协调和统一。

平衡计分卡控制内容如图 12.1 所示。

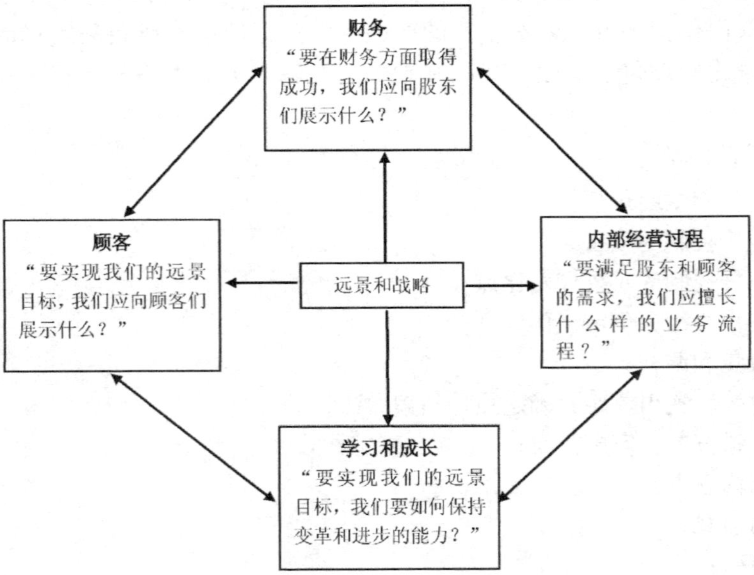

图 12.1 平衡计分卡控制图

案例讨论

华润公司运行6S管理体系

中国华润总公司控股的华润（集团）有限公司设在香港地区。6S管理体系是华润公司从自身实际出发探索出的管理多元化集团企业的一种系统化管理模式。6S管理体系将集团内部多元化的业务及资产划分为责任单位并作为利润中心进行专业化管理，其组织领导及监督实施机构是集团董事会下设的6S委员会。6S既是一个全面预算管理体系，也是一个多元化的信息管理系统。

1. 利润中心编码体系（Profit Center Number System）

在专业化分工的基础上，将集团及属下公司按管理会计的原则划分为多个业务相对统一的利润中心（称为一级利润中心），每个利润中心再划分为更小的分支利润中心（称为二级利润中心等），并逐一编制号码，使管理排列清晰。这个体系较清晰地包括集团绝大部分资产，同时使每个利润中心对自身的管理也有清楚的界定，便于对每项业务实行监控。

2. 利润中心管理报告体系（Profit Center Management Account System）

在利润中心编码体系的基础上，每个利润中心按规定的格式和内容编制管理会计报表，具体由集团财务部统一制定并不断完善。管理报告每月一次，包括每个利润中心的营业额、损益、资产负债、现金流量、成本费用、盈利能力、应收账款、不良资产等情况，并附有公司简评。每个利润中心报表最终汇总为集团的管理报告。

3. 利润中心预算体系（Profit Center Budget System）

在利润中心分类的基础上，全面推行预算管理，将经营目标落实到每个利润中心，并层层分解，最终落实到每个责任人每个月的经营上，这样不仅使管理者对自身业务有较长远和透彻的认识，还能从背离预算的程度上去发现问题，并及时加以解决。预算的方法由下而上、由上而下，不断反复和修正，最后汇总形成整个集团的全面预算报告。

4. 利润中心评价体系（Profit Center Measurement System）

预算执行情况需要进行评价，而评价体系要能促进经营目标的实现。根据每个利润中心业务的不同，量身订造一个评价体系，但总体上主要是通过获利能力、过程及综合能力指标进行评价。每一个指标项下再根据各业务点的不同情况细分为能反映该利润点经营业绩及整体表现的许多明细指标，目的是要做到公平合理，既可以兼顾到不同业务点的经营情况，又可以促进业务改进提高，加强管理。其中有些是定量指标，有些是定性指标，而对不确定部分集团则有最终决定权。集团根据各利润中心业务好坏及其前景，决定资金的支持重点，同时对下属企业的资金使用和派息政策，将根据业务发展方向统一决定，不实行包干式资金管理。而对利润中心非经营性的资产转让或会计调整的盈亏，则不能与经营性业绩混在一起评价，但可视具体情况给予奖惩。

5. 利润中心审计体系（Profit Center Audit System）

集团内部审计是管理控制系统的再控制环节，集团通过审计来强化全面预算管理的推行，提高管理信息系统的质量。

6. 利润中心经理人考核体系（Profit Center Manager Evaluation System）

预算的责任具体落实到各级责任人，从而考核也要落实到利润中心经理人。利润中心经理人考核体系主要从业绩评价、管理素质、职业操守3个方面对经理人进行评价，得出利润中心经理人目前的工作表现、今后的发展潜力、能够胜任的职务和工作建议。根据以上3部分的考核结果，进一步决定对经理人的奖惩和使用。

围绕6S管理体系的建设，集团还做了一些完善和配套工作。

（1）建立服务中心考核体系。将集团职能部室设定为服务中心，并对这些与利润没有直接联系的管理部门，如何进行考核及以民主形式进行监督做出规定。其主要做法是，对各服务中心进行定位，明确其主要职能；提出评价及量化服务中心工作质量的指引；规定服务中心考核办法；根据考评结果决定奖惩办法。

（2）改革用人制度。一级利润中心经理人聘任增加了内部公开招聘的程序。公开报名，统一考试，人事部门综合评议，推荐候选人名单，经常务董事会面试后聘任。这一做法已在多家单位实行。另外，根据对一级利润中心、服务中心的考评结果，对表现优异者由集团总经理向常务董事会建议入选新一届领导班子。这样，使干部提拔使用进一步透明化、规范化，并促使6S管理体系真正落到实处。

请同学们思考：

1. 华润的预算控制系统的主要内容是什么？
2. 这一系统有什么优缺点？请试评价之。

练　习　题

一、选择题

1. 个人观察、口头汇报、统计报表、书面报告是获得组织实际绩效的方法，四种方法各有优缺点，管理者在控制活动中应该（　　）。

A. 以个人观察为主　　B. 以统计报表为主
C. 以书面报告为主　　D. 综合使用

2. 预算是计划的数字化，它是一种典型的（　　）。

A. 事前控制　　B. 即时控制　　C. 事后控制　　D. 预防性控制

3. 哪个财务指标衡量在组织不能满足它的利息费用支出前的利润时可能下降空间？（　　）

A. 总资产周转率　　B. 已获利息倍数　　C. 销售利润率　　D. 流动性比率

4. 衡量股市对一家公司过去或与其资本投资项目价值的评价的管理工具是（　　）。

A. 市场附加值　　B. 速动比率　　C. 控制图　　D. 行为控制法

5. 在衡量组织有效性中，哪一种模型方法强调组织的转换过程和组织将投入转换成想要的产出的好坏程度？（　　）

A. 过程模型　　B. 系统资源模型
C. 多重利益方模型　　D. 组织能力模型

6. （　　）是在竞争对手和非竞争对手中寻找一种最佳实践做法，从而导致卓越的绩效。

A. MBO类型目标的运用　　B. 评估面谈
C. 多人比较　　D. 标杆比较

7. 一般而言，预算控制属于（　　）。

A. 反馈控制　　B. 前馈控制　　C. 现场控制　　D. 实时控制

8. 主要核对企业财务记录的可靠性和真实性的是（　　）。

A. 管理审计　　B. 内部审计　　C. 外部审计　　D. 以上都不对

9. 一般而言，预算内容不涉及（　　）。

A. 收入预算　　B. 现金预算　　C. 资金支出预算　　D. 人员编制预算

10. 下列指标中，（　　）可以衡量企业资产流动性。

A. 速动比率　　B. 负债比率　　C. 盈利比率　　D. 经营比率

二、判断题

1. 控制关键点原理认为：为了进行有效的控制，主管人员随时注意计划执行情况的每一个细节，实施全时空控制。（　　）

2. 为了获得控制信息，管理人员在实际工作中可以采用亲自观察、分析报表资料、召开会议、口头报告、书面报告和抽样调查等方法去收集信息。（　　）

3. 企业应当建立退货管理制度，对退货条件、退货手续、货物出库、退货货款回收等做出明确规定，及时收回退货款。（　　）

4. 内部控制评价，仅包括对内部控制设计有效性的评价，不包括运行有效性的评价。（　　）

5. 内部控制是控制的一个过程，这个过程是需要全员的参与，包括董事会、管理层、监事会都需要参与进来，但不包括员工。（　　）

第六篇

创新与发展

第十三章 创新

【引导案例】

海带味精

一天，一个博士吃晚饭时，拿起筷子搅了搅碗里的汤，抿了一口发现格外好喝。于是问太太："今天的汤很鲜，用什么材料煮的？"

"没有特别的材料，今天去市场顺便买了点海带，就放到了汤里面。"

博士感觉海带里一定有什么美味的成分。于是他带着海带到实验室分析。经过半年的时间，他发现海带里有一种成分叫"谷氨酸钠"，于是他给这种美味起了一个名字——味精。

后来他又进一步发明了用小麦、脱脂大豆为原料制造谷氨酸钠的办法。这为味精的工业化生产开拓了广阔的前景。

人才进行工作，而天才进行创造创新。海带味精的成功正是源于技术的创新，那么，在管理领域，创新的内容和方法还有哪些？在创新实践中，应该注意哪些问题，本章将一一解答这些问题。

第一节 创新概述

美国福特公司前总裁亨利福特曾说："不创新，就灭亡。"现在，人们也逐渐认识到了创新的重要性。可以说，创新是企业在激烈的市场竞争中求生存、求发展的必然选择，是企业活力之源，是经济发展、生产率提高的基本驱动力。在新的时期，面对新的任务、新的机制、新的环境，我们更要十分重视创新。

一、创新的内涵

《现代汉语词典》对创新的解释为：抛开旧的，创造新的。1912 年，美籍奥地利经济学家约瑟夫（Joseph Schumpeter）在其著作《经济发展理论》中首次提出创新的概念。他指出创新就是建立一种新的生产函数，是企业家对生产要素的重新组合，其中任何要素的变化都会导致生产函数的变化从而推动经济的发展。这种意义下的创新概念包括以下 5 种情况。

（1）采用一种新的产品，也就是消费者还不熟悉的产品或一种产品的一种新的特性。

（2）采用一种新的生产方法，也就是在有关的制造部门中尚未通过经验检验的方法，这种新的方法绝不需要建立在科学上新发现的基础之上，并且也可以存在于商业上处理一种产品的新的方式之中。

（3）开辟一个新的市场，也就是有关国家的某个制造部门以前不曾进入的市场，不管这个市场以前是否存在过。

（4）掠取和控制原材料或者半成品的一种新的供应来源，也不管这种来源是否已存在过，还是第一次创造出来的。

（5）实现任何一种工业的新的组织，如造成一种垄断地位，或者打破一种垄断地位。

总的来说，创新就是创造，是组织和个人根据一定的目的与任务，运用一切已知的条件，产生出新颖的、有价值的成果技术（精神的、社会的、物质的）的认知和行为活动。

二、创新的特性

为了使我们更积极地致力于创新，更合理有效地组织创新，我们有必要了解创新的特性，以利于因势利导。一般而言，创新具有如下特性。

（一）高风险性

创新活动涉及许多相关环节和众多影响因素，从而使得创新的结果呈现出来不确定性，这意味着创新具有较大的风险性。

美国曾做过这样一份调查断言，基本美国的每 10 个专利中，只有一个能变成创新。以产品创新为例，在现实中许多企业的产品开发成功率都较小，即使在西方发达国家，如美国，企业产品开发成功率也不过 20%～30%。

（二）高回报率

一般来说，在经济活动中高风险与高收益是并存的，创新活动即是如此。

通过创新来获取高额收益并使自己迅速壮大的企业中最成功的例子可能是微软公司。微软公司 1975 年由比尔·盖茨率领一班精英才子创办，从事计算机软件开发。微软公司创办之初，产品仅有一种，员工只有 3 名，年收入仅仅 1.6 万美元。这样的公司在美国微不足道、毫不起眼的。但由于比尔·盖茨等人的不断创新使得微软一跃成为风靡全球的巨型高科技公司，并获得了巨大的收益。到 1995 年，微软年收入达到了 60 亿美元，所实现的利润比另外 10 大软件公司的总利润还多。到 1998 年，微软公司的总资产尽管只有 100 亿美元，只有美国通用汽车公司 2 200 亿美元的 5%左右，但是微软公司的市场价值却高达 2 000 亿美元，相当于通用公司市场价值的 4 倍，比尔·盖茨本人也成为全球的商业新贵，一跃成为世界个人财产榜上的首富。

正是因为创新具有高的回报率，同时又具有高风险，世界上许多国家相继建立了风险投资公司，向创新者提供风险评估与资金，以促进创新。现在许多企业，也正是看到了创新可获得高额利益而进行各种创新，特别是技术创新，以求得持续发展。

（三）创造性

创新既然是一个把新技术应用于生产经营活动中的过程，它就必须具有创造性。这种创造性首先表现在它所应用的技术是以前所未使用过的新技术，或者是现有技术中的某些改进，从而使旧技术更加完善，应用效果有明显提高；其次表现在创新过程之中，创新过程是企业家在生产经营的实践活动中，实现技术形态的转化。

（四）综合性

创新具有综合性表现在创新活动是许多人共同努力的结果，即众多人的投入产出活动。创新既需要企业家的创新精神和组织管理能力，也需要科学技术工作者的理论知识和技术，还需要创新活动的具体执行者密切配合。同时，只有科学技术工作者和生产工作者以及管理工作者共同联合、协作，才能使创新达到预期的目的。由此可见，创新是一项综合性活动。

（五）时效性

创新具有时效性，一方面表现在不同创新类型的顺序分配上，另一方面反映在产品的替代过程中。一种新的市场需求总是表现为产品需求，因而，在创新初期，企业的创新活动主要是产品创新。一旦新产品被市场接受，随之而来的企业将把注意力集中在过程创新上，其目的是降低生产成本、改善品质、提高生产效率。当产品创新和过程创新进行到了一定程度时，企业的创新注意力会逐渐转移到市场营销创新上，目的是提高产品的市场占有率。在这些创新的重点在不同时序上，还会伴随必要的组织创新。

正因为创新具有时效性，所以创新者在进行创新决策时，就有必要识别市场对所要创新产品的需求持续时间，该产品被替代的可能性，以及创新所属的时期。

第二节 创新的内容及方法

我国市场经济下,企业竞争压力很大，企业要生存和发展，需要调整经济管理体制，改变落后的管理理念和管理模式，加强对管理内容和方法的创新，通过新型的管理模式实现企业的强有力管理，保证管理过程和管理方法更加科学，更加顺应全球一体化的经济发展趋势，从而实现良好的管理目标。

一、创新的基本内容

（一）管理理念创新

管理理念是指管理者或者管理组织中在一定的哲学思想支配下，由现实条件决定的经营管理的感性知识和理性知识构成的综合体。一定的管理观念必定受到一定的政治、经济、文化的影响，是企业战略目标的导向、价值原则，同时管理的观念又必定折射在管理的各项活动中。早在 20 世纪 80 年代，经济发达国家的优秀企业家就提出了许多管理观念，如知识增值观念、知识管理观念、全球一体化观念、战略管理观念、持续学习观念等。

（二）管理目标创新

知识经济时代的到来导致了企业经营目标的重新定义。首先是因为时代改变，企业的管理观念也随之改变；其次是企业内部的结构也在不断改变，企业必须重视非股东主体的利益；再次是企业与社会的联系日趋密切，社会网络化程度大幅度提高，企业正成为网络中的重要连接点，企业经营的社会性越来越突出，从而要求企业高度重视自己的社会责任，全面修正自己的经营目标，再也不像以前那样，仅仅以企业创造的利润多少来衡量。因此，在新的经济背景下，企业的经营活动更需要适时地根据市场环境和消费需求的特点及变化趋势加以整合，企业的每一次调整实际上就是一种目标创新。

（三）管理制度创新

制度是维持组织运行的保障，是组织运行方式的原则规定，而制度创新则需要从社会经济角度来分析企业组织中各成员间的正是关系的调整和变革。企业制度主要包括产权制度、经营制度和管理制度 3 个方面，三者之间关系是错综复杂的。

一般来说，产权制度决定经营制度，但在产权制度不变的情况下，企业具体的经营方式可以随条件的变化及时进行调整。同理，在经营制度不变的情况下，企业具体的管理制度和方法也可以不断改进。反过来，企业管理制度的变化会反作用于经济制度，经营制度的变化又会反作用于产权制度。

我国企业制度的改革就是遵循这样的规律进行的，企业制度创新的方向就是不断调整和优化企业所有者、经营者和劳动者之间的关系。通过创新，使各个方面的责、权、利得到更充分的体现，使企业的所有员工充分发挥他们的聪明才智。

（四）技术创新

技术创新是企业创新的重要内容，任何企业要想成长，都是利用一定的产品来赢得相应市场，赢得市场竞争。企业中出现的大量创新活动是有关技术方面的。现在的工业企业一个主要特点是在生产过程中广泛应用先进的科学技术。

生产技术水平是反映企业经营实力的一个重要标志，企业要在激烈的市场竞争中处于主动地位，就必须大量使用先进技术，引导社会的技术进步，从而不断的进行技术创新。而技术创新需要相应的载体来实现，主要表现在要素创新、要素组合方法以及产品的创新上。

（五）管理的机构和结构创新

制度是保证企业系统正常运行的重要前提，而制度又要求有相应的运行载体，即合理的组织形式。企业制度创新必然要求组织形式的变革和改进。合理的组织形式应该从组织机构和结构这两个不同层次去考察。所谓机构，是指企业在创建相应的组织时，根据一定的标准，将那些类似的或为实现同一目标有密切关系的事物或者岗位归并到一起。形式不同的内部管理部门主要涉及管理劳动的横向分工，即把对企业生产经营业务的管理活动分成不同部门的任务。而结构则与管理部门之间的关系有关，它主要涉及管理劳动的纵向分工问题。即所划分的集权管理和分权管理两大模块。不同的机构设置要求有不同的结构形式，由于机构的设置和机构的形成受到企业活动的内容、规模及管理要求等因素的影响。因此，不同的企业有不同的组织形式，同一企业在不同的时期，随着经营活动的变化，也要求组织的机构和结构不断进行调整。

（六）管理环境创新

环境是企业经营的土壤，也制约着企业的经营。环境创新不是指企业为适应外界变化而调整内部结构的活动，而是指通过企业积极的创新活动去改造环境，去引导环境向有利于企业经营的方向变化。

（七）管理文化创新

现代管理发展到文化管理阶段，可以说企业的文化管理是企业现代化管理重要特征之一。企业问题通过员工价值观与企业价值观高度统一，通过企业独特的管理制度体现和行为规范的建立，使得管理效率有了较大提高。创新不仅是现代企业文化的一个重要支柱，而且还是社会文化中的一个重要组成部分。如果文化创新已成为企业文化的根本特征，那么创新价值观就能得到企业全体员工的认同，行为规范就会得以建立和完善，企业的创新动力机制就会高效运转。

二、创新的方法

尽管创新难度较大，但仍然有方法与程序可循。迄今为止，创新方法层出不穷，但实际工作运用的不过十几种，最常用的是以下几种方法。

（一）头脑风暴法

工程学家奥斯本在 1939 年发明的一种创新方法。这种方法是通过一种别开生面的小组畅谈会，在较短的时间内充分发挥群体的创造力，从而获得较多的创新设想。当一个与会者提出一个新的设想时，这种设想就会激发小组内其他成员的联想。当人们卷入“头脑风暴”的洪流之后，各种各样的构想就像放鞭炮一样，点燃一个，引爆一串。这种方法的规则有以下几个方面。

（1）不允许对别人的意见进行批评或反驳，任何人不做判断性结论。

（2）鼓励每个人独立思考，广开思路，提出的改进设想越多越好、越新越好，允许互相之间的矛盾。

（3）集中注意力，针对目标，不私下交谈，不干扰别人的思维活动。

（4）可以补充和发表相同的意见，使某种意见更具说服力。

（5）参加会议人员不分上下级，待遇平等。

（6）不允许以提意见来阻碍个人的创造性设想。

（7）参加会议的人数不超过 10 人，时间限制在 20 分钟到 1 个小时。

这种方法在运用中又发展出“反头脑风暴法”，做法与“头脑风暴法”相反，对一种方案不提肯定意见，而是专门挑毛病、找矛盾。它与“头脑风暴法”一反一正互相补充。

（二）类比创新法

就是在两个事物之间进行比较，这两个事物可以是同类的，也可以是不同类的，甚至差别很大的。通过比较，找出两个事物的类似之处，然后再根据此推出它们在其他方面的类似之处，因此类比创新法是一种富有创造性的发明方法，它有利于发挥人的想象力，从异中求同，从同中求异，产生新的知识，得到创新性成果。类比方法很多，有拟人类比法、直接类比法、象征类比法、因果类比法、对称类比法、综合类比法等。

小链接

蛋卷冰淇淋

1904 年，在美国圣路易斯举办的“世博会”，评选出了本届世博会的真正明星，它不是任何一家参展商提供的产品，而是世博会门口小商贩售出的食品，这是怎么回事呢？

原来，一位叫哈姆威的小贩在会场外出售甜脆薄饼，他旁边的一位是卖冰激凌的小贩。夏日炎炎，冰激凌卖得很快，不一会儿盛冰激凌的小碟就不够用了。于是，热心的哈姆威把自己的脆薄饼卷成锥形，给旁边的小贩当作盛冰淇淋的小碟用。没想到，冰淇淋和脆薄饼结合在一起，受到了出乎意料的欢迎，人们争相购买。会后也被市民评选为“真正的世博明星产品”，它就是今天我们熟知的蛋卷冰淇淋。

（三）逆向思考法

逆向思考法是顺向思维的对立面。逆向思维是一种反常规、反传统的思维。顺向思维的常规性、传统型，往往导致人们形成思维定式，是一种从众心理的反映，往往使人们形成一种思维“框框”，不易取得出乎意料的成功。逆向思考法由于反常规、反传统的，因而它具有与一般思考不同的特点。

（1）突破性。这种方法的成果往往冲破传统观念和常规，常带有质变或部分质变的性质，因而往往能取得突破性的成就。

（2）新奇性。由于思维的逆向性，改革的幅度较大，因此必然是新奇的、新颖的。

（3）普遍性。逆向思考法适用范围很广，几乎适用于所有领域。

（四）检核表法

这种方法几乎适用于任何类型与场合的创造活动，因此又被称为“创造方法之母”。它是用一张一览表对需要解决的问题逐项进行核对，从各个角度诱发多种创造性设想，以促进创造发明、革新或解决问题。时间证明，这是一种能够大量开发创造性设想的方法。

检核表法是一种多渠道的思考方法，包括以下一些创造技法：迁移法、引入法、改变法、添加法、替代法、缩减法、扩大法、组合法和颠倒法。它启发人们缜密地、多管道地思考问题和解决问题，并广泛运用于创造、发明、革新和企业管理中。

（五）交叉综合法

创新活动的开展或创新意向的获得，可以利用各种学科知识的交叉综合加以实现。目前，科学的发展趋势是综合与边缘的交叉，许多科学家把目光放在这两个方面，以求创新。

管理作为一门科学，它的创新发展过程也呈现了这一态势。心理学家在管理人际关系方面引入，导致了行为科学、管理心理学、组织行为学等理论和方法的诞生，这就是著名的行为科学革命。人文科学中的社会学、伦理学、文化学等的最新成果被结合到企业管理中，导致经营管理理念、企业文化等一系列的综合性管理模式的变革。

从管理创新的历史过程来看，有两种创新模式是值得重视的。一是用新的科学技术、新的学科知识，研究分析现实的管理问题。由于使用新学科知识和技术来看待现实的管理问题，即从一种新的角度研究问题，这样就可能得到不同于以往的看法与启示，从而形成创新灵感。二是沿用以往的学科知识、方法手段，但不是分别单一地看某个现实的管理问题，而是将这些学科知识、方法、手段综合起来，系统地来看待管理问题，这样也能得到不同于以往的思路、看法和启示。其中，第一种方式沿用前景非常广泛，而且随着科学技术和新的学科发展，它们向管理方面延伸会更加广泛深入，成为创造的主要源泉之一。

第三节 创新实践

在管理中，要想获得成功，创新是必不可少的。但是缺少了实践，创新便会成为无源之水、无本之木。这样，便难以成功。只有既懂得发扬自己的特色，勇于创新，又善于继承前人的传统，才会更容易成功。

一、创新实践的基本条件

为使创新实践活动有效进行，必须创造以下基本条件。

（1）创新的主体（企业家、管理者和企业员工）应具有良好的心智模式，这是创新实践的关键。心智模式是指由于过去的经历、习惯、知识素养、价值观等形成的基本固定的思维认识方式和行为习惯。创新主体具有的心智模式一个是远见卓识，另一个是具有较好的文化素质和价值观。

（2）创新主体具有较强的能力结构。创新实践的主体必须具备一定的能力才可能完成创新活动。创新实践主体应具有核心能力、必要能力和增效能力。核心能力突出地表现为创新能力；必要能力包括将创新转化为实际操作方案的能力，从事日常管理工作的能力；增效能力则是控制协调加快进展的各项能力。

（3）企业应具备较好的基础管理条件。现代企业中的管理主要指一般的最基本的管理工作，如基础数据、技术档案、统计记录、信息收集归档、工作规则、岗位职责标准等。创新实践往往是在基础管理较好的基础上才有可能产生，因为基础管理好可提供许多必要的准确的信息、资料、规则，这本身有助于创新实践的顺利进行。

（4）企业应营造一个良好的创新实践新氛围。创新主体能有创新意识、能有效发挥其创新能力，与拥有一个良好的创新氛围有关，在良好的工作氛围下，人们思维活跃，新点子产生的多而快，而不好的氛围则可能导致人们思想僵化，思路堵塞，头脑一片空白，影响创新实践活动的开展。

（5）创新实践应结合企业特点。现代企业之所以要进行管理上的创新，是为了更有效地整合本企业的资源以完成本企业的目标和任务。因此，这样的创新就不可能脱离本企业和本国特点。在当前的国际市场中，短期内我国大部分企业的实力较西方国家较弱，如果以刚对刚则会失败，若以太极拳的方式以柔克刚，则可能是我国企业走向世界的最佳方案。我国企业应发挥以“情、理、法”为一体的中国式管理制度的优势和特长。

（6）创新实践应有目标。创新实践的目标比一般目标更难确定，因为创新活动及创新目标具有更大的不确定性。尽管确定创新目标是件困难的事，但是如果没有一个恰当的目标则会浪费企业的资源，这本身又同管理的宗旨不符。

小链接

双向输水管道

新加坡独立不久，政府发现由于国家大量缺少水资源，他们不得不向马来西亚买水。

不过，他们在建设输水管道时，刻意修建了双向输水管道。这是怎么回事？原来，新加坡向马来西亚买水的同时，还花钱引进了世界最先进的双向输水管道淡水净化处理技术，并建起很大的净水处理厂。新加坡把从马来西亚引流过来的水经过处理后，除了部分自用，其余再卖回马来西亚。不过，回去的水价格已经翻番了。

二、创新实践的步骤

要进行有效地创新，就必须研究和揭示创新规律。创新是对旧事物的否定，所以要突破原有的制度，打破原有的秩序。创新的同时又是对新事物的探索，创新者只有在不断的尝试中才能找到新的突破。故而，创新在实践过程中一般分为以下几个阶段。

（一）寻找机会

创新是对旧制度的破坏。原有秩序之所以要打破，是因为其内部存在着或出现了某种不协调的现象，这些不协调的现象为组织的发展提供了有利的机会或造成了不利的威胁。创新活动正是从发现和利用旧秩序内部的这些不协调现象开始的。不协调为创新提供了契机。企业的创新，往往是从密切地注视、系统地分析社会经济组织在运行过程中出现的不协调现象开始的。

旧秩序中的不协调既可能存在于系统的内部，也可能存在于对系统有影响的外部。就系统内部而言，引发创新的不协调现象主要有以下几种。

（1）生产经营中的瓶颈。这些瓶颈可能影响了劳动生产率的提高或劳动积极性的发挥，困扰着企业管理人员。这种卡壳环节，既可能是某种材料的质地不够理想，始终找不到替代，也可能是某种工艺加工方法不够完善，或者是某种分配制度不够合理。

（2）企业以外的成功或者失败。出乎企业意料的成功或者失败，往往可以把企业从原先的思维模式中驱赶出来，从而可以成为企业创新的一个重要源泉。

就系统的外部而言，有可能成为创新契机的变化主要有以下几种。

（1）技术的变化。它有可能影响企业资源的获取、生产设备和产品的技术水平。

（2）人口的变化。它可能影响劳动力市场的供给和产品销售市场的需求。

（3）宏观经济环境的变化。迅速变化的经济背景可能给企业带来不断扩大的市场，而整个国民经济的萧条则可能降低企业产品需求者的购买能力。

（4）文化与价值观念的转变。它可能改变消费者的消费偏好或劳动者对工作及报酬的态度。

（二）提出构想

敏锐地观察到了不协调的现象后，就要透视现象究其原因，分析和预测不协调的未来变化趋势，估计他们可能给组织带来的积极或者消极的后果，并在此基础上，努力利用机会将威胁转换为机会，采用头脑风暴等创新方法，提出多种创新构想来解决问题，消除不协调的方案，使系统在更高层次上实现平衡的必然途径。

（三）迅速行动

创新成功的关键在于迅速行动。构想的提出可能还不够完善，甚至可能很不完善，但这种并非十全十美的构想，必须立即付诸行动才有意义。正如“没有行动的思想会自生自灭”这句话所说，对于创新思想尤为重要。一味追求完美，以减少讥讽、被攻击的机会，就可能错失良机，把创新的机会白白地送给自己的竞争对手。创新的构想只有在不断尝试中才能逐渐完善，企业只有迅速地行动才能有效地利用“不协调”提供的创新机会。

（四）坚持不懈

构想经过尝试才能成熟，而尝试是有风险的，是不可能“一击即中”的，是可能失败的。创新的过程是不断尝试、不断失败和不断提高的过程。因此，创新者在开始行动以后，为取得最终的成功，必须坚定不移地继续干下去，决不能半途而废，否则便会前功尽弃。若想在创新中坚持下去，创新者必须有足够的信心，有强大的忍耐力，能正确对待尝试过程中的失败，既为减少失误或消除失误后的影响采取必要的预防或纠正措施，又不把一次尝试的失利看成整个创新的失败。

案 例 讨 论

从棒棒糖到电动牙刷

1987 年，美国的两个邮递员科尔曼和施洛特无意中看到一个小孩拿着一种发亮光的荧光棒，光线穿过半透明的糖果，显现出一种奇幻的效果。这一小小的发现，让两人惊喜不已。他们为此申请了发光棒棒糖专利，还把专利卖给了开普糖果公司。

奇迹由此开始。两个邮递员继续想：棒棒糖舔起来很费劲，能不能加上一个能自动旋转的小马达？旋转棒棒糖很快投入市场，并且获得了极大的成功。在最初的 6 年里，这种售价 2.99 美元的小商品一共卖出了 6 000 万个！科尔曼和施洛特得到了丰厚的回报。

更大的奇迹还在后面。开普糖果公司的负责人奥舍在一家超市内看到了电动牙刷，虽有许多品牌，但价格都高达 50 多美元，因此销售量很小。奥舍灵机一动：为什么不用旋转棒棒糖的技术，用 5 美元的成本来制造一只电动牙刷呢？

奥舍与科尔曼、施洛特着手进行技术移植，很快，美国市场上最畅销的旋转牙刷诞生了，它甚至要比传统牙刷还好卖。在 2000 年，3 个人组建的小公司卖出了 1 000 万把该种牙刷！这下，宝洁公司坐不住了。相比之下，他们的电动牙刷成本太高了，几乎没有市场竞争力。于是，经过讨价还价，2001 年 1 月，宝洁收购了这家小公司，首付预付款 1.65 亿美元，3 个创始人在未来的 3 年内留在宝洁公司。过了一年多，宝洁公司便提前结束与奥舍、科尔曼、施洛特 3 人的合同。因为宝洁公司发现电动牙刷太好卖了，远远超出了他们的预料。借助一家国际超市公司，它已在全球 35 个国家进行销售。按照这种趋势，宝洁在 3 年合同期满后付给奥舍 3 人的钱要远远超出预期。最后经过协商，合同提前中止，奥舍、科尔曼、施洛特一次性拿到了 3.1 亿美元，加上原来 1.65 亿美元的预付款，共 4.75 亿美元。

故事的结局太令人吃惊了。

奥舍、科尔曼、施洛特 3 个人不费吹灰之力，就赚取 4.75 亿美元。他们是凭借什么呢？小小创新？不错，这确实是直接原因，但你们也有这小小创新，为什么一分钱没拿到？原因是你们是被动的，没有那 3 个人的创新意识。有了创新意识，就会获利吗？也不对，还要有眼光，既要有申请专利的眼光，还要有把专利投放市场的眼光，一个人，可以不去奢望那 4.75 亿美元，但不应该冷落技术创造、灵感创意这些成功的要素。

请同学们思考：

请结合实践分析，除了创新还有哪些因素促成了奥舍、科尔曼、施洛特的成功？

练 习 题

一、选择题

1. 创新的特性有（　　）。

A. 高风险性　　B. 高回报率　　C. 创造性　　D. 综合性

2. 管理创新的方法有（　　）。

A. 头脑风暴法　　B. 类比创新法　　C. 逆向思考法　　D. 检核表法

E. 交叉综合法

二、判断题

1. 创新是企业在激烈的市场竞争中求生存、求发展的必然选择，是企业活力之源，是经济发展、生产率提高的基本驱动力。（　　）

2. 创新活动涉及许多相关环节和众多影响因素，从而使得创新的结果呈现出来不确定性，这意味着创新具有较大的风险性。（　　）

3. 创造性只表现在它所应用的技术是以前所未使用过的新技术。（　　）

4. 创新既需要企业家的创新精神和组织管理能力，也需要科学技术工作者的理论知识和技术，还需要创新活动的具体执行者密切配合。（　　）

5. 类比创新法：就是在两个事物之间进行比较，这两个事物要求是同类的。（　　）

三、简答题

1. 管理创新都从哪些方面进行创新（即管理创新的内容）？

2. “头脑风暴法”的一般规则有哪些？

3. “逆向思考法”有哪些特点？

4. 创新实践的基本条件有哪些？

第十四章 管理发展

【引导案例】

猴子实验

科学家将4只猴子关在一个密闭房间里，每天喂很少食物，让猴子饿得吱吱叫。几天后，实验者在房间上面的小洞放下一串香蕉，一只饿得头昏眼花的大猴子一个箭步冲向前，可是当它还没有拿到香蕉时，就被预设机关所泼出的滚烫热水烫得全是伤，当后面3只猴子依次爬上去拿香蕉时，一样被热水烫伤。于是众猴子只好望“蕉”兴叹。

几天后，实验者换了一只新猴子进入房内，当新猴子肚子饿得也想去吃香蕉时，立刻被其他3只老猴子制止，并告知有危险，千万不可尝试。实验者再换一只猴子进入房间内，当这只猴子想吃香蕉时，有趣的事情发生了，这次不仅剩下的3只猴子制止它，连没被烫过的半新猴子也极力阻止它。实验继续着，当所有猴子都已换过之后，没有一只猴子曾经被烫过，上头的热水机关也取消了，香蕉唾手可得，却没有一只猴子敢前去享用。

与上述案例一样，当今的管理环境也发生了很大的改变，如果企业仍然恪守前人的失败经验，不能认清当前新的管理环境，吸收新的管理方法就会平白错失很多机会。

第一节 管理环境的新特征

人类社会迄今为止经历了农业社会、工业社会和经济社会3个阶段。“知识经济”一经提出，就在世界范围的信息网络上以光速传播。然而，它所反映的时代变迁，却是一种历史的必然，是人类文明进步的必然结果。同样，知识经济社会也为管理环境带来新的变化。知识经济影响下管理环境新特征主要表现在以下几个方面。

一、知识化

知识型社会的发展主要靠知识和智力。因此，掌握现代知识，并具有创新、创造和运用能力的人成为知识经济的主力军，财富的定义和利益的再分配取决于拥有的信息、知识、自制力和创造力。知识化的特征还反映在制造业机构的高技术化、服务业的高科技化和就业结构的高技能化方面。

二、信息化

有人曾把石油比作工业经济发动机的燃料，而信息则是知识经济发动机的燃料。信息技术产业是知识经济的主要产业。在工业社会里，人们谈论发电机、铁路、生产流水线；在知识经济社会中，我们需要熟悉的是芯片、计算机、云计算和大数据。

三、网络化

网络一直是人类文明进程的重要标志。工业经济的最重要的基础上公路网、电网、铁路网和电话网；而高速、互动、传递信息、共享知识的新一代网络构成了知识经济的基础设施。根据中国互联网络信息中心（CNNIC）公布的《第 39 次全国互联网发展统计报告》，截至 2017 年 1 月，中国互联网用户已达 7.31 亿，网络为企业带来无限商机，也为企业创新带来无限可能。

四、无形化

知识型社会是以无形资产投入为主的经济。知识、智力等无形资产的投入在知识经济中起决定性作用。这与传统工业经济需要大量资金、设备、原材料等有形资产投入有很大不同。

五、虚拟化

在知识经济时代，由于经济活动的数字化和网络化的加强，使空间变小，世界成为“地球村”。同时，又使空间扩大了，除物理空间外，还多了媒体空间，通过信息处理可以虚拟市场、虚拟现实等。

六、软性化

在知识经济中软件产品的比例大大增加，其本身不仅可作为一个产业，而且以前的传统产品也可以通过增加软件装置以提高知识含能量和高科技含量。知识经济的软性化特点还表现在企业组织形式和生产方式的柔性化方面。

七、中空化

由于高度的信息化，导致最高决策层能够同最基层的执行单位直接联系，使中间组织的作用极大地削弱。从一个经济组织和一个社会组织来看，管理层次将减少，特别是中间层次的作用将逐渐消失。

八、知识资本化

企业的资本构成分为物质化资本和知识资本两种。在知识经济社会，知识成为生产要素中最重要的组成部分，知识资本在企业资本中所起的作用越来越大，将成为分配的主要依据之一。

九、可持续化

当前的知识经济是可持续发展的经济。其主要生产要素是知识、智力和人的创造力，可以重复使用，在使用过程中其价值不会减少反而会增加，而较少消耗自然资源。不仅如此，还能开发新的尚未利用的自然资源来取代已近耗尽的自然资源。

十、全球化

知识无国界，以知识为主要经济资源的知识经济必然成为全球性的经济活动。在知识经济时代，任何国家不可能在所有的高新技术领域全面领先，必须互相补充、互相协作，这就必然促进世界经济全球化进程的加快。

知识经济的悄然兴起掀起了一场无声的革命，它对未来社会和经济的影响绝不是局部的。

毫无疑问，在知识经济时代，我们现有的生产方式、生活方式、思维方式、教育方式、决策方式等都将发生重大的变化。知识经济将彻底改变传统工业经济社会人们处理问题的方式，使企业进入一个管理的新时代，也为管理环境带来巨大的改变。

第二节 管理方法的新发展

科学技术在突飞猛进的发展，特别是在电子信息技术产业的产生和广泛应用，一场新的技术革命正在悄然兴起，新的管理技术、方法、原则和理论，使得管理世界五彩缤纷。这些新的管理方法正被越来越多的人所认识和重视。

一、赋权管理

随着企业管理层级结构变得日益扁平，赋权管理已成为时髦的术语。但在实践中，它常常是授权的同义词。管理者们并不是真正地赋予下属权力，而是依然进行重要决策，只是将相对不太重要的任务交给其他人去干。其实，赋权与授权并非一回事。授权管理是始于管理者自己的工作干得尽可能有成效。

20 世纪 90 年代以来，授权不再是管理人员偶尔的宽容，而逐渐成为一种必需——赋权的时代开始了。在美国克莱斯勒汽车制造公司，每位管理人员下属 50 个工人，而 10 年前是 20 个工人。当企业的真正结构变得越来越扁平、层级结构逐渐消失时，管理人员现在的管理幅度比以前大，在这种情况下，赋予员工权力比任何时候都重要，但赋权管理的问题是，没有人愿意承认自己是糟糕的权力下放者，就如开车一样，没有人愿意承认自己的驾驶技术不行。但管理者必须明白这一事实，他们不能再以事必躬亲的方式管理下属，不断将琐碎的工作一股脑地倒给下属，这并不是赋权。管理者在工作繁忙时常常把工作任务交给下属去做，他们自己不是太忙的时候就不这样了。许多管理者认为学习培训、工作成就感和赋权 3 种的结合是必不可少的，管理者必须寻求更具创新的管理方式，现在越来越需要靠群体的努力和团队的协助，管理者已不可能有时间坐下来听每一位下属的报告工作了。管理者必须学会成功地下放权力，让每一位下属都有机会，都能为工作的完成做出贡献。

二、柔性管理

柔性管理从本质上说是一种对“稳定和变化”进行管理的新方略。柔性管理理念的确立，以思维方式从线性到非线性的转变为前提。线性思维的特征是历时性，而非线性思维的特征是共时性，也就是同步转型。从表面混沌的繁杂现象中，看出事物发展和演化的自然秩序，洞悉下一步前进的方向，识别潜在的未知需要和开拓的市场，进而预见变化并自动应付变化，这就是柔性管理的任务。

柔性管理以“人性化”为标志，强调跳跃和变化、速度和反应、灵敏与弹性，他注重平等和尊重、创造和直觉、主动和企业精神、远见和价值控制，它依据信息共享、虚拟整合、竞争性合作、差异性互补、虚拟实践社团等，实现管理和运营知识由隐性到显性的转化，从而创造竞争优势。

“柔性管理”是相对于“刚性管理”提出来的。“刚性管理”以“规章制度为中心”，用制度约束管理员工。而“柔性管理”则以“人为中心”，对员工以人格化管理。

“柔性管理”的特征是内在重于外在，心理重于物理，身教重于言教，肯定重于否定，激励重于控制，务实重于务虚。其最大的特点在于它主要不是依靠外力，如发号施令，而是依靠人性解放、权利平等、民主管理，从内心深处来激发每个员工的内在潜力、主动性和创造精神，使他们能真正做到心情舒畅、不遗余力地为企业开拓优良业绩，成为企业在全球激烈的市场竞争中取得竞争优势的力量源泉。显然，在知识型企业管理柔性化之后，管理者更加看重的是职工的积极性和创造性，更加看重的是职工的主动精神和自我约束。

小链接

海底捞的柔性管理

著名的火锅品牌海底捞就是进行柔性管理的典型例子。一提到海底捞，打动顾客并给顾客留下深刻印象的一定是它标准而周到的服务：免费修指甲、擦皮鞋，给戴眼镜的同志发眼镜布，给带手机的同志发手机保护罩等。

除此之外，海底捞一直奉行的是把员工当家人，海底捞员工住的都是正规住宅，有空调暖气，可以免费上网，步行20分钟到工作地点。不仅如此，海底捞还雇人给员工打扫卫生，换洗被单。海底捞在四川简阳建立了海底捞寄宿学校，为员工解决子女的教育问题；海底捞还想到了员工的父母，优秀员工的一部分奖金，每月由公司直接寄给家乡的父母。

可以说，海底捞是一种“以人为本”的管理，企业为员工服务、领导为员工服务、员工自然会为顾客服务，这是一个自发的传递过程。

三、海豚式管理

海豚式管理是基于“X 理论”和“Y 理论”而提出来的一种新型管理方法。它又不同于“X 理论”和“Y 理论”，也不是任何管理人的特定理论。这种理论已超越管理人的范围，不再是对员工的管理，而是引导。海豚式管理的领导风格，主要表现为管理者信念坚定，追求公平，既关心工作成果，更关心员工成长。他们用脑和心在领导，以自信、宽容来运作，是刚柔结合，有血有肉的管理者形象。

四、情感管理

人是有着丰富感情生活的高级生命形式，情绪、情感是人精神生活的核心部分。“有效的领导者就是最大限度地影响追随者的思想、情感乃至行为。”作为领导者，仅仅依靠一些物质手段激励员工，而不着眼于员工的感情生活，那是不够的，与下属进行思想沟通与情感交流是非常必要的。现代情绪心理学的研究表明，情绪、感情在人的心理生活中起着重要作用，它支配和组织着个体的思想和行为。因此，情感管理应该是管理的一项重要内容，尊重员工、关心员工是搞好人力资源开发和管理的前提和基础，这一点对创新企业尤其重要。

五、驾驭电子商务

拥有 4 万多名员工的跨国企业开利空调公司，每年通过万维网销售渠道实现的销售收入达 10 多亿美元。同时，公司每年通过万维网还节省了超过一亿美元以上的成本。这两组数字表明，电子商务可以带来两方面的底线收益，既创造新的收入来源同时又大大降低了成本。

当今世界，无论是在我国还是在世界其他地方，电子商务正成为企业发展的重点战略。电子商务的竞争已经拉开了序幕，电子商务在中国变得越来越重要。

六、敏捷制造

21 世纪的到来，使得企业之间的竞争更趋激烈，也使得许多国家有了提高竞争地位、培养竞争优势的先进制造计划。例如，日本的智能制造技术（IMS）、韩国的高级先进技术国家计划 G-7 计划、德国的 2 000 计划、美国的先进制造计划、国家关键技术计划及敏捷制造等。其中敏捷制造最为著名。有人提出，敏捷制造是现代制造的新发展，它是 21 世纪的生产和管理战略的重要里程碑。

七、企业资源规划

企业资源规划（Enterprise Resources Planning，ERP）是把企业内部各部门，包括财会、生产、物料管理、人力资源管理等，采用信息科技整合和连接在一起。通过信息网络和计算机，可以轻易获悉各部门的相关资料，迅速做出决策。它强调以系统和流程来管理企业，很多工作通过机器和电脑来完成，公正且有效。其次，世界许多知名大企业为了能够迅速了解合作伙伴情况，而要求上下游厂商也采用 ERP 系统。

八、5S 管理模式

清理、整顿、清洁、标准化、培训和纪律管理模式（5S）即 5S 管理法是日本企业首创并广泛应用的工厂管理方法。该方法旨在改善工作环境，养成良好的工作习惯、良好的工作秩序、严明的工作纪律，以达到提高工作效率，生产高质量、精密化产品，减少浪费，节约物料成本和时间成本的要求。

及时清理工作现场，让无用之物离开工作区域，使厂房明亮洁净，机器和工作台一尘不染，厂区美化和绿化，不仅为生产提供清洁的空间，而且使工作人员精神愉快，效率倍增；整顿仓库管理，标识仓库物质，净化仓库空间，既能妥善保管物资，又能理顺供应程序，还可以降低库存，减少资金占用，提高利用率；清洁责任区和时间表，明确清洁时间、地点、内容和负责人，养成清洁习惯，方能保持工厂和工作现场的整洁；清洁标准，全场保持一致，严格工厂纪律，也将大大提高生产效率。

5S 管理法不仅具有规范性，而且具有主动性和有效性。日本企业通过实施 5S 管理法，明显降低了管理成本，提高了管理效益。

九、精细化管理方法

精细化管理的核心是“细节决定成败”。任何一项工程，都可以分解成为无数个细节，小到一碗面条的盐、油、水、温度、色度等，秘书配备的一支签字笔能用多久，大到战略决策的可靠性分析及实施调整。

精细化管理强调的是一个系统，每个岗位、每位员工都要把自己的事情做好，不找任何借口，哪怕是合理的借口、所有员工都应想方设法去完成任务。作为高层管理者，必须注意战略的细节，把战略做好；作为中层管理者，从事产品的开发，那就要把产品开发的每个细节做好；作为一名操作员工，就要把每个操作步骤做好，才能成就大事。

案例讨论

九大管理创新以及案例分析

随着组织结构越来越富有柔性，经营管理的信息化程度日益提高，营销方式越来越简捷，企业越来越注重发挥各种资源整合的力量。而引领这一系列变化的，正是管理创新。

从设计创造价值、供应链整合，到对产品、设计、研发、IT 等进行外包而获利，以及并购管理方式等进行的创新，简言之，管理创新就是企业根据生产经营的客观要求和科技发展的条件，对传统的企业管理模式和管理方法进行改革、改进和改造。通过管理创新，培育和实施先进的企业文化和经营方式，使各种生产要素有机结合，资源得到优化配置，生产效率不断提高，从而保证企业产品的质量和企业的竞争能力。管理创新，已经成为中国 CEO 们普遍关心的问题!这里选出的 9 项，只是中国企业近年来实施管理创新实践的代表。

1. 设计创造价值

通过更好的设计，可以使产品获得更高的价值。这一点，早已被国外的诸多大型企业所认识和应用。譬如韩国三星，他们认为，杰出的外观是增强产品亲和力的有效途径，对这方面的孜孜以求，使其确立了现代工业设计杰出代表的地位。

典型案例：家居企业博洛尼认为，橱柜行业也跟时装、汽车等时尚产品一样，有自己独特的风向标，意大利的设计无疑是前沿潮流的代表。他们从意大利高薪聘请了首席设计师，让博洛尼展示出纯正的意大利风格。披上了意大利时尚设计的外衣，博洛尼的品牌效应凸显，迅速坐上国内整体厨房业第一的位置。

点评：博洛尼以及其他具有设计创造价值理念企业的成功，至少给人们这样的启示：要使设计体现价值，首先要认识到设计的价值!只有将关注设计融入企业的 DNA，以产品卓越的性能为基础，满足人们对视觉审美的需求，才能使产品整体表现得以飞跃，使产品附加值和品牌力得以提高。

2. 外包获利

业务外包是指企业根据投入产出效益最大化的原则，将某个或某些部门或业务转包给更加擅长和专业的企业进行管理和经营的行为，强调企业将主要精力集中于关键业务上，最大限度地降低成本，提高效率。外包涉及产品外包、设计外包、研发外包、人力资源外包、物流外包，以及 IT 外包等多种形式。

典型案例：汽车制造行业零部件多，自己去做采购物流，要费很多时间，上海通用就将物流外包给专业的第三方物流公司中远集团。中远按照通用要求的时间，把原材料直接送到通用的生产线上。这不但使上海通用的生产线基本做到了零库存，包装成本也大幅下降。

点评：上海通用将物流外包的模式，在国内的制造型企业，尤其是做零库存的生产企业是非常实用的。在实施业务外包时，企业应认真分析，挖掘竞争对手难以获得和复制的资源和优势，将其演变为企业的核心竞争力。这种扬长避短的业务外包，才能够使企业真正获益。

3. 供应链整合

供应链管理涉及对物流、信息流和资金流的管理，其中的利益关系涉及消费者、供应商、生产商和分销商。其重点内容包括供应链信息整合、成员企业合作协调和创建成员企业利益机制这三大方面。

典型案例：联想公司收购IBMPC业务后，怎样将IBM的全球销售网络和联想本身的供应链配合起来？联想先对计划的流程、物流运作的流程，以及订单交付的流程进行改造和完善，并增加了供应链的弹性。为支持多种业务模式，联想的供应链采用了交易型客户和关系型客户的双模式。这种整合仍在进行，但已使联想的供应链效率得到有效提高。

点评：从联想的案例可以看出，供应链整合并非易事。在整合过程中，首先应该进行思想的整合，因为流程整合的过程，是与供应商博弈的过程，要先通过沟通，与上下游结为伙伴关系。如果做不到这一点，则存在前功尽弃的可能性。

4. 扁平化管理

扁平化管理是指在决策层和操作层之间的中间管理层越少越好，它较好地解决了等级式管理层次重叠、冗员多、组织机构运转效率低下等弊端。决策层的许多好的经营理念、决策意图很容易传达到操作层，基层员工许多好的想法也可以很快传到决策层。

典型案例：由于垂直式的科层管理与生产的协同制造、大规模定制之间存在着矛盾，早在几年前，知名家电企业格兰仕就进行了一场组织架构扁平化的内部管理变革，砍掉了集团内部层层架构的设置，最终形成了决策、管理、执行三层结构制，由8位副总各分管8个领域，把一个集团变成了一个工厂，使整个企业的反应能力迅速提高。

点评：扁平化管理的好处显而易见，但这种管理方式并非对所有企业都适用，成功者仅占少数。实施扁平化管理，要削弱中层管理者的权限，这可能会遭到他们自觉不自觉的抵制，使变革的努力被削弱和抵消，甚至中途夭折。要想使扁平化管理得到真正落实，必须调动基层人员的主动性。

5. 强强并购

强强并购是指强势企业联手，以谋求在行业内的绝对霸主地位。这种并购方式是基于资源缺口的战略并购，以横向并购为主，并购成本大，支付形式也多种多样。以国美和永乐的并购为标志，昭示着民族资本以一种更加强硬的姿态，出现在中国乃至世界的经济舞台上。

典型案例：国美和永乐的合并是国内家电连锁业最大的并购案，持续了近5个月、耗资52.68亿元。新集团采用国美和永乐双品牌运营。永乐在上海、长三角等地区具有较强的优势，国美的全国整体实力优势明显，在网络布局上双方具有较强互补性，这在很大程度上能避免资源浪费，在中国市场形成“一盘棋”格局。

点评：强强并购最大的问题，还是并购后的整合。并购、重组可能意味着从战略管理到运营管理、到绩效管理等企业控制权的接管，企业文化的差异将导致企业管理制度的变革、对重叠业务的精简、高级管理人员去职等。所以，如果在企业文化上，并购双方不能彼此认同，那么越是经营状况好的强势企业间进行并购重组，抵制的力量将会越大。

6. 标杆管理

是指企业将自己的产品、服务和经营管理方式同行业内或其他行业的领袖企业进行比较和衡量，从而提高自身产品质量和经营管理水平，增强企业竞争力。由于中国企业的管理水平相对落后，与其他管理方法相比，标杆管理拥有更广阔的操作空间。国内各行业最优秀的企业可将国际一流企业作为自己的标杆中小企业又能把行业内的优秀企业作为自己的标杆。

典型案例：武汉钢铁公司的能源消耗费用约占制造成本的25%以上，降低潜力很大。为使这部分成本最大限度地可控，武钢通过大量的数据分析，确定了以宝钢为“标杆”，运用标杆管理法来挖掘节能潜力。他们先认真分析了自己与标杆企业的差距及优势，然后采取了一系列的赶超措施，使污染物排放量减少，能耗指标不断降低。

点评：在标杆管理中，有几点应该引起中国企业的重视：第一，比较目标一定是能为企业提供值得借鉴的信息，规模不一定同自己的企业相似，但在标杆比较方面是世界一流做法的领袖企业。第二，战略不同的企业，选用的标杆也不同。譬如一个企业的战略是以创新制胜，另一个是以低成本占领市场，这两个企业就无法对标。另外，在实际应用中，企业必须将标杆管理方法同顾客和市场的分析方法结合起来，达到不断地满足消费者需求的目的。

7. 品牌再造

品牌定位要随着市场竞争形势而变。品牌再造，解决的正是品牌年轻化的问题——只有不断设计出符合时代需求的品牌，重新擦亮品牌，企业才能保持品牌永远领先和鲜活的形象。

典型案例：基于对未来3C融合的战略把握，四川长虹2006年发布了其新的品牌形象，传统家电制造商的定位已被彻底颠覆，取而代之的是“面向3C融合的信息家电集成供应商”的新定位。这使过去数十年来，由军工企业演变而来的厚重国企形象，正在变身为科技、时尚、快乐的国际化品牌形象，这种战略调整，使长虹焕发出勃勃生机。

点评：品牌再造是复杂而具有科学性的过程。从战略高度看，它需要同之前的品牌形象保持一致，同时又具备推动消费者购买行为的能量从内容和执行过程看，它需要管理者投入相当的时间、拥有充分的市场调研数据、良好的执行技巧及资金的支持。另外，企业平时就应该具备忧患意识，不能非得等到品牌光环褪去，才开始思考如何再造品牌。

8. 雇主品牌

雇主品牌是指企业在人力资源市场上的定位，它包括公司人力资源的外部品牌和内部品牌两个部分。外部品牌是企业人力资源在潜在雇员中形成的品牌内部品牌则是企业人力资源在现有雇员中形成的品牌。百度裁员事件，富士康血汗工厂的曝光，雇主品牌愈发引起更多企业的高度重视。

典型案例：国内地产的领军企业万科秉承尊重个人选择权的文化理念，这种“尊重”表现在企业经营的方方面面：譬如尊重员工选择生活方式的权利尊重员工选择在公司内部调动的权利尊重员工选择在不同地区工作的权利尊重员工双向选择的权利。其核心理念，便是创造健康丰盛的人生。在这种理念指引下，万科已连续三年被评为最佳雇主”。

点评：过去，企业对人才紧缺状况的第一反应就是投钱，提供远高于市场价位的工资。然而，一旦竞争对手效仿，此招立即失灵，人员留用状况未得到改进，经营成本却大幅攀升。其实，雇主品牌与产品品牌、服务品牌一样，是企业品牌建设工作的重要因素，“以人为本”是其核心。雇主品牌建设，也是每个具有全球视角、长远发展战略的中国企业必做的功课。

9. 博客营销

作为一种新兴营销方式，博客营销是伴随博客在中国的兴起而出现的，是网络营销的延伸与发展。其网络营销价值，主要体现在企业市场营销人员可以用更加自主、灵活、有效和低投入的方式，发布企业的营销信息。

典型案例：健康元药业在博客网开通了博客，重点向外界推介健康元的事业，介绍其主导产品，通过文字的形式对产品的成分、价格进行说明，同时进行推介与评述。另外，还通过播放短片等形式进行业务推介。这种营销与产品推介的方式，与传统严肃的产品说明书等相比，更显得灵活生动。

点评：博客营销只有与适合的企业和营销行为结合起来，才能如虎添翼。当前，博客营销在国内的成功案例虽然不算少，但更多是传统营销方式的补充甚至点缀。原因在于：关于博客的统计数据不足；怎样评估博客影响力及营销效果，怎样为博客营销付费，以什么标准向企业收费等问题，还无明确答案。因此，要使博客营销成为一种非常有效的营销方式还有待时日。

请同学们思考：

仔细阅读上述案例及点评，结合管理实践，讨论身边还有哪些管理创新及发展的例子。

练 习 题

一、选择题

1. “柔性管理”的特征在现在内在重于外在（　　）。
   A. 以“规章制度为中心”
   B. 以“人为中心”
   C. 看重的是职工的主动精神和自我约束
   D. 依靠人性解放、权利平等、民主管理
   E. 激励重于控制，务实重于务虚
2. 海豚式管理（　　）。
   A. 就是“X 理论”
   B. 就是“Y 理论”
   C. 基于“X 理论”和“Y 理论”而提出来的一种新型管理方法
   D. 不同于“X 理论”和“Y 理论”
   E. 不是任何管理人的特定理论

二、判断题

1. 信息技术产业是知识经济的主要产业。（　　）
2. 知识型社会是以无形资产投入为主的经济。（　　）
3. 精细化管理的核心是“细节决定成败”。（　　）

三、简答题

1. 知识经济影响下管理环境新特征主要表现在哪几个方面？
2. 结合实践探讨新时代下，出现的新的管理方法都有哪些？

参考文献

[1] [美]巴纳德. 经理人员的职能[M]. 北京：中国社会科学出版社，1997.

[2] [美]哈罗德・孔茨，海因茨・韦里克. 管理学[M]. 北京：经济科学出版社，1998.

[3] [美]西蒙. 管理行为[M]. 北京：机械工业出版社，2004.

[4] [美]斯蒂芬・罗宾斯. 管理学[M]. 北京：中国人民大学出版社，2004.

[5] [美]弗雷德里克・泰勒. 科学管理原理[M]. 马风才，译. 北京：机械工业出版社，2007.

[6] [美]德鲁克. 公司的概念[M]. 北京：机械工业出版社，2009.

[7] [美]罗伯特 D. 赫里斯，蔡莉，葛宝山，等. 创业管理[M]. 第 7 版. 北京：机械工业出版社，2009.

[8] [美]理查德・L. 达夫特. 管理学[M]. 范海滨，译. 北京：清华大学出版社，2012.

[9] [德]马克斯・韦伯. 经济与社会[M]. 北京：商务印书馆，2004.

[10] [加]亨利・明茨伯格. 明茨伯格论管理[M]. 北京：机械工业出版社，2007.

[11] 徐国华，张德平，赵平. 管理学[M]. 第 7 版. 北京：清华大学出版社，1998.

[12] 云冠平，胡军，黄和平. 管理学[M]. 广州：暨南大学出版社，1990.

[13] 薄宏. 管理学[M]. 天津：天津大学出版社，1994.

[14] 李兴山. 现代管理学[M]. 北京：中共中央党校出版社，1994.

[15] 黄种杰，郑汝铭，柯明斯，等. 管理学基础[M]. 北京：经济科学出版社，1996.

[16] 路宏达. 管理学基础[M]. 北京：高等教育出版社，2000.

[17] 单凤儒. 管理学基础[M]. 北京：高等教育出版社，2000.

[18] 王凤彬，李东. 管理学[M]. 北京：中国人民出版社，2000.

[19] 徐艳梅. 管理学原理[M]. 北京：北京工业大学出版社，2000.

[20] 杨孝伟，赵应文. 管理学[M]. 武汉：武汉大学出版社，2000.

[21] 樊耕等. 管理学[M]. 西安：陕西人民出版社，2001.

[22] 张德，曲庆. 管理学[M]. 北京：清华大学出版社，2001.

[23] 陈传明，周小虎. 管理学[M]. 北京：清华大学出版社，2003.

[24] 周三多，等. 管理学[M]. 上海：复旦大学出版社，2003.

[25] 林祖华，张金锁，陈荣华. 现代管理学[M]. 北京：中国时代经济出版社，2004.

[26] 马天行，王海涛，侯海青. 管理学[M]. 西安：西北工业大学出版社，2004.

[27] 徐光华，暴丽艳，等. 管理学原理与应用[M]. 北京：清华大学出版社，北京交通大学出版社，2004.

[28] 张英奎，孙军. 现代管理[M]. 北京：清华大学出版社，北京交通大学出版社，2004.

[29] 周志春，孙玮琳. 管理学[M]. 杭州：浙江大学出版社，2004.

[30] 郭咸纲. 西方管理思想史[M]. 北京：经济管理出版社，2005.

[31] 郭跃进. 管理学[M]. 北京：经济管理出版社，2005.

[32] 刘树信. 新世纪领导的理论与实践[M]. 北京：中国城市出版社，2005.

[33] 孙军. 管理学[M]. 北京：机械工业出版社，2005.

[34] 王德中. 管理学[M]. 成都：西南财经大学出版社，2005.

[35] 王维. 管理学[M]. 北京：经济科学出版社，2005.

[36] 邢以群. 管理学[M]. 杭州：浙江大学出版社，2005.

[37] 张中华．管理学理论[M]．北京：北京大学出版社，2005.
[38] 董为民，王永芳，李健．管理学[M]．北京：中国市场出版社，2006.
[39] 李洪林．管理学简明教程．北京：经济科学出版社，2006.
[40] 马卉林，贾书章，李淑勤．管理学[M]．武汉：武汉理工大学出版社，2006.
[41] 乔忠．管理学[M]．北京：机械工业出版社，2006.
[42] 孙晓琳．管理学[M]．北京：科学出版社，2006.
[43] 张扬，侯建辉．管理学[M]．成都：西南财经大学出版社，2006.
[44] 井淼，周颖，吕彦儒．管理学原理[M]．北京：北京师范大学出版社，2007.
[45] 徐向艺．管理学[M]．济南：山东人民出版社，2008.
[46] 韩乐江，李朝晖．管理学基础[M]．北京：中国商务出版社，2009.
[47] 杨文士，焦叔斌，张雁，等．管理学[M]．第 3 版．北京：中国人民出版社，2009.
[48] 陈劲．管理学[M]．北京：中国人民大学出版社，2010.
[49] 尤建新，雷星晖．企业管理概论[M]．北京：高等教育出版社，2010.
[50] 周三多，贾良定．管理学习题与案例[M]．北京：高等教育出版社，2010.
[51] 冯国珍．管理学习题与案例[M]．上海：复旦大学出版社，2011.
[52] 肖晓红．管理学[M]．北京：科学出版社，2011.
[53] 戴淑芬．管理学教程[M]．北京：北京大学出版社，2013.
[54] 邢以群．管理学[M]．杭州：浙江大学出版社，2013.
[55] 周三多，陈传明，鲁明泓．管理学——原理与方法[M]．第 6 版．上海：复旦大学出版社，2014.